WILLIN' The Story of LITTLE FEAT

リトル・フィート物語

ベン・フォン＝トーレス 著
Ben Fong-Torres

丸山京子 訳
Kyoko Maruyama

亜紀書房

リトル・フィート物語

CONTENTS

目次

謝辞

本書は著者である僕が手がけた過去のどの著書よりも困難をともなうプロジェクトだった。といっても、その原因がリトル・フィート側にあったわけではない。旧ならびに現メンバー、同僚ミュージシャン、マネージャー、プロデューサー、レコード会社のCEOや社員ら関係者は誰もが一様に協力的だった。家族、友人、ファンも同様だ。

僕が抱えていたのはあくまでも個人的な問題で、それに関してはのちほど簡単に触れたいと思う。何よりありがたかったのは、作業に着手し始めてから最後の最後まで、実に多くの人たちが惜しむことなく、個人的な思い出やエピソードや資料を提供してくれたことだ。この愛すべきバンドにさらなる光を当てるかもしれない人たちを推薦されることもしばしばだった。

誰かをえこ贔屓するのは僕の性に合わないが、メンバーの中でもビル・ペインとポール・バレアが特に協力的だったことだけは記しておきたい。ローウェル・ジョージの遺族の中では、兄のハンプトン、ローウェルの息子ルーク、娘イナラから故人にまつわる話をたっぷり聞けた。最初の妻パットも、そして最期を看取ったエリザベスも、自身と家族のプライバシーは頑なに守りながらも、話せる限りのことを話してくれた。

インタビューのリクエストに返事をもらえなかったミュージシャンも何人かいたが、その何倍もの人々が彼らの〝大好きなバンド〟について熱く語ってくれた。心からの感謝をボニー・レイット、ジミー・バフェット、リンダ・ロンシュタット、ジョン・セバスチャン、ドゥービー・ブラザーズのトム・ジョンストン、フィッシュのペイジ・マッコーネル、ヴァン・ダイク・パークスに。

ワーナー・ブラザース・レコードのレニー・ワロンカーとジョー・スミス、マネージャーのピーター・アッシャー、バンド結成当初の二人のプロデューサー、ラス・タイトルマンとテッド・テンプルマンも貴重な時間を割いてくれた。他にも、バンドとローウェルをごく身近で見てきた者から多くの話が聞けた。ローウェルの忠実なるローディ兼運転手のジーン・ヴァノ、幼少期からの友人であり共作者のマーティン・キビー、ジャーナリストのバッド・スコッパとデイサン・マクレーン、バンドの歴代マネージャー、キャメロン・シアーズとジョン・シェール。

この本を書く上でまず最初に話をしたのがリン・ハーンだったのは、ある意味適切だった。リンは南カリフォルニアのティーンエイジャー時代、いろいろなロック・バンドのファンだった。ローウェル・ジョージと初めて会ったのは彼がファクトリーというバンドにいた時だ。その頃からの雑誌や新聞の切り抜き、思い出の品々を彼女はすべて捨てずに取っていた。まさに〝死ぬまでリトル・フィート・ファン〟。その彼女からは、バンドを支えたグラスルーツ・ムーヴメントについても教えられた。

そこで知り合ったクリス・キャフィエロはネット上での〝フィートに関するすべてのこと〟の管理人だ。コネチカットのラジオ局WHCNのDJエド・オコーネルとメリーランドのWHFSのDJサーフ・コールウェルにはローウェルとの出会いを語ってもらった。セントルイスのKSHEのギャリー・ベネットとデヴィッド・モスはそれぞれに長寿番組となったリトル・フィートのラジオ番組の制作者とDJだ。モスの息子マットを見ていると、今の若い世代にもリトル・フィートの音楽が届いているのだなと思わずにはいられない。マットがドラムを叩くバンド、スティール・トード・スリッパーズはリトル・フィートの前座も務めており、2012年に出したCDはフィートのベーシスト、ケニー・グラッドニーと、フィート最新作『ルースター・ラグ』のミキシングを務めたギタリストのジョニー・リー・シェルが二人でプロデュースにあたっている。

編集助手を務めてくれた長年の友人、ボビー・カウアン、そしてサンフランシスコ州立大のライター講座で教えていた時のかつての生徒、エリザベス・ヴァレンテにも大いに世話になった。無事にゴールするのにエリザベスは欠かせない存在だった。ペルシウス・ブック・グループでの担当編集者キャロリン・ソブチャックと、コピー・エディターのジョセフィン・マリーアの素晴らしい仕事ぶりにも助けられた。

これまで僕が手がけてきた著書でも必ず感謝を述べてきた二人の女性がいる。一人はサラ・レイジン。長年、ローリング・ストーン誌で同僚だったサラは、現在では業界きっての著作権代理人であり大の恩人だ。彼女の仲介でリトル・フィート・ファンでありダカーポ・プレスの編集者ベン・シェイファーに僕は紹介され、彼らのストーリーの語り手という任務を与えられたのだ。満を持してというべきストーリーを。

もう一人はダイアン。これまで締め切りは厳守どころか、締め切りより早く仕事を上げる僕に慣れていたであろう彼女は、何度となく納期を遅らしてほしいとの申し出に驚いたはずだ。しかし彼女は分かってくれた。このリトル・フィート・プロジェクトを引き受けた直後、僕の家族に次々と悲劇が襲った。それは理解を超える悲劇。詳細はここでは控えておこう。そのために個人のサイトやブログはある。その日以来、妹のシャーリーと弟のバートンを思わぬ日は1日もないということ、そして今は家族が交代でオークランドの介護施設にいる母を訪ねているとだけ言っておこう。

大切な人の死。それは僕の執筆スケジュールを大幅に遅らせ、関係者全員の仕事に支障をきたした。と同時に、家族の死を経験したことで、リトル・フィートを見舞った〝死〟に寄せる僕自身の思いが深まったこともまた事実だ。ローウェル・ジョージからリッチー・ヘイワード、アルバム・ジャケットのイラストを手がけたネオン・パークからロード・マネージャーのリック・ハーパー、さらにはビル・ペイン夫人でスタジオ・エンジニア／ヴォーカリストのフラン・テイト・ペインまで。彼らはみな、リトル・フィートという家族なのだ。

最後になるが、この2年間、普段よりもずっと忙しそうな私を見ていたであろうわが家族にお礼を言いたい。サラ、そしてデイヴ・ワトキンス、姪のティナ・パヴァオとその家族、マットと娘たち、マギーとステラ、姪のリア、甥のジェイソン・ワトキンスと奥さんのウェンディ・トッド。ロサンゼルスに住む義理の家族、ロビン&チャック・ワード、アイリーン&リチャード・パワーズとは、リトル・フィートが『ルースター・ラグ』に取りかかっていた時に一瞬立ち寄っただけだったが。次に行く時はもう少し時間を取れるようにするよ。

序　章

Prologue

著者として僕が初めて手がけたのが、何年も前の話になるが、グラム・パーソンズに関する本だった。パーソンズは死後なお伝説が生き続けるカントリー・ロック界の傷ついたパイオニアだ。わずか8年間の活動期間中に在籍したバンドは、バーズ、フライング・バリトー・ブラザーズと数えるほど。エミルー・ハリスとの絶妙のハーモニーを聞かせたデュエットもあったが、そこからのヒットは1作として生まれていない。

数年前に出した僕の最新本は、そのパーソンズの足跡を追いながらも、パーソンズには決してもたらされることのなかった成功のすべてを手に入れたイーグルスに関する本だった。

そして今、このリトル・フィートにより、その円は完結する。とは言え、70年代のアーティストやサウンドを今もよく覚えている音楽ファンですら「リトル……誰？ それ」と言う者は多いのかもしれない。ヒットに恵まれることがなかった点でリトル・フィートはパーソンズと一緒だ。バンドの創始者の一人であり、リーダーだったローウェル・ジョージはろくな理由もないままに早すぎる死を迎えた。パーソンズ同様、リトル・フィートは音楽評論家やラジオDJ、特にフォーマットに縛られることのないロック系FM局のお気に入りだった。

あらゆるアメリカ音楽、特に南部色を強く感じさせながらも洗練された彼らの曲は、ラジオからよく流れていた。「オー・アトランタ」「イージー・トゥ・スリップ」「ロックンロール・ドクター」「ディキシー・チキン」。やがてローウェル・ジョージが幼なじみのマーティン・キビーやキーボード奏者ビル・ペインらと書く楽曲が同僚ミュージシャンたちによってカヴァーされるようになり、リトル・フィートはちょっぴりだけ大きくなった。

その代表曲が「ウィリン」だろう。1975年、リンダ・ロンシュタットが出世作『悪いあなた（Heart Like A Wheel)』で取り上げたことで、ローウェル（とバンド）にはちょっとした名声、そして貴重な時間がもたらされた。

1970年にファースト・アルバムをリリースして以来、レーベルにおいては常に〝売るべき商品がない〟バンドだったように見える。ワーナー・ブラザースは惚れこんだアーティストに対して——その多くは、メインストリームの海をスイスイと泳ぎ切るタイプではなかった——辛抱強く、大事に扱うことで知られていた。キャプテン・ビーフハート、マザーズ・オブ・インヴェンション、ライ・クーダー、ランディ・ニューマン、ヴァン・ダイク・パークス、そして信じられないことかもしれないが、16年以上素晴らしい作品を作り続けているボニー・レイットも、キャピトル・レコードに移籍するまでは鳴かず飛ばずだったのだ。彼らがいわゆる負け組だとしたら、一方で、ジミ・ヘンドリックス、ジェイムス・テイラー、ブラック・サバス、ヴァン・モリソン、ジョニ・ミッチェルら勝ち組によって、レーベルはがっぽり稼げていた。

リトル・フィートの場合、がっぽりとはいかず、地慣らしをするのが精一杯だったが、そこにはわずかばかりの貴重な見返りもあった。

ロック評論家、ディスクジョッキー、アーティスト仲間からのリスペクトだ。1977年の著書でライターのドン・スノウデンはこう書いていた。「マーシャル・タッカーやレッド・ツェッペリンほど多様なスタイルを誇るグループも、フィートを〝お気に入りのバンド〟だと公言している。2年前、ワーナー・ブラザースがドゥービー・ブラザーズと彼らをパッケージにしてヨーロッパを回らせた時も、夜な夜なフィートは主役《ヘッドライナー》を食う勢いだった。そのステージを一目見ようと、あのストーンズまでもがグループとして5年ぶりに人前に姿を見せたほどだ。それなのにだ。リトル・フィートは聖書の中の〝自国では名誉のない預言者〟のごとく、3000人ほどのアリーナ会場を回っていたに過ぎなかった」

マーシャル・タッカー・バンドとツェッペリンに加え、ボブ・ディラン、エルトン・ジョン、エリック・クラプトン、ローリング・ストーンズの名前も加えるべきだろう。1975年1月、アムステルダムでのフィートのコンサートにやってきたストーンズは、ステージに飛び入りしたがったのだという。その時は気乗りしないローウェルが断ったのだが、2年後、ロンドンのレインボウ・シアターでのライヴではミック・テイラーがステージに上がった。ディランは1974年だけで2度、フィートのライヴを観ている。東はニューヨークのボトム・ラインで、西はサンタモニカ・シヴィック・オーディトリアムでだ。2000年、ビル・ペインはグレイトフル・デッドのフィル・レッシュのバンドの一員として、ボブ・ディランのツアーについている時、ばったり本人と出くわした。「ディランが大声で声をかけてきたんだよ。〝よお、ビリー。ボトム・ラインを覚えているか？〟僕は答えた。〝もちろんだとも。君はセンターからちょっと右寄り、僕の目の前に座ってた。どんだけビビったことか！〟」

1976年、イギリスのバーミンガムの楽屋にはロバート・プラントがやってきた。そして『永遠の詩～狂熱のライヴ（The Song Remains the Same）』のリリース・パーティにも招待されたとポール・バレアは言う。

クラプトンもリトル・フィートに最高の賛辞を送った。しかも、ローウェル亡き後のフィートに対してだ。1992年秋、デトロイト郊外ロチェスターヒルズでのライヴで、「メロー・ダウン・イージー」とローウェルの楽曲「アポリティカル・ブルース」に飛び入りしたのだ。バレアによればこういうことだ。「宿泊先のホテルがたまたまエリックと一緒だった。すると次の晩、僕たちのライヴがあると知ったエリックがわざわざそのためだけに1日延泊し、しかもギターまで弾いてくれたんだ」

それだけではない。コンサート中「ニューヨークで君のライヴを観たばかりなんだ」と恐縮するビル・ペインにクラプトンはこう答えた。「バンドの連中を連れて来たかったよ、〝本物のバンド〟を聴かせるために」

ヒット曲を持たず、イーグルスやドアーズ、ストーンズ、ドゥービーほどには、オールディーズやクラシック・ロックの専門局で曲が流れることがないにもかかわらず、リトル・フィートにトリビュート・アルバムが1枚ならずとも2枚もあることは、いかに彼らがミュージシャン仲間から高い評価を得ているかを裏付けている。1977年の『ロックンロール・ドクター』では、ボニー・レイット、タジ・マハール、J・D・サウザー、ランディ・ニューマン、アラン・トゥーサン、クリス・ヒルマン、ジェニファー・ウォーンズ、エディ・マネー、ジャクソン・ブラウン（ローウェルとエリザベスの娘イナラの名付け親でもある）、そしてそのイナラ本人がライ・クーダーとヴァン・ダイク・パークスをバックに従え、フィートの曲をカヴァーした。

2008年には、ジミー・バフェットのプロデュースで2枚目のトリビュート・アルバム『ジョイン・ザ・バンド』が作られた。参加ミュージシャンは、エミルー・ハリス、クリス・ロビンソン、デイヴ・マシューズ、ボブ・シーガー、ブルックス&ダン、ヴィンス・ギル、ベラ・フレック、イナラ・ジョージ。自身でも2曲をカヴァーしたバフェットは生前のローウェル・ジョージに会ったことはなかったが、彼らが「バンドの中のバンドだった」ことは間違いないと言う。

2010年のハロウィンの夜、アトランタシティで行なわれたフィッシュのライヴは、全曲リトル・フィートのカヴァーだった。毎年彼らのハロウィンのライヴは、自分たち以外のバンドのアルバムを完全再現するのが習わしなのだ。誰の何をやるか、事前の予告はなし。トリック・オア・トリートの楽しいサプライズというわけだ。その年選ばれたのは、リトル・フィートが1978年に発表した2枚組ライヴ・アルバム『ウェイティング・フォー・コロンブス』。フィッシュにとってもライヴ・アルバムの完全再現は初めてのことだ。タワー・オブ・パワーのホーン隊を再現すべく、ホーン・セクションも控えていた。まさにトリックいっぱいの夜。

ローウェル・ジョージが在籍した時代のリトル・フィートには献身的と言えるファンがついていた。ローウェルの死後10年、リトル・フィートが復活すると同時にファンも復活した。しかもローウェル存命時には成し得なかったほどの偉業を達成するのに彼らは一役買ったのだ。リトル・フィートにとってのメジャー・ヒット・アルバムだ。彼らは晴れの日も雨の日も、ほぼ雨続きの日々、バンドを支え続けた。世界中に散らばるフィート・ファンによるグラスルーツ・ムーヴメントは、バンドの音楽をネット上で拡散し続けた。

＊

本書が存在するのはそんなグラスルーターズや、毎回レコードを買い求め、長時間かけてコンサートを観に行く熱心なファンのおかげだ。リトル・フィートのファンは、ウェブサイトを通じて、音楽、グッズ、コレクター商品、ニュース、情報を受け取ることが出来る。しかしこれまでリトル・フィートに特化した本というのは1冊も出ていない。生前はもちろん死後もなお、スポットライトを独占するローウェル・ジョージ一人の物語ではなく、バンド全体のストーリーという意味でだ。

リトル・フィートの物語がローウェル・ジョージの物語《ストーリー》であることは議論するまでもない。しかしリトル・フィートの物語は、バンドの礎と音楽を作り上げるのに不可欠だったオリジナル・メンバー4人の物語でもあるのだ。ローウェルがバンドにいたのは約10年間。死後8〜9年間、バンドは息をひそめたが、1987年に復活。以来、新たなリード・ヴォーカルを何人か迎え、25年以上活動を続けている。オリジナル・キーボード奏者ビル・ペインはその間ずっとバンドに在籍してきた。見た目もだが、音楽に対しても切れ味鋭い彼の存在は物語そのものだ。それを言うならポール・バレアもだ。リトル・フィートのアルバム・タイトル『エイント・ハッド・イナフ・ファン』〔楽しみはまだこれから〕を地で行き、フィートの一員であることを誇りとするバレアがバイクの事故に遭ったのはバンド加入前だ。この点だけはローウェルや、オリジナル・ドラマー兼ロックスターのリッチー・ヘイワードとは違っていた〔二人はバンド加入後にバイク事故に遭っている〕。小柄ながら洒脱なベーシスト、ケニー・グラッドニー、そのグラッドニーと一緒に加入した〝アーロン・ネヴィルからイアリングと天使のような声だけを差し引いたような〟コンガ奏者サム・クレイトン（ちなみに本人は認めていないが、クレイトンは歌も歌える）も、リトル・フィートであることを大いに誇りに感じている。同様に、終身刑で服役中の初代ベーシスト、ロイ・エストラーダも、テキサスの刑務所からその思いを語ってくれた。

今リトル・フィートを好きだと言うファンの多くは、ローウェル・ジョージがフロントに立っていたバンドを一度も観たことがないだろう。もしくはローウェルを、バンドを最初に立ち上げ名曲を何曲か残した男、ギタリスト／ヴォーカリスト／ソングライター／プロデューサーとして別格の存在だった人物として、かすかに記憶するだけかもしれない。ちょうど、ニック・ドレイク、シド・バレット、アレックス・チルトン、ブライアン・ジョーンズ、ティム・ハーディン、ディノ・ヴァレンテ、ローラ・ニーロ、そしてそう、グラム・パーソンズがそうだったように。

そのすべてが素晴らしいストーリーなのだ。

物語《ストーリー》ということで言うなら、僕が書いたグラム・パーソンズ評伝『ヒッコリー・ウィンド』

はある意味、本書をもって円を一周したことになる。その序章で僕はこう書いた。グラムは一流のストーリーテラーではあったが、ことグラム・パーソンズに関して、彼の口から語られる事柄の情報源には信ぴょう性がなかったと。

ではローウェル・ジョージも話《ストーリー》をでっち上げていたのか？　そうだとは言いたくないというのが、本書を書くにあたってリサーチを行なった僕の結論だ。彼の発言が矛盾する場面は何度もあった。一つの事柄に関して、二つ、三つと違う説明がされていることもあった。記憶違いというのもあっただろう。ドラッグやアルコールのせいかもしれない。レポーターを翻弄して楽しんでいたのかもしれないし、気に食わないレポーターに嘘のネタで一杯食わせてやれという思いだったのかもしれない。

ローウェルが語った中でも最も極端な例が、彼の二人の大叔父に関するこんな逸話だ。19世紀後半、ネバダ州の牧場に暮らしていた二人——名前は不明——は、エラ・メイという女性に恋をする。どちらが彼女のハートを射止めるか。兄弟はピストルの果し合いで決着を付けることにした。背を向いて歩き、ぴったり50歩で振り向き、発砲。銃弾は共に命中した。

しかし兄弟の一人だけが生き残り、やがて一家はロサンゼルスに移住。そこからジョージ家の家系は続き、ハンプトンとローウェルの兄弟が生まれた。

クロウダディ誌のライター、デイサン・マクレーンに今の逸話を語って聞かせたのが他ならぬローウェルだ。もともと別のライターから又聞きした話をローウェル本人に確かめたところ、さらに面白い話になって返って来たというわけだ。それは１９７９年春に記事となった。ローウェルの死の数ヶ月後、ローリング・ストーン誌に死亡記事を書くことになったマクレーンは、もう一度その話の要点を書かずにはいられなかった。こうして伝説は生まれたのである。

兄のハンプトンはローウェルに比べれば話し下手だ。ネバダ大学ラスベガス校の人類学部には、以前彼が寄贈した家族写真や記録資料が多く保管されている。そこを訪れたハンプトンが見せられたのは、彼とローウェルにとっての大叔父エドワードとウィリアム・キールの兄弟が、1900年にラスベガス・バレーの牧場で亡くなっていたことを示す資料だった。当初は道連れにして心中したかとも思われたが、1975年に遺体を掘り返して調査したところ、二人はどちらも銃弾で殺害されていたことがはっきりした。実際、別の一家との間で借金をめぐって揉めていたらしいという話はハンプトンも口にしていた。

キール家の許可を得た大学側が事件の——ちなみに、とある家系図サイトによれば、ラスベガス・バレーにおける最も古い未解決殺人事件である——調査を行なったのが1975年だったことを考えると、その連絡を受けたローウェルが自分なりの解釈を加えて話をした可能性はある。「決闘というのは事実じゃない。でも」とハンプトン。「そっちの方が聞こえはいい。殺人よりは決闘の方がずっといい」

調査の結果、エラ・メイという女性の存在は浮かび上がってこなかったが、ネバダ大学ラスベガス校でのジョージ家写真展に、セイディという名の若い女性の写真があったとハンプトンは記憶する。しかも彼女の腕にはショットガンが……。

事実を弄《もてあそ》ぶのは何もローウェルに限ったことではない。僕も『ヒッコリー・ウィンド』で書いたように「チェックにチェックを重ね、友人や友人の友人、親戚の親戚まで突き止めたところで、さらなる混乱を生むだけ」なのだ。ローウェルとリトル・フィートの場合も、家族、幼なじみ、バンドのメンバー、アーティスト仲間、業界の上層部に至るまで、それぞれの記憶や言い分は違っていた。単純な勘違いや言い間違いだったこともあれば、自分はかつてこうだったと言いたい、思いたいという自己顕示欲がそうさせていることも多かった。フォー・シーズンズを描いた『ジャージー・ボーイズ』でもトミー・デヴィート役がこう言っているではないか。「物事というのは、自分がそうであってほしいと願う形で記憶されているものなのだ」

ビル・ペインとこの件に関して話していた時、彼もこう言っていた。もし将来、自伝を書くことになったら冒頭で約束すると。読んでいくうちに読者は〝この話には信ぴょう性があるな〟と思えることもあるだろう。同時に、そこにはなんらかの〝魔法のような現実〟があるのかもしれないと。ペインが例に挙げたのはこんな話だ。「子供の頃、日曜学校に向かって女の子と一緒に通りを歩いていた。すると背が4フィート［120センチ］から4フィート半ある猫を見たんだよ。あり得ないだろ？　でも僕の記憶の中ではそうだった。そのマリリンという子はスキップするみたいにいつも先に行くんで〝なんで君はそんなに走るのが速いの？〟と聞いたんだ。すると彼女はこう答えたんだよ。〝緑色のエネルギーの球体が連れてってくれるのよ〟って」

世の中分からないことだらけだ。テンプテーションズも歌っていたではないか。「ボール・オブ・コンフュージョン［混乱の球体］」と。幸運にも、リトル・フィートの物語には十分な説得力があり、語るに値するからこそ、彼らにまつわる分からないことすべてをキチンとさせるべく、僕は喜んで［willin'］引き受けたのだ、この任務を。

第 1 章　争う者たち

The Contenders

それはこんなステーション・ジングルで始まった。おそらく一度以上のテイクは録られなかったと思われる。

「ローウェル・ジョージだ。WHCNを聴きながらイキイキ生きてるよ［livin-liv-livin'］。まずはこの曲を聴いてくれ」

1979年6月22日の夕方、コネチカット州ハートフォードのロック専門局にやってきたローウェルのインタビューはこうして始まった。予定されていた地元クラブでのライヴの告知、そして10年間活動してきたリトル・フィートから離れた初ソロ・アルバムのプロモーションも怠らない。

ディスクジョッキーのエド・オコーネルからの質問にローウェルは答えた。ワーナー・ブラザース・レコードがアルバムのリリースを発表し、プロモーションの歯車が回り始めてからというもの、ずっと聞かれ続けてきた〝例の〟質問にもだ。

それは彼のバンドに関する質問だ。リトル・フィートが解散したと伝えられたのはこれで3度か4度目だろう。だが今回ばかりは本当だともっぱらの噂だった。こうしてバンドのリーダーが新しいバンドを従え、個人の名前で出したアルバムからの曲を演奏しているのだから、それも致し方なかろう。そのアルバムは、リトル・フィートをフォローしてきたロック評論家やラジオDJの間では2年も前から噂になっていた。なぜ2年もかかってしまったのか？

ローウェルにはそういった質問をジョークで交わすことも、関係ない答えで話をすり替えることも「ノーコメント」の一言で片付けることも出来たわけだが、それは彼のスタイルではなかった。

オコーネルがゲストを紹介する。「今夜、ハードロック・ステージ・ウェストに出演する前の時間を割いて、ローウェル・ジョージがスタジオに遊びに来てくれたよ。リスナーのみんなからの電話での質問にも答えてくれるそうだ。喜んで［willin'］と言ってるぜ！」

オコーネル相手にローウェルは、レコード会社が望むリトル・フィートのアルバムを作ることの難しさ、プロデューサーとしての責務、そこそこのセールスどまりのアルバムを〝補塡するため〟ツアーに出ねばならないことについて語った。

「準備さえ出来てたら2週間で作れたんだ。でも実際は去年の12月まで取りかかれずにいた。その後も堂々巡りの連続で、バンドは2月か3月に解散した。つくづく世の中っていうのはわけの分からない、こちらの思うようにはならない、素敵なものだね。僕の上にはその全部が降りかかってきてる。でも僕はそれでかまわないよ」

口ではそう言いながら、ローウェルは被害妄想と楽観主義の間でバランスを取るのに必死だった。ソロ・ツアーが終了したなら、リトル・フィートのアルバムを完成させる予定でいたのだが、その肝心のバンドは解散していた。オリジナル・メンバー4人のうち、キーボード奏者のビル・ペインとギタリストのポール・バレアは、すでに新たなグループを結成していた。しかも彼らが雇ったシンガーは、どことなくローウェル・ジョージに似ていたのだ。

それでもローウェルは、これでバンドはおしまいだとは言わなかった。「保留状態だと思ってくれ。少しだけ手を引くっていうか。今は全員が全員を嫌い合ってしまってるんだ」。しかし、こうも言う。「バンドっていうのは常にそういうもんだ。メンバーがお互いを嫌いじゃないっていうバンドがいたらお目にかかりたいよ。大抵、それはヘタくそなバンドさ」

才能のないバンドっていうのは、と彼は続ける。「ただ単にヘタなだけだ。でも音楽のこと、それ以外のどうでもいいことで常に揉めてるバンドには大抵才能がある。だから僕らも集まって言い争いが始まると、ああ、まだうまく行ってるなって分かるんだ」

揉める原因は？　オコーネルが尋ねる。

「〝俺の車のすぐ近くにお前の車があって車を出せない〟とか。〝こんな遠くでリハーサルなんてごめんだ。45マイルも運転して帰らなきゃならないなんて〟とか。〝なぜこんな僻地でレコーディングするんだ？〟〝都会の悪影響を受けないためさ〟〝誰がそんなこと言い出した？〟〝お前だろ〟〝え、そうだったか？〟とこんな具合さ、いつも」

それも過去の話になってしまったかもしれないとローウェルは言う。ビル・ペインとポール・バレアは「誰とも揉めないバンドでやることが楽しくなってしまったんだ。でもあいつらは忘れてる。最初の半年はそうだとしても、言い争いが始まったなら結局は一緒。隣の芝生は青く見える、青い芝なんてどこにもないんだよ」

しかし今のローウェルは東海岸での青い芝生のツアーを謳歌しているようだ。インタビューの最後、ハードロック・ステージ・ウェストでのライヴを告知するオコーネルに、ローウェルの口調は楽しげだった。「今夜はバンドでやれるんだ。僕の新しいバンドでね」

だが、ローウェルがそれを楽しめたのは数えるほどだけだった。WHCNでのインタビューの1週間後、ワシントンDCからポトマック川を挟んだヴァージニア州アーリントンのホテルの部屋で、彼は息を引き取った。

没年34。当初、死因は心不全だとされたが、それだけが原因だと信じる者はほとんどいなかった。だって、わずか34歳だ。

人は言う　時代はヒーローが好きだよと
真実がわかるのは時間だけだと
もし本当なら　彼は天国からのレジェンド
そうじゃないなら　地獄からの代弁者

ビル・ペインとポール・バレアはこの曲をローウェルの死の数年前に書いた。「タイム・ラヴズ・ア・ヒーロー」。それは1977年にリリースされた6作目のタイトル曲となった。バンドの実質的なリーダーシップがローウェル・ジョージから彼以外のメンバー、あえて言うなら、ペインとバレアに移ったアルバムだった。

バンド内の争いはそのずっと以前から始まっていた。ファースト・アルバムに遡ってもいいかもしれない。ローウェル・ジョージ、ビル・ペイン、ローウェルと一緒にマザーズ・オブ・インヴェンションでベースを弾いていたロイ・エストラーダ、そしてさらにその前からファクトリーでローウェルとやっていたリッチー・ヘイワードの4人の時代から。

1969年の最初のリハーサルから、4人は揉めていたのかもしれない。もしそうだったとしても、それはローウェルの望むところだったのだ。

第 2 章 リトル・フィート誕生。マザーズと義理の家族たち

The Birth Of Little Feat:Mothers And In-Laws

リトル・フィートはローウェル・ジョージと、オリジナル・バンド唯一の現役メンバー、ビル・ペインによって始まった。もしくは、ローウェルの幼なじみマーティン・キビーとだったのかもしれない。マーティンはリトル・フィートでは演奏していないが、代表曲何曲かを共作したソングライターだ。前身バンドであるファクトリーにローウェル・ジョージと共に在籍した。そこにはドラムスのリッチー・ヘイワードもいた。そう考えると、リトル・フィートの始まりはファクトリーだったのかもしれない。

もしくはマザーズだったのか? もしくはあらゆる音楽的〝発明の母《マザーズ・オブ・インヴェンション》〟フランク・ザッパだったのか? 何と言っても、ファクトリーのデモと1枚のシングルをプロデュースし、その後、ローウェル・ジョージをバンドに雇い入れたのはザッパだ。そこには将来のフィートのベーシスト、ロイ・エストラーダもいた。何より、ローウェルがリトル・フィート永遠の名曲「ウィリン(Willin')」を書いたのはマザーズでギターを弾いていた時だったのだ。

リトル・フィートの成り立ちに関係していたバンドがもう二つある。スタンデルズ(「ダーティ・ウォーター」のヒットで知られる)とフラタニティ・オブ・マン(「ドント・ボガート・ミー」)だ。ローウェルはスタンデルズにごく短い間だが在籍し、フラタニティのアルバム制作に協力した。実際、フラタニティのメンバーだったのはマーティン・キビーとリッチー・ヘイワードだったが、ローウェル、そしてビル・ペインもわずかながら参加している。

が、結局のところ始まりは、ローウェル・ジョージなのだ。

ローレル・キャニオンを称してヴァン・ダイク・パークスは『ソング・サイクル』で「ビートニクスの指定席」と歌った。60年代半ば、ウエスト・ハリウッドとサンセット・ストリップを見下ろす丘に位置するローレル・キャニオンは、時代の先端を行くアーティストやミュージシャンたちの生活、仕事、遊びの拠点だった。そこで音楽は生まれ、作られた。ローレル・キャニオンだけではない。西に20マイル行ったトパンガ・キャニオンも、というか、ハリウッドとロサンゼルス全体が、これまでとは違う何かを探そうとするクリエイティヴ志向の若者の目指すべき地だった。

1965年、ニューヨークでバンドを作ろうとしている時、スティーヴン・スティルスはラジオから流れる音楽に耳を奪われた。「バーズが流れてきたんだ。彼らの鳴らすエレクトリック・ギターと歌声に、ロックンロールをやるならLAに行くべきだと思わされた」。こうしてローレル・キャニオンの住人となったスティルスはバッファロー・スプリングフィールドで成功を収めたのち、元バーズのデヴィッド・クロスビーと組むようになる。バーズもまた、ビートルズに影響を受けた何千というバンドの一つだった。

そうクロスビーが語ったのはアンソニー・フォーセット著『カリフォルニア・ロック、カリフォルニア・サウンド：ザ・ミュージック・オブ・ロサンゼルス・アンド・サザンカリフォルニア』(1979年刊)でだ。「ビートルズを聴いて僕らは思った。〝ルールなんて何もないんだ。何をやってもいいんだ〟と。だから即座にやったよ。何よりも、カリフォルニアには〝なんだってやろうと思えばやれる〟という時代の空気があり、そこにみんな惹かれたのさ。こうして60年代、誰もがロスに集まった。1964年から1968年頃まで、その数たるや想像を絶するほどだった。僕の知る限り、ソングライターとして価値がある者は間違いなく全員ここにいた。あれほどクリエイティヴなシーンを目にしたことはなかったよ、それまでもそのあとも」

そのクロスビーとスティルスの［CS&Nでの］未来のパートナーとなるグラハム・ナッシュは英国マンチェスターの出身。ホリーズの一員としてツアーで訪れた1966年、ロサンゼルスを初めてその目で見た。ホリーズを脱退したナッシュはロスを目指す。そしてローレル・キャニオンに住むようになり、ジョニ・ミッチェルと暮らし始める。「なぜあそこに惹かれたのか？　何かがあったんだと言うしかないよ」とナッシュは言う。「突然電話がかかってくるのさ。まるで映画の世界みたいにね」。ありとあらゆる所からミュージシャンが集まった。しかしローウェル・ジョージはいたのだ、昔からずっとそこに。ローレル・キャニオン中のガレージ・バンドというガレージ・バンドが曲を書き、練習を重ね、ある時点ではガレージの数を上回る数のバンドが存在していたのではないかと思えるほどだった頃、ローウェルもガレージ・バンドを率い、キャニオンに住む友人を訪ねる日々だった。その友人の中にはバーズがいた。モンキーズがいた。ヴァン・ダイク・パークスもいた。そして20年代、30年代無声西部劇映画の英雄トム・ミックスがかつて住んだ家にフランク・ザッパがいた。

それがローウェル・ジョージの生まれた世界、生まれた時代だった。まさにハリウッドの申し子。1940年代のハリウッド。そう、RKOやMGMでおなじみ、パンテージシアターやブラウン・ダービーでおなじみ、シュワブス・ファーマシーやグローマンズ・チャイニーズ・シアターでおなじみのハリウッド。おとぎ話のように誰もが信じたがる世界。ローウェルの家族はそのど真ん中にいた。ローウェルの父、ウィラード・ハンプトン・ジョージは〝スターの毛皮屋〟として映画業界でよく知られる存在だった。1889年、幼くしてロサンゼルスに越してきたウィラードは、1910年には毛皮店で働き始める。1918年には自分の店を持ち、ハリウッドに出来た初の映画スタジオに毛皮を納品するようになる。1940年生まれの長男ハンプトンによれば「父は1915年から57年までに作られた映画という映画で毛皮を調達していた」のだという。検索すると、少なくとも3本の作品の衣装／ワードローブにその名がクレジットされている。1935年製作映画『ダイアモンド・ジム』、1947年『イット・ハップンド・オン・フィフス・アヴェニュー』、そして1948年『ベーブ・ルース物語』だ。1940年製作『紀元前百万年』の原始人役で初の主演を務めたヴィクター・マチュアがまとっていた毛皮の衣装もウィラードによるものだ。しかもウィラードは喜劇王W・C・フィールズらとも狩猟を楽しむ仲だったというのだ。

ジョージの一家が住んでいたのはグローマンズ・チャイニーズ・シアターをちょっと上がったサンタモニカ山脈のマルホランド・ドライヴ、ちょうどローレル・キャニオンとウッドロウ・ウィルソン・ドライブの中間あたりだ。今のロサンゼルスっ子なら誰もがわかる場所ばかりだが、当時は何もない辺鄙な場所。ジョージの一家は開拓者だった。「おやじが建てたその家は、いかにも大牧場主が住んでそうなランチ様式家屋で、マルホランドに建った最初の家の一つだった。まだローレル・キャニオン・ブルヴァードは舗装もされてなかった」とハンプトンは言う。ご近所に住む映画スターの家を飾るチンチラや狐の毛皮をウィラードは調達した。その一人ダン・デュリエは悪役で知られるが、スクリーンを離れると、ジョージ家の二人の息子も隊員だったボーイスカウトの隊長を務め、35年間一人の女性と添い遂げた良き家庭人だった。それとは対照的だったのがアクションスターのエロール・フリンだ。一家のある通りを隔てた真向かいに〝マルホランド農園〟と本人が命名したフリンの邸宅が建ったのが１９４０年。そこにはテニスコート、プール、納屋、カジノがあり、家にはのぞき趣味があった家主の欲望を満たすための秘密の通路と、一方からしか見えないマジックミラーが備わっていたと言われている。だが、ローウェルの記憶に残るフリンはそうではなく「すごく個性が強いがとてもいい人だった」と言う。１９５３年、アメリカ国税局への未払いの税金と二人の元妻への慰謝料を逃れるため、フリンは国外へ逃亡。ウィラードから買ったチンチラのベッドカバー代金も「結局、未払いのままだった」とハンプトンは言う。もう一つローウェルが覚えている犯罪行為は、フリンが飼っていたペットの猿によるものだ。「僕がリンゴを食べているのを見ると、電話線を伝って我が家にやってきて、ぴょんと飛び降りる。そして僕からリンゴを奪って走って逃げるんだよ」

まだ近所を走る車も少なかったので、ハンプトンと弟はいたずらのし放題だった。12歳頃のことだ。二人は通りの真ん中にマネキンを置き「不思議に思って近づく者めがけて、水風船を投げて遊んだ」のだという。ある時は「直径20フィートくらいある」巨大なゴム気球に水を入れ、通りの真ん中に置いておいた。「すると車で通るには、風船を割るしかなくて。あたり一面海のようになるんだ」。ある年のハロウィーンの晩には、マルホランド・ドライヴを上がってくる車からは、幽霊に見えるようにシーツを操って遊んだ。すべてはおとぎの国の作り事。

そんな風に知らない人を怖がらせて喜ぶ以外に、ローウェルは第二次世界大戦の戦闘機が好きで、プラモデルを作ったり、ラジコンで飛ばしたりと「当時のアメリカの少年としてはごく普通のことに関心がある子だった」とハンプトンは言う。

父親は三つの牧場を持っており、家のすぐ裏にはチンチラ専用の飼育牧場があった。ハンプトンはよく狩りに連れて行かれたが、ローウェルは喘息持ちだったため、母と家で留守番をしていた。母がピアノを弾いていたのをハンプトンは覚えているが、彼女が一番得意だったのは水泳だ。「第二次世界大戦で中止になった年のオリンピックに選手として登録されていた」ほどの泳ぎの名手だったのだ。オリンピック翌年の1945年、ローウェル・トーマス・ジョージが誕生。その名は20年代はじめ、イギリス陸軍隊長T・E・ロレンスを〝アラビアのロレンス〟として世界に知らしめた従軍記者ローウェル・トーマスから取られている。母のフローレンス・ルイーズ・ジョージ（ウィラードの2番目の妻）は息子たちに情操的な教育をしたがったため、「そこでいつも父と意見が合わなかった」のだとハンプトンは言う。「おやじは僕らを狩猟に連れて行きたがった。鴨、鹿、鳩……。でも母は音楽のレッスンを受けさせたがったんだ」。こうして兄弟は楽器を学び始める。

最初の楽器はハーモニカだ。ローウェルのハーモニカがクロマティックだったのに対し、ハンプトンには少し大きめのコード・ハーモニカとバス・ハーモニカが与えられた。10歳のハンプトンにも、5歳の弟の方が音楽の資質があることが分かったという。「僕にはリズム感がまるでなかった。譜面を読んでとりあえずは吹けるんだが、何時間メトロノームの前に座って吹いても下手くそだった」

それはともあれ、数年後には兄弟でステージに立つようになる。初ステージはロスに隣接するスタジオ・シティのカーペンター・アヴェニュー小学校。その催しには、風刺作品やノベルティ・ソングのレコードで知られるコメディアンのスタン・フレバーグも出演していた。次に出たのは「テッド・マックの『アマチュア・アワー』だ」とハンプトンは言う（正式タイトルは『オリジナル・アマチュア・アワー』。50年代版『アメリカズ・ゴット・タレント』と言うべきオーディション番組の元祖）。その時、同じ回にフランク・ザッパも出ていたのだが、優勝はタップダンスの少女に持って行かれたという逸話が残っている。だが、エリザベス・ジョージ［ローウェル2番目の妻］はローウェルからテッド・マックの番組に出て優勝したと聞いたという。優勝したのかどうか、そこらへんの記憶はないというハンプトンだが、演奏したのが「ペグ・オ・マイ・ハート」や「ハンガリー狂詩曲」といったハーモニカの典型的レパートリーで、一度はハーモニキャッツと共演したこともあり、ローウェルが生まれながらの才能の持ち主だったことは覚えている。「譜面の読み書きは得意だったが、そんなもんがなくても演奏出来た。一度聴けばすぐ同じように吹けるんだ。すごい才能だったよ」

ローウェル本人はそうは思っていなかったようで、1979年の地元新聞との取材では、5

歳で受けた最初の音楽レッスンの苦い思い出を語っていた。「譜面の読み方を教えられたが、僕はいつも聴いたままをごまかして吹いてた。もっと音を長く伸ばすようにと言われても〝ん？　こうかな？〟〝違う、そうじゃない〟〝じゃあ先に吹いて見せてよ〟といつもこんな具合だった。譜面を読むのが面倒だったんだよ。フルートをやるようになるまでちゃんとは読めてなかった」

そんなローウェルが頭脳明晰だったことは、兄だけでなく、最初の妻パット・ストールバームも認めている。離婚後もローウェルの母との付き合いを続けたパットは、ある時、二人でロスの街をドライブ中、フローレンスに「あそこがローウェルの通った学校よ」と教えられたが「そこはＩＱの高い子だけが入れる学校だった」のだという。

パットによれば、ローウェルの父はハンプトンをとにかく可愛がり、狩りに連れて行ったり、農場を手伝わせたりした。「その分、ローウェルは何をするにもお母さんと一緒だった。彼は子供の頃からずっと太っちょで、学校でもあまり友だちがいなかったの。お母さんは息子を助けたい親心から彼を医者に診せ、体重を減らすためのデキセドリン［アンフェタミンの一種］を処方させていた。そんなだったから、子供の頃から彼の新陳代謝はめちゃくちゃ。自分には魅力がある、自分はクールなんだと思えるようになるまでには、自己肯定がたくさん必要だったのよ」

１９５６年、ウィラード・ジョージは脳溢血のため、67歳でこの世を去った。死ぬ寸前にラスヴェガス近くの牧場の一つを売却していたので、家族には十分な遺産が残された（その牧場はのちにハワード・ヒューズが所有し、現在は州立公園になっている)。数年後、フローレンス・ジョージはアンディ・アンダーソンと再婚。家族はそう遠く離れていないアウトポスト・ドライヴの家へ引っ越した。

ハンプトンはハリウッド高校から軍隊に入隊。家には一度も弾くことがなかったクラシック・ギターが残され、それをローウェルはノース・ハリウッド中学に入学する前にはマスターした。中学での友人の一人が、ギターを弾きたいと密かに願っていた音楽好きのマーティン・キビーだ。この頃からローウェルの才能に気付いていたキビーとの付き合いはその後も続き、それは二人を助けることになる。

ハリウッド高校に進んだローウェルはオーケストラとマーチング・バンドでフルートを始める。「あの頃の僕はジャズ・ミュージシャンだったんだ」とローウェルは当時のことを語ったことがある。「楽器はフルート。正統的なフルートさ。当時はロックンロールが嫌いだった。だってすべてがフランキー・アヴァロン一色で。そんなのがいいって誰が思う? 誰が求めてるっていうのさ?」

少なくともローウェルは求めてなかった。キビーの記憶では、ローウェルのお気に入りは「ガット弦のギターを弾きながらコーヒーハウスで歌う、黒のタートルネック姿のグループ。ビートニック、ジャズ、ハービー・マンみたいなの」だったという。

ライヴを聴きに行ったクラブでは「いろんな連中がいた。自分でもわけが分からぬままいろいろと見ていたよ」とローウェルは言う。「年齢をごまかして入ったクラブでは、レニー・ブルースがソニー・ロリンズの前座をやっていた。覚えているのは〝なんて薄汚い格好のやつだ〟と思ったことだけさ」

ソニー・ロリンズ、ハービー・マン、ローランド・カーク。そんなアーティストを聴きながら、ローウェルは背伸びをしていたのかもしれないが、中身はマルホランド・ドライヴで兄といたずらをしていた悪ガキのままだった。高校時代を振り返り、こう語ったことがある。「よくやってたのはビバリーヒルズ・ホテルに行き、プールサイドで泊まってもいない部屋付けでドリンクを注文するっていういたずらだ。素知らぬふりでチェックにサインをして、とんずらしてたよ」

ローウェルはクラスの道化役だった。入学は彼より1学期遅かったものの、2年の時に英語の授業が一緒だったエリザベス・オズボーンは、彼にそんな印象を抱いていたようだ。「ひょうきんだったわ。彼の席は教壇の真横。クラスの方を見るようにして座ってたことを覚えてる。もしかすると何か悪さをして座らされていたのかもしれない。詳しいことは覚えていないわ」そうエリザベスは語る。ローウェルとは友だちにはならなかったが、まさかそのひょうきん者と将来、結婚することになるとは思いもしなかったはずだ。

もう一人、ローウェル・ジョージの将来に大きくかかわったポール・バレアは、ローウェルが卒業した翌年、ハリウッド高校に入学。ローウェルの逸話は兄たちから聞いていた。ある時、高校のオーケストラでのこと。ローウェルは譜面を上下逆さまにして見事にフルートを吹き、仲間の団員を驚かせ、おもしろがらせた。だが、教師はおもしろいとは思わず、そのあと

「オーケストラから追い出されたそうだよ」とバレアは言う。

音楽以外でローウェルが興味を持っていたのがマーシャル・アーツ［武術］だ。「弟は日本文化がものすごく好きだった。空手、サムライ……鎧や刀や武器なんかを集めてたんだ」とハンプトンは言う。やがてそのコレクションに様々な楽器が加わるようになる。サックス、シタール、そして尺八。

「世界各地のいろんな楽器を持っていたのを覚えているよ」。そう言うハンプトンは休暇で家に戻ってくるとローウェルと二人、ダウンタウンに繰り出し「ロスのリトル・トーキョーで、サムライ映画や三船敏郎の映画を観た」のだという。軍役を終えて家に戻ると、かつて殴っていた弟が一人前の格闘家になっていて、兄貴が逆にやり返されたという有名な逸話をハンプトンは否定する。「ありえないよ。確かに弟は空手を習っていたが、僕も空挺部隊員だった頃は空手をやってたからね」

「そんなのはまったくローウェルらしくない。彼は暴力とは無縁な人だった」と未来の妻で、クラスメートだったエリザベスも言う。「ローウェルはいつも言っていた。〝傷つける意図がない限り、相手の体に触れたりしない〟って。とてもスピリチュアルで特別な人だったわ。ローウェルがハンプトンに〝僕の空手のクラスを見にこないか？〟と言って、ハンプトンが見に行ったのは覚えている。弟の人並み優れた能力に、兄が一目置いているというそんな間柄だったのよ」

「ローウェルは規律を重んじるタイプだった」とその兄も言う。「ミスター空手マンは本気だったからね。ものすごい練習量だったさ」

幼い頃の思い出で、ハンプトンが最もよく覚えているのは、1963年に母と新しい父親と出かけたアジア旅行だ。ハンプトン23歳、ローウェル18歳。

旅は航路。豪華客船ラーライン号のファースト・クラスでハワイまで行き「ハワイから日本まで行った。別の船で香港にも行き、アジアを一周した」という。日本では奈良に滞在。710年から784年まで日本の首都だった奈良は数多くの社寺や庭園を誇る古都だ。そこで兄弟は通常のルートとは異なる観光を楽しんだ。「親とは別行動で、真昼間からスナックに行ったんだ」。二人がカウンターに座っていると、フルートを持った男が隣にきて水を注文した。ローウェルは男に頼み、そのフルートを吹かせてもらう。「演奏を聴いた男は聞いてきたんだ。〝他にも何か弾けるのか?〟と」。ステージを見ると、スタンドにギターがかかっていた。「弟はステージに上がるとギターを手に取り〈黒い瞳〉を弾きながら歌ったんだ、しかもスペイン語で!」

二人は店にいた相撲取りとホステスの女性たちのテーブルに招かれ、日本酒を少しばかり飲んだあと、両親と合流した。音楽の持つ不思議で誘惑的な魔力を目の当たりにした体験だった。

＊

この頃には、ローウェルはエレクトリック・ギターを弾くようになっていた。最初はフェンダーのムスタングを、しばらくするとストラトキャスターを。「ギターは高校を出るまで弾いてなかった」とローウェルは言う。「(ハリウッド北西のシャーマン・オークスにある)ヴァレー・ジュニア・カレッジに進み、アートを専攻する予定だったんだ。手を使ってやることが好きだったんでね、溶接とか……。ある晩、いつもと趣向を変えてバーズを観に行った。すると(ドラマーのマイケル)クラークと(ギタリストのデヴィッド)クロスビーの殴り合いが始まったんだよ。クラークがドラムセットから飛び出し、シンバルをよじ登ってクロスビーをボコボコにしてて。それを見ながら思ったよ。〝彼ら、めちゃくちゃ楽しそうだな!〟って」

「翌日、前夜の余韻を残したまま登校して、初めて芸術の歴史書に目を通しテストを受けた。結果はクラスで一番。それで辞めた。簡単すぎたんだ」

ガソリンスタンドで給油のバイトをしたこともあった(60年代には、まだそんな職業が残っていたのだ)。エリザベスによれば、金を稼ぐことの意義を息子に学ばせるため、母親が勧めたのだという。

スタンドでの仕事の経験は、のちにカントリー風の曲を書く時のインスピレーションになった。そこにシタールが好きだったように、アメリカだけでなく広い世界の音楽への興味が備わった。と同時に1965年になる頃には、それまでローウェルが嫌っていた俗っぽいポップスにとって代わり、バーズ、海外からはビートルズ、ストーンズ、ザ・フー、キンクスといったバンドが次々に登場し、あらゆるところで分子構造は変化しつつあった。ロンドン、ニューヨーク、サンフランシスコに並びロサンゼルスは、某雑誌のコピーライターが〝ユースクエイク〟［youth（若者）＋quake（地震）］と呼んだ現象の震源地だった。

ローウェルがエレクトリック・ギターを手に、カントリーとブルースをルーツに、ロックを追求していた頃、中学時代の友人でギター弾きのマーティン・キビーは北のバークレーにいた。ウォーレン・クラインというルックスのいいもう一人のギタリストと知り合う。卒業後、英文学の道ではなく、音楽の道で運を試そうと決めた時に思い出したのが、ローウェルのことだった。キビーはクラインに声をかける。一緒にロサンゼルスに行かないか？

言われるまでもなかった。ニューヨーク生まれのウォーレン・クラインは音楽もだが、大の科学オタクで、アメリカ海軍の特別奨学金で電子工学を学んだ。海軍応用化学研究所で科学者として勤務しながら、夜はアコースティック・ギターを弾く生活を送っていた。10代の頃から弾いていたギターをあのデイヴ・ヴァン・ロンク［60年代NYグリニッジ・ヴィレッジ・シーンの中心人物。ボブ・ディランのヒーロー］に師事したこともあった。ある晩、そのヴァン・ロンクがグリニッジ・ヴィレッジのクラブ、ガスライトで主催するフーテナニー［フォーク版ジャムセッション］に出かけたクライン。「ディランがやって来たんだ、大勢の女性に囲まれて。彼が歌う〈戦争の親玉（Masters of War）〉の荒ぶるさまに全員が騒然となったよ」

音楽はクラインに科学を捨てさせた。「カリフォルニアの音楽シーンをチェックしにこないか？」「バークレーの家に泊まっていいよ」。クラインは友人の誘いにためらうことはなかった。その家のルームメイトの一人がキビーだったというわけだ。1年後、今度はキビーがハリウッドへ行こうと言い出した（キビーの話とは食い違っているが、バークレー時代は一度もデュオで演奏していないとクラインは記憶している。実際、人前では一度も演奏したことがなく、家の中で弾いていただけだという）。ロサンゼルスにやって来たクラインとキビーから一緒にやらないかと誘われたローウェルは、驚いた風でも慎重な様子でもなかったらしい。

再会したローウェル・ジョージとキビーは曲を書き始める。キビーのペンネームはフレッド・マーティンだ。本名を隠したのは「そんなにいい曲じゃなかったから」という理由の他に、そうすれば、ビートルズのプロデューサーと同じ「〝ジョージ＝マーティン〟名義になるから」だった。

ビートルズからの影響はもちろんあったとキビーは言う。あとはブルース。「ビートルズとローリング・ストーンズを聴き、ハウリン・ウルフへたどり着いた。ハウリン・ウルフのレコードを研究したよ。そしてついにその影響が書く曲にも現れるようになった。〈フォーティフォー・ブルース〉はどんなポップ・グループをも超える1曲だったね」

ローウェルとキビーの書く曲には、ハウリン・ウルフことチェスター・バーネットのミシシッピと、ビートルズのロンドン、そこに二人が住む街の香りが溶け合っていた。キビーは言う。「影響っていう意味じゃ、その二つが大きかった。でもそこに一風変わったハリウッド的感性っていうか、歌詞に対するちょっと穿った見方が備わった。たとえばマルクス兄弟［グルーチョ・マルクスを含む兄弟のコメディ・グループ］の映画の曲とかね。（『オペラは踊る』の中の）〈アローン〉をロック・アレンジでやったりしたよ」

オリジナル曲も何曲か完成し、ドラムにはキャリー・スラヴィンが加わった。キビーはギターをクラインとローウェルに任せてベーシストに転向した。ローウェルはフルートとピッコロも吹いた。こうして4人組となった彼らが選んだバンド名はファクトリー。ローウェルとキビーが1万ドルを出資し（キビーによれば、二人の両親と祖父母からのカンパだったらしい）、移動用バンと必要最低限の機材を買うと、ハリウッド・ヒルズのクレセントハイツ・ブルヴァードに一軒家を借り、作曲、リハーサル、レコーディングを始めた。

キビーの友人で、のちにフラタニティ・オブ・マンの一員になるエリオット・イングバーの弟アイラは、その家を訪ねたことがあると言う。「いつでもレコーディングが出来るように楽器がセッティングされていた。合宿状態だよ。ベッドから転がり出たら、そのままレコーディングしてたんじゃないかな。ルヴォックス社かどこかのかなり本格的な録音機を使ってたのに驚いたんだ。何よりアイディアそのものが新しかった。当時、レコーディングはスタジオでやるもんだったからね」

ファクトリーもまもなくスタジオ・デビューを果たすことになるが、まずはその前にハリウッド近郊にオープンしたロック系クラブのステージに立つようになる。それはビートルズとブルース、フォーク・ロック、アシッド・ロック、さらにはキャプテン・ビーフハート［1969年『トラウト・マスク・レプリカ』は名盤の誉れ高い。フランク・ザッパと公私ともに親交が深かった］とマルクス兄弟が全部一緒になったかのような冒険的な曲だった。たちまち彼らのサウンドはフランク・ザッパ、そしてリンダ・ロンシュタット率いるカントリー・ロック・バンド、ストーン・ポニーズのマネージャー、ハーブ・コーエンの耳に止まる。

コーエンはファクトリーをスタジオに呼び、ザッパとのオーディションを兼ねた3曲のレコーディングを行なう。2曲はローウェルとクラインの共作。バーズっぽいギターに、リトル・フィート時代には聴かれなかった厚いヴォーカル・ハーモニーが特徴の「キャンディ・ケイン・マッドネス」、そしてローウェルがもろにストーンズのような「チェンジス」を。もう1曲、ローウェルの「ヘイ・ガール！」は猛々しいヴォーカルといい、猛突進するスラヴィンのドラムといい、ザッパを意識して書かれたと思われる。

レコード契約には至らなかったが、コーエンがファクトリーのマネージメントをすることになった。それだけではない。ザッパもバンドに興味を持ったと見え、ローウェルとマーティン・キビーが共作した2曲のプロデュースを買って出た。駆け出しソングライティング・チームの曲が初めてレコーディングされたのだ。

プロデューサーとしてザッパがかかわったのはごくわずかだったものの、与えたインパクトは大きく直接的だった。「ライトニング・ロッド・マン」でのローウェルはまるで精神病棟に隔離された狂人のようだ。本人も「〈狂ったナポレオン、ヒヒ、ハハ（They're Coming To Take Me Away, Ha-Ha）〉とイアン&シルビア、その二つを足して2で割ったようなもの」だと言っている。その真偽のほどはともかく、ザッパからの指示はちょっと変わっていたらしい。ハーマン・メルヴィルの短編小説がヒントの曲だと説明した彼らに、キビーいわく「ザッパからは〝メルヴィルは忘れろ。エルヴィスみたいに歌え〟〝次はリトル・リチャードみたいに歌ってみろ〟と指示された」のだという。

確かに歌い出しは1966年のノベルティ・ヒット「狂ったナポレオン、ヒヒ、ハハ」で甲高く笑うナポレオン14世［ことジェリー・サミュエルズ］に似てなくもないが、カナダのフォーク・デュオ、イアン&シルビアの要素はどこにあるというのか。

もう1曲「ザ・ラウド・ワン」は音楽的には特記すべき点はないのだが、曲のラスト、突然声を荒げて叫ぶローウェルに彼のエキセントリックさを垣間見ることが出来る。この曲でザッパはネジ回しをピアノ線の間に挟んだプリペアド・ピアノを弾いた他、「ライトニング・ロッド・マン」のヴォーカルにも参加した。

レコーディングからまもなくして、ファクトリーはデンバーから来たダラス・テイラーというドラマーを迎える。クロスビー・スティルス・ナッシュ&ヤングのバックで脚光を浴びる2年前の話だ。残念ながら、ファクトリーに脚光はあたらなかった。

テイラーが加入したのは、ファクトリーがザッパのマザーズ・オブ・インヴェンションと同じ音楽イベントに駆り出されるようになった頃だ。それはサンフランシスコで広まっていたトリップス・フェスティバルや、いわゆるアシッド・テスト［65-66年、作家のケン・キージーを中心にベイエリアで催された即興演奏、照明、映像、LSDを用いたサイケデリック・イベント］を模倣したコンサートだ。そういったヒッピー・パーティのロサンゼルス版の一つが、7月に行なわれたGUAMBOことグレート・アンダーグラウンド・アーツ・マスクド・ボール・アンド・オージー、そしてその数週間後のSON OF GUAMBO［GUAMBOの続編］だ。

9月、ダウンタウン・ロサンゼルスのシュライン・オーディトリアムでフリーク・アウトと銘打たれたコンサートが行なわれた。ラインナップ自体、実にフリーキーだった。ヘッドライナーはその後、一度として名前を聞くこともなかった〝センセーショナルな7歳児〟ことリトル・ゲイリー・ファーガソン。コンサート用ポスターにはもう4バンドの名前が告知されていた。マザーズ、ウエストコースト・ポップ・エクスペリメンタル・バンド、カウント・ファイヴ(ラインナップの中では唯一「サイコティック・リアクション」がチャートに入っていた)、そしてファクトリー。

ザッパはいかにもフリーク・アウトのコンセプトを地で行くように見えながら、音楽に関してはまじめで、長髪のヒッピー連中を完全に冷ややかな目で見ていた。全米にとどまらず、世界中の都市部で大きなムーヴメントになっていたセックス&ドラッグ的ライフスタイルにも一切関心がなかった。グルーピー中心のパフォーマンス集団GTOs(Girls Together Outrageously)の一員だったパメラ・デ・バレスは言う。「周りが変になればなるほどフランクは変じゃなくなっていったわ。彼がローレル・キャニオンに引っ越した大きな理由の一つは、それを嘲笑うためだったのよ」

その日、マザーズとファクトリーが出るそのギグを、ダウンタウン・ロサンゼルスから20マイル以上離れたサンガブリエル・バレーのコヴィーナから観に来ていたのが14歳のリン・ハーンだ。同行した女友だちたちのおめあてはカウント・ファイヴのサインをもらうことだったが、リンはマザーズに夢中だった。年齢に達していなかった彼女たちは会場に入れず、駐車場でカウント・ファイヴが出てくるのを待った。サインをもらったあとも楽屋口を離れないのをかわいそうに思ったのか、警備員が内緒で中に入れてくれて——60年代半ばはそんな時代だったのだ——ちょうどマザーズのステージに間に合った。

リンは思ってもみなかった。まさか自分がローウェル・ジョージの、そしてリトル・フィートの初めてのファンになるとは（フィート関係者の間で彼女は、通称シャグ、後になってからはシャグリンとして有名になる）。

45年後、サンフランシスコのカフェで彼女はつい昨日のことのようにその日のことを話している。手元にはずっと大切に取ってあるリトル・フィートの思い出の品々をまとめたバインダー。「一緒に行った子たちとはほぼ初対面。誰かのママが運転するステーションワゴンで行って落としてもらい、会場の外でサインをもらおうと待ってたのよ」。警備員に「中の方が安全だから」と入れてもらった会場内の様子にリンは驚いたという。「あんな刺激的な体験は初めてだった。ボディペイントした人やフリーキーな変人だらけで。すごくイカしてたの」

「会場を出て駐車場まで歩き、迎えの車を待ったのだけど全然来なくて。美しいヴィンテージのモーガンが停まっているのが気になって、みんなで車を見てたのよ。そこにローウェルがやって来て、そこで何をしてるのかと知りたがったの。それで〝誰それのママが来るのを待ってる〟と答えたら、車が来るまで一緒にいてくれたのよ。彼の着ているセーターが裏表逆で。服を裏表逆に着ると縁起がよくないといつも祖父に言われてたのでローウェルに言ったんだけど、気にしてない様子だったわ」

「話をしてるうちに、彼がさっきまでステージにいた人だと分かったの。〝じゃあ、サインを頂戴〟と頼んだら〝サインなんて書いたことがない。何を書けばいいか分かんない〟と言うんで〝そのことを書いて〟と紙と鉛筆を渡したわ。そしたら〝これは僕がした初めてのサイン。ローウェル・ジョージ〟と書いてくれたというわけ」

「他にもファクトリーのメンバーの名前と自分の電話番号、そしてハリウッド・ヒルズの住所が書いてあったわ」。なんと大らかな時代だったことか。

フリーク・アウトでドラムを叩いたダラス・テイラーの在籍期間はそう長くなかった。後任のリッチー・ヘイワードが入った経緯については諸説ある。ローウェルはフリーク・アウトで初めて会ったと語っている。「当時、ダラス・テイラーは虫垂炎の手術を受けたばかりで、ドラムを叩くたびに傷口が開くのに耐えながら叩いてたらしいんだ。僕はそんなだったとは知らないから、リズムはキープ出来ないわ、もたつくわ、〝何てヘタクソなんだ。代わりのドラマーを見つけないと〟と思っていた。実際はすごくうまいんだよ。シャツを血まみれにしながら叩いてたってことを知ったのはそれから何年もしてからだ。金が必要だったこともあるだろうけど、病気だと認めたくなかったんだろう」

「リッチーが俺のところにやってきて〝あいつはうまくない。もっとうまいドラマーが必要だ。俺がそのドラマーだ〟と言ったんだ。その時、リッチーはアニマル・ハクスリーっていう名前の女の子と一緒だった。あのオルダス・ハクスリーの親戚（『すばらしい新世界』や『知覚の扉』の作者の孫娘）とやらで、彼女がリッチーをコンサートに連れて来てたんだ」。それからしばらくしてヘイワードはバンドに加入する。

しかし当の本人も、リン・ハーンも、そうではなかったと言う。リンはヘイワードがロサンゼルス・フリー・プレス誌に〝ドラマー求む、フリーキーであること〟という募集広告が載っていたのを読んでコンサートに来たと記憶している。ヘイワードはモダン・ドラマー誌のロビン・フランズに、ロスに出て来たばかりの時にその広告を目にしたが、コンサートではファクトリーに自分から接触しなかったと語っている。中西部からハリウッドへ。彼の旅はどんなだったのだろう。

リッチー・ヘイワードは1946年、アイオワ州クリア・レイクに生まれた。人生を変えたのはあるパレードだ。3歳の時のことだと彼は記憶している。「バスドラムがこっちに近づいて来た。その時何かを感じたんだ。胸の中でというより、腹の奥で。そこからはなんにも僕を止められなかった。ただドラムを叩きたいってことだけだったよ」

幼稚園にもあがらぬ前から将来の地図が描けていたとは。リッチー・ヘイワードにとっては幸運だが、パレードに連れて行った両親にとってはそうではなかったはずだ。「大反対されたというほどじゃなかったけど」と彼は言う。「勉強そっちのけで、地下室でずっと何かを叩いているうちに腹を立ててたよ。いつのまにか息子がちびっこフーリガンになってたわけだからね」

ここで大抵の親なら子供に折れる形で、最初の楽器を買い与えているだろう。だがヘイワードの親は違った。11歳になった時「芝生や庭の掃除をしたお小遣いをコツコツ貯めて、150ドルするモンゴメリー・ワードのドラム・セットを買ったんだ。何ヶ月もかかったのを覚えているよ」

ドラムは先生について習うというよりは、レコードに合わせて叩いて学んだ。高校のバンドにも入ったが、ヘイワードいわく「規律が苦手だった」のだという。

「最初に見て夢中になったドラマーはカウント・ベイシーのバンドにいたソニー・ペインだ。白黒のテレビ番組でだ。番組はともかく、催眠的でエネルギッシュな彼の身のこなしにすっかり魅了されてね。その瞬間から、何よりドラムをプレイすることが好きになったんだ」

ビッグ・バンドのドラマーたちも好きだった。その一人、ジャック・スパーリングは、バニー・ベリガン、テックス・ベネキー、レス・ブラウン、ピート・ファウンテンらとの共演を誇り、2台のバスドラとタムタムをアグレッシヴに叩くことで知られていた。ヘイワードもアグレッシヴさだけなら負けていない。初めてドラムを手にした1年後には、シュライナーズ［フリーメイソンの親睦と娯楽の目的で作られた会員のための］大晦日のパーティで、初めてのおこづかいを稼いだ。「やったのは古いスタンダード。そこにいた会員の息子や娘より、僕の方が若かったはずだよ」

1960年、高校入学を控えていた頃、ロックンロールが到来した。友だち何人かと始めたバンドだったが、アイオワの小さな街で演奏できるのは大学のフラット［男子学生友好クラブ、フラタニティ］パーティやローラースケート場といった場所だけ。

そんなことが数年続き、ヘイワードはついに気付く。最高の仲間と最高のドラムを叩きたいという大きな夢を持った若きミュージシャンはここにいちゃいけない。「僕はドラマーになりたかった。でも1964年、65年当時、ドラマーの仕事場はラマダ・インのラウンジがせいぜい。これは東海岸か西海岸に出るしかない。ニューヨークかLAか。コインを投げると出たのはニューヨークだった。もう一度投げた。〝Youse〟［ニューヨーク訛りでyouのこと］とか言いたくなかったし、寒くて汚くてデカい街は嫌だった。そこでここに来たのさ。さらにデカくて汚い街に」

19か20歳で、ロサンゼルスに出てきた時、知り合いはたった一人。しかも「知ってるって たって、ほんのかすかに知ってる程度」だったが、そこに居候をさせてもらい、パサディナのバー、ラッキー・レディで、レベルズというロックのカヴァー曲ばかりを演奏するバンドの仕事にありつく。

そんなある時、フリー・プレス誌のドラマー募集広告を目にする。条件は〝フリーキーであること〟。よく意味は分からなかったが、いずれにせよレベルズはもういいと思っていたヘイワードは書かれた住所を訪ねてみることにした。

「それがローウェルとファクトリーの家だったんだ。オーディションさ。バンドが住んでたのはクレセント・ハイツのすぐ上の丘に建っていて、車道から家まで長い階段を上がって行かなきゃならなかった。4人くらいドラマーがいて、それぞれにドラム・キットを持って集まっていた。マザーズも全員いたよ、フランク以外がね。ドン・プレストン、レイ・コリンズ、ロイ・エストラーダ、ジミー・カール・ブラック。ドラマーのオーディションっていう状況にみんなで大笑いしてるもんだから、こちらは気後れさせられたが、めでたく合格したんだ」

ヘイワードいわく、ファクトリーは「ベルボトムに大きなバックルのベルトにサンダル履きでいかにも60年代のLAバンド」だった。それが当世のファッションだったのだ。そんな彼らは1967年はじめ、2本のTVシリーズに出演している。『マイペース二等兵』では〝シミー〟とか〝フルーグ〟と呼ばれるダンスを踊る若者でいっぱいのナイトクラブで演奏するロック・バンド役を演じたが、クレジットはされなかった。もう1本、南北戦争後が舞台のコメディ・シリーズ『F-トゥループ』では、ダンスパーティのバンドとしてやって来た〝ベッドバグス［トコジラミ］〟と名乗るバンド役で登場。ローウェルとクラインがギターを弾き――クラインの一心不乱な様子はまるで実際に何かの虫に食われたかのようだ――キビーが2弦ベースと思しきベースを弾く中、ヘイワードが帽子の箱《ハットボックス》・ドラムとシンバルを叩きまくっている。それがアメリカ民謡の「草競馬」だとは気付かないほど曲を崩したかと思えば、酒場では野菜のミサイル攻撃を逃れ『モンキーズ』のワンシーンのようなドタバタを演じる。ローウェルにはセリフもあったが、ディランの100年も前に「ミスター・タンブリン・マン」を歌うフォーク・バンド〝ターマイツ［シロアリ］〟に出番を食われてしまうという、そんな笑える内容だった。

ハーブ・コーエンがバンドに見つけてきたもう一つのハリウッドとのコネがA&Rマン、平たく言えば、タレントのスカウトマンのマーシャル・リーブだ。リーブはかつて3人組ヴォーカル・グループ、テディ・ベアーズに在籍していた。彼らの1958年の大ヒット「会った途端にひとめぼれ（To Know Him Is to Love Him）」を書いたのは、メンバーの一人フィル・スペクターだ。のちにニール・ダイアモンド、エルトン・ジョンらも抱えることになるユニ・レコードと契約したのは、ひとえにリーブのコネのおかげだったとキビーは言う。

リーブ監修のもと、バンドは6曲ほどをレコーディングする。しかしキビーが言うには、結果には満足していなかった。「彼はフィル・スペクターの相棒。僕らにやらせようとしてたのは、スペクターの［多重録音で音の壁を作る］〝ウォール・オブ・サウンド〟にバーズをかけ合わせたようなもので、どれもどっちつかずでうまくいかなかったんだ」

残されたファクトリーの数少ないレコーディングを聴くと、彼らがその有力候補だったのもうなずける。ソングライターとしてもミュージシャンとしてもまだ道半ばだった彼らは、ビートルズやザ・リーヴズといったバーズのフォロワー的フォーク・ロック・バンドに間違われるような曲をやったかと思えば、少しスピードを上げて、シーズ［Seeds］のようなパンキッシュなガレージ・バンド風でもあった。一歩間違えれば、バブルガム・ミュージックの泥沼に沈みそうなダサい歌詞――〝寂しさはほんの嘘にすぎないさ〟――をテンポに乗せただけの曲もある。キビーが言っていた、ベース音とエコーを効かせたスペクターの代名詞〝ウォール・オブ・サウンド〟など微塵も感じられない。バーズの影響は確かにあるが、それも出発点でしかない。

むしろローウェルたちにたっぷりあったのは、ノベルティ・ソングと呼べそうなユーモアのセンスとオープンさだ。「ホエン・アイ・ウォズ・アン・アップル」でローウェルは〝自分がりんごだった時〟と果物になった姿を描く。女の子によってきれいに磨かれ、好きな子の〝瞳の中のりんご［愛おしい人］〟になりたいリスナーの気持ちをからかい、最後はりんごをむしゃむしゃ食べる音で終わる。この曲は、軍隊バンド風ドラム・リフにローウェルの吹くピッコロが陽気な「スマイル、レット・ユア・ライフ・ビギン」をB面に、ユニからのファースト・シングルとしてリリースされた。結果は出ず。そこでユニ・レコードは、A面曲だけをローウェルとウォーレン・クライン共作の控えめなラヴソング「ノー・プレイス・アイド・ラザー・ビー」に替え、セカンド・シングルとしてリリースした。またしてもなんの結果も出ず。それから数ヶ月、アルバムを作れるだけの曲数をレコーディング出来ぬまま、バンドはここまでとなった。キビーは言う。「僕らはすごく不満だった。レコード契約にも、プロデューサーのマーシャル・リーブにも」

しかし少なくとも、数枚のシングルは残ったことになる。1967年3月のセント・パトリックデー、半年前のフリーク・アウト・ショウでローウェルに初めてのサインを書かせたリン・ハーンは、彼の家の玄関に立っていた。15歳の誕生日のその日、姉の運転する車でやって来たのだ。その前に電話をかけていた。「彼が言ってくれたの。〝バンドも来てるから、君もおいでよ〟って。それで行ったのよ。45回転のシングル盤をくれたわ。ファクトリー4人のうち3人のサインをもらった。リッチー・ヘイワードに初めて会ったのもその日、私の15歳の誕生日よ」

いろいろな話を総合すると、1967年が終わる前までにはファクトリーは解散していたことになる。フラタニティ・オブ・マンというバンドが新たなリズム・セクションを探していると聞いたキビー、クライン、ヘイワードの3人はまとめて、そちらに移る。探していたのはリード・ギタリスト兼ヴォーカルのエリオット・イングバーと、同じくギターとヴォーカル担当、スタッシュことローレンス・ワグナーだった。イングバーはミネアポリスに生まれ、1958年ロサンゼルスにやって来た。のちのリトル・フィートのメンバーと、いろいろな形で繋がることになる。マザーズ・オブ・インヴェンションのメンバーとして、1966年のデビュー・アルバム『フリーク・アウト!』に参加。マーティン・キビーとは友だちだった。ファクトリーのリズムセクション3人がフラタニティ・オブ・マンに加入する以前、イングバーとワグナーは「ドント・ボガート・ザット・ジョイント」[いつまでも吸ってないでハッパを回せ]」という曲を書いた。映画『イージー・ライダー』の挿入歌「ドント・ボガート・ザット・ミー」として知られることになる曲だ[ジョイントという言葉がマズいのでタイトルを変えたと言われている。のちにリトル・フィートがカヴァーした際はオリジナルのタイトルが復活した]。

ヘイワードには、新しく加入したバンドはあまりに〝ボガート[自己中心的なやつ]過多〟だった。「フラタニティ[兄弟愛]を名乗るのに一番似つかわしくない連中さ。意見の不一致なんてなまやさしいもんじゃない。まったく気が合わなかったね。おまけにそれほど演奏がうまいわけでもなかったんだ」。それでもフラタニティは2枚のアルバムを発表。クラブ・サーキットやツアーを行なった。その間ローウェルはといえば、別の興味に没頭していた。

ファクトリーにいた頃からローウェルとウォーレン・クラインは、1967年の春に開校したラヴィ・シャンカール・キンナラ音楽学校のロサンゼルス校でシタールを学んでいた。やがてシンガーソングライターのジミー・ウェッブ邸にたむろする者たちに、覚えたてのシタールを弾いてみせるようになった。ウェッブは「ビートでジャンプ（Up Up and Away）」や「恋はフェニックス（By The Time I Get to Phoenix）」の大ヒットのおかげで、ハリウッド・ヒルズに建つ23部屋もある大豪邸で優雅な暮らしを送っていた。かつてのフィリピン大使館は、若い金持ちミュージシャンが借りるにはぴったりの掘り出しものだったのだ。

ウェッブと親交があったアーカンソー出身のギタリスト、フレッド・タケットはしょっちゅう家を訪れていた一人だ。「1日24時間パーティは続いていた。1階に降りていくと、ソファでジミ・ヘンドリックスが寝てたり、地下ではミッチ・ミッチェルがドラムを叩いていた。ラリー・コリエルもよくいたね。そしてローウェルもしょっちゅう来てたよ」。タケットが初めてローウェルを見た時、ジミーと同じ全身白ずくめの彼は、床に座ってシタールを弾いていたという。

それ以外の時間はロサンゼルス・コミュニティ・カレッジで音楽のコースを取っていた。当時のローウェルの頭には、あまりロック・バンドのことはなかった。ところがそんな彼のことを考えていたのがかつてのクラスメートだ。

フレックことジョン・フレッケンスタインがベースを弾いていたガレージ・バンド、スタンデルズは1966年暮れの「ダーティ・ウォーター」がヒット。何本かの映画出演を果たすほど、そこそこ成功した。そのうちの1本、カウンター・カルチャー映画『ライオット・オン・サンセット・ストリップ』にバンドで出演しただけでなく、フレックは主題曲を書いていた。

1968年、ドラマー兼リード・ヴォーカルのディック・ドッドが脱退。まだスタンデルズに加入して日も浅かったフレックは、後任のヴォーカルにローウェル・ジョージはどうかと提案する。「中学、高校とずっとお互い知ってたし、高校を出たあともローウェルとは一緒にやってたんだ。一人分空きが出たんで、ロスのシティ・カレッジで音楽論を勉強してたローウェルを引っ張ってきたんだ。〝学校なんてやめて、ロックンローラーになろうぜ〟とね」

週500ドル払うと言われたその仕事のオファーをローウェルも覚えていた。「大学の教師からは、僕の成績が平均でBだったことを挙げて反対された。じゃあ、あなたはいくら給料をもらってるのか？　と逆に尋ねたら、その教師は一瞬考えて言ったよ。〝その仕事を受けろ〟と」

「それで入ることになったんだ」とフレックは言う。「でもスタンデルズはパンク・ポップ・バンドだったし、ラリー・タンブリンとローウェルは考え方も違ってて、最初から衝突してたよ」

かたやパンク・ポップのスタンデルズ。もうかたやブルース、ロック、ジャズ、尺八、シタールのローウェル・ジョージ。これでは衝突もやむをえまい。

オルガン担当でたまにリード・ヴォーカルも取っていたラリー・タンブリンはこう当時を語る。「ローウェル・ジョージが入り、それまでのサウンドとはかなり変わった。サイケデリックなものになったんだ」

『ミッキー・マウス・クラブ』の子役キャスト出身のディック・ドッドは女の子から人気が

あった。そのドッドの後釜がぽっちゃり体型のローウェルだったのだから、影響がないはずがない。ローウェルは言う。「結局はあのバンドでやったのは6回か7回だ。あるギグでは、14とか15歳くらいのチカーノの女の子たちが店のドアを取り囲んで、ディック・ドッドはどうしたのか？　と迫ってきた。彼が辞め、僕がその代わりだと知った時の彼女たちの怒りと言ったら！　そのあと4回のギグにも彼女たちが現れるもんだから、僕はマジで命の危険を感じてたんだ。チャールズ・マンソン［狂信的カルト集団〝ファミリー〟の指導者］の亡霊！　寝ているところを襲われるんじゃないか、と思ってたよ」

人を殺しかねないティーンエイジャーに怯える以外にも、バンドとの間は問題だらけだった。ローウェルが問題だったとも言えなくもない。タンブリンによれば、スタンデルズに加入したローウェルはリーダーになろうとしたというのだ。1962年に結成したスタンデルズ（彼らの古めかしい名前もこれで説明がつく。62年当時はトロイ・ションデルや、ドヴェルズ、シュレルズ、マーセルズといったグループ全盛だったのだ）。お揃いの衣装にポンパドールで決めていた時代から残っていたオリジナル・メンバーは二人。タンブリンはその一人だった。しかし時代は60年代に突入した。ヒットもたった1曲しかない。ドッドが抜け、マネージメントとの間にも問題を抱えていた。

「いい勉強だったよ」とローウェルは言う。「落ち目のバンドだったんだ。それでも連中の楽屋にはヘアドライヤーや拡大鏡なんかがあって、本番前に髪の毛をフワフワに立てるんだ！　驚いたよ、あれには」

そこでローウェルは髪型に関してアイディアを出す。「1週間くらいリハーサルしてた頃さ」とタンブリンは言う。「ローウェルがスタンデルズの新しい展望はこれだと発表したんだ。それはグリーザー〔革ジャン、リーゼントの不良少年風〕になって、自分たちのパロディをやるという案だった。ローウェルは僕らのやってたことを見下し、シャ・ナ・ナみたいになろうとしたのさ」

ローウェルがそんな50年代ファッションで、オールディーズを専門とするバンドを真似たがっていたことをフレックは覚えていない。が、最終的にタンブリンは「考え方の違いってことで口論になり、〝俺のやり方に従うか出て行くかだ〟と言われ、席を立った」のだった。

ただしすぐにではなく、数ヶ月はスタンデルズに在籍し、その間何度かコンサートもやったとタンブリンは記憶している。一度はサンフェルナンド・バレーのカノーガ・パークにあるピアース・カレッジでのコンサートだ。「午後のコンサートで野外会場だった。ショウの途中、ローウェルがフロアに座りこみ、シタールを弾きながら歌ったんだ」。フレックもそれは覚えている。「タブラも叩いていたよ。ステージにはカーペットを敷き、そこに座ってやるんだ。シタールを入れるパートをわざわざ僕が書いた曲もあったよ」

スタンデルズでのローウェルのレコーディングは1枚も残っていないが、同じ時期、フレックとスタジオに入り、日本のお菓子のＣＭソングを作ったことがある。「友人がＣＭ製作会社に勤めていて、クライアントが〝メロディ〟というチョコ菓子を扱ってる日本の会社だった。ロックンロール風のジングルを探してたので、ローウェルと僕とであいつの家の居間で曲を書き、レコーディングしたのさ」

それから何年も経ってだが、コネチカット州ハートフォードのラジオ局WHCNとのインタビューで、ローウェル・ジョージはその時のことをさらに詳しく語った。「ああ、ギターでロックンロール風のを作ったんだ。3人のバック・シンガーも入れて。ところがCMはあえなくボツ。というのも、〝メロディ〟という言葉の発音が日本語風じゃないって言うんだ。3ヶ所もそれが出てきて、僕のCMキャリアもそこで終わっちゃったのさ」

そして、ここで再び、フランク・ザッパの登場となる。

第3章 おまえの足、不恰好で小さいな

"You Got Ugly Little Feet"

フランク・ザッパのバンドはマザーズ・オブ・インヴェンションといったが、それは彼らのレーベルMGMが、簡潔にして不快感を与える当初の名前、ザ・マザーズ［マザーは当時マザーファッカーという卑俗語の省略語でもあったため］に難色を示し、変えるよう命じたからだ。1966年、ファースト・アルバム『フリーク・アウト!』をリリースしたのに続き、押しの強い過酷な指揮官ザッパのもと、2年間で4枚のアルバムを次々と発表。『アブソリュートリー・フリー』『ランピー・グレイヴィ』『ウィー・アー・オンリー・イン・イット・フォー・ザ・マニー』、そして50年代ドゥワップへのパロディでありトリビュートの『クルージング・ウィズ・ルーベン&ザ・ジェッツ』。

その間、去るメンバーもいれば新たに加わる者もいた。リード・ヴォーカリストが抜けることになり、その穴を埋めたのがローウェル・ジョージだった。レイ・コリンズがマザーズを辞めたのは1968年暮れだ。後任としてザッパの頭に真っ先に浮かんだのが、ファクトリーを率いて不敵なギターを弾き、独特の言葉づかいで話し、歌う男だった。

ローウェルにもファクトリーをプロデュースした時のザッパの印象は強く残っていた。しかしマザーズ加入直後の1968年10月か11月頃にはすでにローウェルの中では頭の切り替えが出来ていたようで「結局、誰もレイの代わりは務まらなかったんだよ」と1975年に語っている。「レイは素晴らしいシンガーだったし、僕は彼のユーモアのセンスの足元にも及ばなかった。だから歌うよりギターを弾くことに専念するしかなかったんだ」。別のレポーターにはこうも語っていた。「あのバンドでの僕はなんの機能もしてなかったさ」

しかしこうとも語っているのだ。「フランク・ザッパとツアーに出て演奏するのはとても楽しかった。一度なんて、マサチューセッツの女子大で演奏した時だ。客の一人が立ち上がって〝ファック・ユー、フランク・ザッパ〟と叫んだんだ（ラジオだったため、ローウェルはfuckをごまかしてruckと言っていたので〝フラック〟と言っているように聞こえた）。すると今度は別のやつが〝おまえ、ファック・ユー・フランク・ザッパなんて言うもんじゃない。そんなことを言うな〟と叫ぶ。するとまた別のやつが叫び返す。〝賭けてやってもいいぜ。彼は誰に対してでもファック・ユーと言ってかまわない！〟。会場には3000人近くの客がいたかな？気付くとみんなが口々にファック・ユーって言える言えないで大騒ぎさ。フランクは僕の方を振り返ると言った。〝どうすりゃいい？　もう終えよう。やるべきことはやったしな。これだよ、俺が目指してたのは！　こういうことが起こってほしかったのさ！〟」

ステージを降りてしまえば、自分の役割はほとんどなかったとローウェルは言う。「フランクはグループに新しい顔を入れたがった。でも〝ドイツ国境警備隊のことを歌ったへんてこな曲〟以外、僕にスポットライトは当ててもらえなかった。有名なリード・ギタリストがいるバンドの二人目のギタリストにすぎなかったというのもあるけどね。マザーズのアルバムで、僕のプレイが聴こえるのは『いたち野郎（Weasels Ripped My Flesh）』くらいのもんだよ」

その〝へんてこなドイツ国境警備隊の歌〟でローウェルはリズム・ギターを弾き、国境を通ろうとする旅行者に質問をする役を演じている。その曲「ディジャ・ゲット・エニイ・オンヤ？」ではロイ・エストラーダもベースを弾いてるんだ、とローウェル自身がラジオのインタビューで語っている。

あともう2枚のアルバムにローウェルは参加しているが、どちらのリリースも彼の脱退後だ。クレジット関係は少なくともローウェルに関してはぐちゃぐちゃらしい。「ちょうどいろんなことが変わっていった時期で」とローウェルはジグザグ誌のアンディ・チャイルズに語っている。「どこにもちゃんとした記録が残ってない」。クレジットはされていないが、ローウェルはアルバム『ホット・ラッツ』でギターを弾き、『バーント・ウィーニー・サンドウィッチ』のオールディーズ曲「WPLJ」［ヴォーカル・グループ、フォー・デューシズのカヴァー］で歌ったことを覚えている。逆にジャケット写真に写っている『アンクル・ミート』には一切かかわっていない。

結局のところ、ローウェルとザッパの間には縁がなかったということだろう。どちらも幅広い音楽を好み、ワーカホリックだった点では一緒だが、二人の間には決定的な違いがあった。友人マーティン・キビーも指摘するように、ローウェルは楽しいことが大好きで自由奔放、酒も飲み、ドラッグもやった。でも「フランクはしらふでクルーを率いるリーダーだった。フランクはドラッグは一切やらなかった」のだ。

マザーズを始めてすぐ、ザッパは暴動を煽動した疑いで逮捕されたことがあった。ローウェルは言う。「バンドが逮捕されるという被害妄想を抱くようになり、決してハイにならなかった。どんな時も言われたよ、〝おまえらも絶対にハイになるな〟と。ある意味、それ以上のことを彼の音楽は表現してたけどね。『フリーク・アウト！』はマジでハイな音楽だったから」

しかし、ザッパがドラッグを頑なに拒んだのは被害妄想からではなく、もともとドラッグが好きではなかったからだ。ドラッグに加え、ヒッピー・シーンも、当時のロスやローレル・キャニオンやトパンガ・キャニオンで芽生え、ウィスキーあたりで演奏されてたポップス、ロック・バンドのほとんども好きではなかった。

一方で、そのローレル・キャニオン近くに生まれ育ったローウェル・ジョージは、進化するセックス・ドラッグ&ロックンロールのカルチャーに居心地のよさを覚えていた。やがてザッパの独裁的で要求の多いやり方や自分との違いに苛立ちを覚えるようになる。1969年5月、加入からわずか半年でローウェルはマザーズを抜け、自らの道を歩み始める。

暴露本で知られる伝説のグルーピー、パメラ・デ・バレスがライターのバーニー・ホスキンスに語ったところによれば、フランク・ザッパがローウェルをクビにしたのは「それこそ絶えず」マリファナを吸っていたからだ。「そもそもなぜローウェルがマザーズにいるのかも分からなかったわ。だって彼の音楽とはタイプが違ってた。次に進むための手段として捉えてたのだと思うし、実際そうなったわね」

ローウェル自身、この件に関してはこう言う。「結局のところ、フランクとうまくいかなかった。それだけさ。お互いそれに気付いたんだよ、もういいだろうって。フランクの方から、自分のバンドを組んだらどうかと言ってきたんだ」

そうなる前にローウェルが書いた曲、それが「ウィリン」だ。そこで歌われるのは「葉っぱ［weed＝マリファナ］、白いやつ［whites＝アンフェタミン］とワイン［wine］」の〝贈り物〟を歓迎する主人公のトラック野郎の話。この曲がローウェル解雇のきっかけになったと信じる者は多い。ビル・ペインは言う。「フランクはあの曲に感心していた。でもドラッグがほのめかされてたことで嫌悪感を感じたんだ。ある部分で保守的な男だったからね」

ところがローウェルは一度もザッパに曲を聴かせていなかったと言うのだ。「そんな風に曲を提出するほどばかじゃない」とローウェルは言う。「でも一度だけ彼は聴いている。そしてその数日後に自分のバンドをやるように言われたんだ。うまいクビの切り方だったと思うよ」

理由はなんであれ、後腐れが残る別れではなかったことは確かで、ローウェルによれば二人はその後、何年にもわたって連絡を取り合っていたのだ。ローウェルが最後にザッパから依頼されたのはGTOsというバンドのプロデュースだった。これはザッパがワーナー・ブラザースと提携して立ち上げた2レーベルのうちの一つ、ストレート・レーベル（もう一つはビザール・レーベル）で契約した、グルーピー・バンドだ。ローウェルはジェフ・ベック・グループのメンバーらと、彼女たちのアルバム『パーマネント・ダメージ』の2曲で力を貸している。1曲はローウェルが作曲、スライド・ギターを弾いたカントリー風「ドゥ・ミー・イン・ワンス・アンド・アイル・ビー・サッド、ドゥ・ミー・イン・トゥワイス・アンド・アイル・ノー・ベター」、もう1曲はGTOsのとあるメンバーとローリング・ストーンズのブライアン・ジョーンズの三角関係を歌った「アイ・ハヴ・ア・ペイントブラッシュ・イン・マイ・ハンド・トゥ・カラー・ア・トライアングル」だ。

この『パーマネント・ダメージ』のことをローウェルはあまりよく思っていない。「GTO

sにはちゃんと歌える子がいなかった。シンガーというよりはパフォーマーだった」と彼は言う。「でもあのGTOsの曲でやっているのがまさにリトル・フィートの原型なんだよ。ギターにラス・タイトルマン、ライ・クーダー、そして僕。あの2曲を聴くと息が止まり、恐怖にすくむ思いさ。生き地獄だね」

当のデ・バレスにはいい思い出だったと見え、ローウェルのアルバムへの貢献は大きかったと言う。90年代はじめのインタビューではこんな風に答えている。「フランクがビジュアルを含めたすべてのプロデュースをし、ローウェルが音楽面をプロデュースしたのよ。心優しい天使のような人だった。愛してたわ。今も彼からもらった手紙はとってあるの」

ローウェル・ジョージを愛した女性は多い。その逆もだ。キャリアを通じ、彼のまわりには大勢の有名な女性たちがいた。リンダ・ロンシュタット、ボニー・レイット、リッキー・リー・ジョーンズ。ローウェルをこよなく愛する彼女たちは、レコーディングや非公式なセッションで彼と歌い、演奏をした。エミルー・ハリス、ニコレット・ラーソン、女性ロックバンド、ファニー［Fanny］のジューン・ミリントンらもだ。

＊

でもその前には少女たちがいた。中学、高校で一緒だった彼女たちだ。そのうちの二人はローウェル・ジョージと結婚することになる。一人は同じハリウッド高校に通っていたエリザベス（リズ）・オズボーン。その前には、ノース・ハリウッド中学でローウェルと一緒だったパティ（パット）・プライスがいた。高校は別のノース・ハリウッド高校に進学したが、パーティなどで二人は会っていたのだ。

パットは三姉妹の長女。ローウェルと同じ1945年生まれだ。1歳下の妹のパム、3歳年下のプリシラ（プリッシー）とともに、この3人はリトル・フィートの物語に深くかかわることになる。ローウェル・ジョージ以外とも。

パム・プライスが結婚したのが、ローウェルがファクトリーで一緒だったリッチー・ヘイワードだ。若い夫婦はファウンテン・アヴェニューのアパートで、パムの姉妹とアパートをシェアしていた。60年代後半当時、彼女たちは全員20代前半。「たくさんのミュージシャンや友だちが遊びに来ていた中にローウェルもいた」のだとローウェルの最初の妻パットは言う。

プライス姉妹と出会う前、ローウェルには別の女性がいた。短い交際期間だったが、そのスーザン（ジョナ）・テイラーとの間に1969年3月生まれたのが長男フォレストだ。

スーザンは生まれてまもないフォレストを連れて、ローウェルの元を去る。父と息子が次に再会したのは1978年だった。その間、ローウェルはプライス姉妹と出会う。しかし最初はパットではなかった。彼女には別の彼氏たちがいて（ウォーレン・クラインもその一人）、ローウェルは末の妹プリッシーと付き合っていたのだ。ところがパットも、ローウェルとプリッシーも、別れてしまう。そんなある晩、ローウェルはパットをスタジオに招待する。「それで行ったのよ。そして真剣に付き合うようになったの」。これが1968年のことだ。2年後の1970年、二人は結婚。その年、息子ルークが誕生する。

長年ローウェル・ジョージを見てきたパットが、もしかすると彼を一番知っている女性なのかもしれない。中学の人気者グループにいたパットを、ローウェルがひそかに憧れてくれていたことに彼女は気付いていたという。高校では別々になった二人だったが、いろいろな折に会ううちに交際の真似事から始まり、付き合いは続いた。ローレル・キャニオンのフラタニティ・オブ・マンが共同生活する家で、そしてファウンテン・アヴェニューで。しかし二人の関係は燃え上がるような恋というよりは、育まれた友情に近かった。長い付き合いから生まれた気のおけなさ。パットはこう語る。「私は私で気になる子がいたし、ローウェルはプリシラと付き合っていた。でもいつもよくしてくれていたわ。私はアリス・クーパーのイベントで、踊ってた人から変な方向に押され、膝頭を痛めてしまったの。それで片足ギプスをはめなきゃならなくなってしまった。その時のローウェルはそれまで以上に優しかったわ。キーボードを教えてくれたり、とにかく私にすごくかまってくれた。ローウェルは頭がよくて、音楽に関してはゴールを設けて目指すタイプ。私には弱さも見せてくれた。付き合い始めたばかりの頃、ベンロモンドで別れ話になったのよ。〝私たちはうまくいかないかもしれない〟と。そしたら彼は泣いたのよ」

パットとの結婚後、義兄弟となったローウェルとリッチーが過ごす時間も長くなった。「それでリトル・フィートを始めたのさ」とリッチーは言う。

実際にそうなるのはもう少し先のことだが、ま、それはいい。新婚のローウェルとパットはグリフィス・パーク近くのベンロモンド・ドライヴの2ベッドルームの家に住み始める。その頃、エリザベス（リズ）・オズボーン（当時）もすでに〝かかわり〟があったのだ。ローウェルの小学校時代の親友だったトム・レヴィと結婚したリズは、ファクトリー時代のローウェルと何度か会ったことを覚えている。トム・レヴィはファクトリーが共同生活を送っていたクレセント・ハイツの家の上階のゲストハウスに住んでいた。そこに1年半のヨーロッパでの大学留学を終えたリズが帰国。トムと結婚。息子ジェドをもうけるが、二人は離婚してしまう。

何年も経ってからのことだが、パム・プライスはピープル誌にこう端的に語っている。「私が知る限り、最も近親相姦的なバンドよ。誰と誰がくっついて生まれた子供なのか。集まると暴動が起きるんじゃないかってくらい」

僕がリズに電話で〝彼女とローウェルの恋愛事情〟について聞いた時も、彼女はびっくりするほど見事に、たった一言でそのすべてを語ってくれたのだ。「こういうことよ。私の最初の夫トムは、私の2番目の夫ローウェルの最初の妻の妹と結婚したの。二人の姉妹には、もう一人女きょうだいがいて、それがリッチーと結婚したパムってこと」。さらに、三人姉妹の末の妹プリッシーはフラタニティ・オブ・マンとリトル・フィートのツアー・マネージャーとなるリック・ハーパーと結婚している。

リズ・ジョージはローウェルとの私生活を深くまで語ることはなく、こう言うにとどまった。「彼のマンガみたいな物の考え方が大好きだったわ。彼の書く言葉も音楽も。特別な人だったと思う、書き手として。一緒に詩を読んだりもした。カリスマがある人だったわ」

「お互いに友だち以上の存在なのだと気付いたのは、70年代になってすぐ。自然とそうなった、というところかしら」

パット・プライス（現在はパット・ストールバーム）はこんな話もしてくれた。「ローウェルはトラウマをたくさん抱えた人だったのだと思う。彼のお父さんはハンプトンを溺愛してて、その分、お母さんが何をするにもローウェルと一緒だった。ローウェルは子供の頃からずっと太っちょで、学校でもあまり友だちがいなかったの。お母さんは息子を助けたい親心から彼を医者に診せ、体重を減らすためのデキセドリンを処方させていた。そんなだったから、子供の頃から彼の新陳代謝はめちゃくちゃ。自分には魅力がある、クールなんだと思えるようになるまでには、自己肯定がたくさん必要だったのよ。彼は間違いなく私を大切に思ってくれた。息子のルークのことも愛してくれた。私が1対1の関係を望んでいたことも理解してくれてたと思う。だから彼の方から家を出たの。自分は君の望むような男になれない、そう言われたわ。そのすぐあとにリズとの関係が始まったのよ」

それがリズでなかったとしても「別の誰かだったはず」だと彼女は言う。

別の誰かであればよかったと願った一人がトム・レヴィだろう。リズがローウェルと一緒に住み始めたことで、幼なじみとの関係はぎくしゃくし始め、リズのこともローウェル・ジョージのことも許せないままだったとパットは言う。

彼女がそれを知っているのは、これもまた皮肉なことだが、レヴィがプライス姉妹のプリッシーと結婚したからだ。

ローウェルとパット、リッチー・ヘイワードとパム・プライスがそれぞれに結婚していた頃、当然ローウェルとリッチーは義理の兄弟。この二人が核となり、リトル・フィートは出来上がる。ギターとドラム以外の楽器の候補者は周りに大勢いた。ベーシストにはマザーズの同窓生で〝弾こうと思えばベースも弾けた〟ロイ・エストラーダ。キーボードにはマザーズに入り損ね、フラタニティ・オブ・マンのセカンド・アルバムにローウェルとともに参加していたビル・ペイン。ローウェルによってしばらくスタンバイさせられていたペインだが、まもなく正式にリトル・フィートに加入する。

ビル・ペインがローウェルに初めて会ったのは1969年。20歳だったがその時点ですでに15年近くピアノを弾いていた。ロサンゼルスの西、サンタバーバラの南にあるベンチュラに生まれたペインは5歳で音楽に目覚める。きっかけは母親、そして幼くして負けず嫌いだった性格だ。母は幼い息子を膝に乗せてピアノを弾いた。「好きだったんだよ。しかも母親の近くにいられる。あの年齢の子っていうのはさ、母親とつながってる感覚がほしいものなんだ」とペインは言う。ピアノのレッスンは姉が受け、諦めたのを見ていた。「でも向かいの通りに住んでいたマリリン・ニューウェルもピアノ・レッスンを受けてて。あの子にやれるんだから、僕もやりたいって思ったのさ。それが正直な話だよ」

だが最初のピアノ教師は生徒によって落第にされた。どういうことかというと、その教師はあまりにミスタッチが多いと6歳の少年が〝告発〟したのだ。新たに両親が探してきたルース・ニューマンのもとでレッスンが始まった。これが弾きたいとビルが持っていったのはディビー・クロケットの曲［54年にビル・ヘイズが歌った「デイビー・クロケットの唄」］だった。子供にも分かりやすいように、ニューマンは曲を分解してみせた。そこで初めてド、レ、ミという三つの音のマジックに触れた。右手から繰り出される「ハッピーな音」、そして左手の「マイナーノートのどこか異国風のダークな音色に、その時すっかり魅了されてしまったんだ」とペインは言う。

ビル（またはビリーと呼ばれていた）にとってニューマンの指導は、音楽だけにとどまらなかった。予習をしないままレッスンに来ると「それがすごくいけないことだと罪悪感を感じるよう、うまく仕向けてくれたんだ。やりすぎることなく。ちゃんと予習をしてこないと先生をがっかりさせる。それを学んだのはとても大事なことだったよ」。こうしてミズ・ニューマンはビリー少年にとって第二の母のような存在になった。

他にもクラリネット、ドラムを試し、高校時代にはサンタマリアのバンドのドラマー・オーディションを受けたこともあったが、結局は収まるべきところ——つまりキーボード、ピアノ、オルガン——に収まり、デボネアーズというバンドのキーボード奏者になった。初めての仕事で支払われたギャラは5ドル。プラス、ビールも飲み放題だったのだが、まだ16か17歳のペインはその恩恵に与れなかった。

だがこの時点ではまだミュージシャンになる決心はしていない。ベンチュラ育ちのビル・ペインは熱心なラジオ・リスナーで、特にDJのディック・シップリーのファンだった。番組に電話をかけては番組内のいろいろなコンテストに優勝していた。その賞品でもらったレコードの中でも覚えているのはドーシー・バーネットの『ザ・ゴースト・オブ・ビリー・バルー』だ。「(ゼア・ワズ)ア・トール・オーク・トゥリー」の大ヒット曲を持ち、弟のジョニー・バーネット共々、当時は人気があった。

テレビを観ていても気になるのはやはり音楽だ。人気テレビ番組『エド・サリヴァン・ショー』に登場するポップ・グループから、放映された『マルタの鷹』やアルフレッド・ヒッチコック映画のバックで流れるスコアまで。ペインは耳を澄まして吸収しようとした。

1967年から68年にかけ、サンタバーバラのアラン・ハンコック・ジュニア・カレッジに1年半、その後、ベンチュラのとある学校に〝数分だけ〟在籍したもののドロップアウト。1969年の前半はホームレスのような生活を送る。車で寝泊まりしながら、夢見るのはロック・バンドの一員になること。

テキサスに行ったこともあった。サマー・オブ・ラヴ[1967年からサンフランシスコ、ヘイト・アシュベリー地区で始まったカウンター・カルチャー・ムーヴメント]の夢からすっかり醒めたサンフランシスコにも何度か訪れた。そこはまるで60年代後半のパリのようだったと彼は言う。音楽の宇宙の中心であり、数々のライヴ・ミュージックを生み出す場所。そこで出会ったビル・チャンプリンはサンズ・オブ・チャンプリンを率いる才能あるシンガー兼ソングライターだった。しかしバンドに入って知った内情は「基本、やつらはドラッグ・ディーラー。あるのは才能以外のすべてという連中だったよ」とペインは言う。次に出会ったのは、通っていたカレッジがあった南カリフォルニア、サンタマリアで面倒を起こすのが生業のような男たちだった。「まずホームレスにならなきゃ、彼らの仲間になれないんだ」。でもホームレスならすでに経験済みだ。数週間のストリート暮らしの末に加入したバンド、ウェッジが立ったステージはなんとヘルス・エンジェルスのパーティだ。当然、彼らとやるのはそれっきりとなった。

当時はベトナムに駆り出されないためならなんでもいい、とにかく仕事を見つけねばと必死だったという。車上生活に戻り、再び南カリフォルニアに目を向けたペインは、高校時代からファンだったマザーズ・オブ・インヴェンションに入ると心を決めた。

フランク・ザッパがワーナー・ブラザース・レコード内に、ビザールとストレートという二つのレーベルを立ち上げたことを知っていたペインはビザールに何度か電話を入れた。ザッパ本人はヨーロッパにいて不在なので、ストレート・レコード所属のバンド、ユーリカのギタリスト、ジェフ・シモンズと話せと秘書から言われる。ユーリカのことはザッパとGTOsと同じライヴに出ていたので観たことがあった。演奏をして見せたペインの腕前にシモンズは感心した様子だったが、なぜかペインは追い返されたのだと言う。「ジェフに言われたのさ。〝悪いな、俺はギターも弾くけど、キーボードも弾くんだよ〟」。そして「お前が会うべき男はローウェル・ジョージっていうやつだ」と。そこでビルはビザールに再び電話をして尋ねた。ローウェル・ジョージを知っているか？　あいつならちょうどマザーズ・オブ・インヴェンションを抜け、バンドを作ろうとしているところだ。そう教えられた。

マザーズの大ファンでその頃、出たばかりの『アンクル・ミート』も大好きだったというビル・ペインだが、ローウェルの名前は聞いたことがなかった。だが、それはどうでもいい。電話を切ると、すぐにロサンゼルスのロスフェリーズにあるローウェルの家に向かった。期待と不安とすがるような思いで、なぜかずっとフリーウェイの低速車線を走り続けた。「間違えず、目的地に着きたかったんだよ」

その日のことをペインはハッキリと覚えている。ローウェルの家はベン・ローモンド・ドライヴにあった。「小さな木の家だった。リズの家はすぐ隣。のちのリズ・ジョージだ。木に囲まれた家のドアは開いていた。ブロンドの女の子が床にあぐら姿で座ってて、エリック・サティを聴いていた。〝ビルね、あなたが来るのはローウェルも知ってるわ。4〜5時間で帰るはずよ〟ていうのさ。〝いいね〟って答えたけど、4〜5時間、この美女と二人きりか、とか思うよね。僕はぶらぶらと家の中をチェックし始めた。本棚にあったのはギンズバーグの『吠える』、カール・サンドバーグの詩集、ヒューバート・セルビー・ジュニアの『ブルックリン最終出口』――残酷な1冊だ――覚えているのはそんなところ。アルバムだとコルトレーンの『オム』、ザッパがレニー・ブルースのところから出したやつ、あとスミソニアン・ブルース・コレクション。『ウェイティング・フォー・コロンブス』で使った〈ジョイン・ザ・バンド〉が入ってるやつとか。眺めながら、〝そうか、こいつはジャズも持ってれば、ブルースも持ってる。ハウリン・ウルフやマディ・ウォーターズも……〟と思ってたわけさ。壁にはシタールが飾られてて……いや、待て。壁にあったのはサムライの刀だ。シタールは別の壁の隅っこに置いてあったんだった」

十分な下見も終え、ペインはさらに数時間ローウェルの帰りを待った。そしてようやく会った時は「カストロとチェ・ゲバラが初めて顔を合わせた時はこんなんだったんじゃないかという感じだった」とペインは言う。初対面ながら、二人はありとあらゆる話をした。「最初からローウェルとはそんなだった。音楽の話はもちろん、人生の目標やアイディア、物事のつながりについて。彼の部屋にあった本や詩についても尋ねたよ。共通点がいっぱいあったんだ」。のちにこうとも言っている。「何よりも印象的だったのは、彼のユーモアと知性、そして一見関連がなさそうに思えることからも、本質的なつながりを見つける生まれながらの能力だ。音楽についても、それ以外でも。ローウェルに自分が作ろうとしているバンドに入りたいか？ と聞かれたんで、僕は正直にフランク・ザッパに会いたいんだと答えた。すると〝そうか。君に会えてよかった。連絡を取り合おうぜ。いつか曲でも書いてみないか？〟と言われたよ」。そしていつしかローウェルのスピネット・ピアノをペインが弾き、ローウェルがアコースティック・ギターを弾きながら「いろんな曲から引っ張ってきた引用を交換」するようになったのだという。

連絡を取り合うどころか、しまいにペインはローウェルの家に泊まるようになり、そのうちの何回かは家の外で寝た。危険を覚悟で。

ペインの記憶によればこうだ。「ローウェルと住むようになったパットが猫を家に連れ込んだんだ。でも僕は猫アレルギー。金もなく行くとこもなかったんで、ローウェルのフォルクスワーゲンのバンで寝泊まりしていた。夜はしっかり窓を閉めてね。というのも、その1週間か2週間前にラビアンカ殺人事件が起きたからさ」。ロス・フェリーズ、ウェイヴァリー・ドライヴにある自宅でラビアンカ夫妻がチャールズ・マンソン率いるファミリーの信奉者6名に惨殺されたあの事件［この前日には女優シャロン・テイト他4名を殺害していたため、テイト・ラビアンカ殺人事件と呼ばれる］。そこからローウェルの家があるベン・ローモンド・ドライヴまでは車でたった数分だ。「変な妄想をしすぎて、バンの中で寝汗で汗だくになってたよ。数年後『セイリン・シューズ』に入れた〈キャット・フィーバー〉はそのことを書いた曲だ」

あんなやつらに捕まりはしない　俺を追ってくるあの鬼のようなやつら……

〝猫が原因の汗〟だったのかどうかはともかく、ペインがフォルクスワーゲンのバンどころか、どんな車にせよ、家の外で寝ていたことなんて覚えてないとパットは言う。「その話は違うわ。だってルークが生まれるまではゲスト用のベッドルームがあったもの」。そして赤ん坊が生まれたあとだったとしても「床はあるから。いつだって」と言う。

ビル・ペインがようやくザッパに会えたのはその1ヶ月後くらいだった。「でもとても自分はフランク・ザッパと一緒にやれる器じゃないと分かったんだ。彼の要求は高い。僕にはそこまでの譜面の読解力はなかった。それに、ローウェルの方が実はすごい才能なんじゃないかと思い始めたんだ。好きだったんだよ、あいつが」

ローウェルはこう記憶する。「マザーズのオーディションを受けさせるため、ビルをザッパの家に連れて行ったんだ。でも彼は『200モーテルズ』の予告編の編集中で、会って話す時間がないっていうんで仕方がなく家に戻った。その頃、あいつはウチに転がり込んでたんでね。それで聞いたんだ。〝バンドに入るか?〟と。そしたら〝ああ、いいよ〟と答えたのさ」

どちらにせよ、ペインはローウェルの人間性と才能に惹かれていた。「すっかりあいつのことが好きになってたんだ、精神面も含めて。それでもうしばらくここにいさせてもらおうと思った。すると〝弾いてもらいたいんだよ。フラタニティ・オブ・マンっていうバンドの曲で〟と言われたのさ」

そのバンドはリーダーのドラッグ問題で、セカンド・アルバムのレコーディングに手こずっているところだった。ペインも彼らの「ドント・ボガート・ザット・ミー」は聴いたことがあった。元ファクトリーのリッチー・ヘイワード、マーティン・キビー、ロイ・エストラーダがいたことも知っていた。

そんなペインも知らなかったこと。それはバンドの創設者でリード・ギタリスト、元マザーズで、ローウェルとキビーがオレゴンで会っていたエリオット・イングバーが壊れかけていたことだ。「恐れを知らないリーダーだったはずのエリオット・イングバーが、すっかり崩れてしまったんだ」とキビーは言う。「まさに担架に乗せられ、運ばれていくところにローウェルが入ってきた。何曲かで彼が弾いてるのはそういうことだったからさ」

ローウェルはこう覚えている。「そのギタリストは〈ランブル〉って曲をやっていた。何度も弾いてたよ。54テイクくらいかな。それでもまだ最初のヴァースを弾き終えずにいた。そいつがアンプに向かって何か言ったんだ。するとアンプが答え返した。本当に答えたんだよ。そいつが何か言う、アンプが言い返す、それはテープに残ってる。あれは不思議だった」

イングバー本人はこのことを覚えているだろうか？　今も音楽を続けているイングバーと電話で話したのはある晩、深夜近くだ。長年の習慣で夜型なんだと言っていた。なんとか思い出そうとしてくれたセカンド・アルバムのレコーディングの話。「あの頃の俺はドラッグに溺れていたから、音楽の現実と真正面から向き合えるミュージシャンじゃなかった。だからともするると変な方に行ってしまったんだろうし、その頃にはアンプに喋りかけていたってことさ。そうなるとアルバムどころの話じゃない」


アンプもあなたに喋り返した？

「他に喋ってたやつはいないと思うよ」

何かが聞こえたと？　アンプから？

「初期のディストーション装置がバズったり、ノイズを出し始めると、もうそれは手に負えなかった。クレイジーだったね」

ドラッグは何をやってました？　ＬＳＤ？

「いや、マリファナさ、マリファナ」

ＰＣＰ［エンジェル・ダスト］もやってた、とある人から聞きました。

「それは俺じゃない、友だちの方だ」

なるほど……ローウェルはあなたがアンプと喋ってた、マーティン・キビーはスタジオから担架で運び出されるほどだったと言ってましたよ……。

「担架じゃない。でもすっかりぶっ飛んでたからね、そいつは」

そいつ、ってあなたが、ですよね？

「ああ」

そこでローウェルが助っ人に向かったというわけだ。ビル・ペインを連れて。「君も弾いてくれ」。ローウェルはペインに言った。「どうせやつらは解散する。そしたらリッチーが僕らのものになる」

ペインには飲み込めなかった。「つまり、リッチー・ヘイワードのバンドとやるわけだ。で、彼らは解散する。で、僕らは新しいバンドを始める……いいのか？　それで？　すると彼はひとこと、こう言ったんだ。〝ハリウッドにようこそ〟」

結局、ペインは参加した。ボブ・ディラン、サイモン＆ガーファンクルなどを手がけてきたトム・ウィルソンがプロデュースしたそのアルバムを最後にフラタニティ・オブ・マンは解散。ローウェル・ジョージのもと、リトル・フィートとなるべくバンドが徐々に出来上がり始めていた。ビル・ペインで決まりだ。ドラムはリッチー・ヘイワード。ベーシストには、何人かを試したとペインは記憶する。その一人、ポール・バレアはローウェルと同じハリウッド高校の卒業生だ。入学する1年前にローウェルはすでに卒業していたが、ギターを弾くようになったポールはいくつかのガレージ・バンドを経験し、ローウェルに〝追いついた〟。ファクトリーのライヴを観たこともあった。ローウェルの方もバレアが、レッド・エネマというバンドでギターをかき鳴らすのを観ていた。それでベースのオーディションを受けてみないかと後輩に声をかけたのだ。「簡単だよ、2弦少ないっていうだけだから」

「いや、そんなことはなかったよ」とポール・バレアは言う。「まったく別の生き物だった」。そう言うのも無理はない。実際、オーディションは不合格だった。

もう一人のベーシスト候補で、ファクトリー時代、ローウェルと曲を書いていたマーティン・キビーは消息が分からなくなっていた。どうしていたかというと、本人いわく、結婚して妻の仕事でヨーロッパに住んでいたのだという。「パリは大好きだったよ。曲もたくさん書いた。でもこれと思えるバンドが組めずに戻ってきたんだ」。しかしその時にはラインナップはもうすでに固まっていた。

さぞかしガッカリしたのだろうと思いきや、再びロック・バンドに加わり、乱気流のようなツアー生活を送ることにキビーの気持ちは半々だったらしい。「アリゾナの吹雪の中、暖房もないバンで延々と走らなきゃならないだとか、シカゴのホテルでトラブってマネージメントに電話をしても、マネージャーに仕事を放棄されるとか。そういう生活ってどうなんだ？　と思ってる時だったのさ」

さらにキビーは言う。「リトル・フィートの話が出た頃、ベーシストとしてやっていくには、そのポジションを勝ち取らねばならなくなっていた。でも自分にはそれほどの技術があるのか自信がなくて。プレイヤーとしての自分から逃げ、ソングライターになる道を考えたんだ」。さらに言うなら、ローウェルがベーシストとして選んだ〝もう一人のマザー〟に、到底自分は敵わないとキビーは分かっていたのだ。

ロイ・エストラーダが2012年に〝児童に対する連続性的虐待〟で有罪判決を受けたのが68歳の時。懲役25年――つまり実質的な終身刑――でテキサス州刑務所に服して以来、彼が取材に答えることはめったになかった。

何十年もの間、マザーズ、もしくはリトル・フィートの歴史本の中で、エストラーダのことを記した箇所は1、2パラグラフしかなく、バイオグラフィにはいくつかのロスのソウル系バンド、マザーズ、そしてリトル・フィートのメンバーだったことが書かれているだけだ。インタビューのリクエストに応じる形で、エストラーダはテキサス西部のペコス郡のフォート・ストックトン州刑務所からコレクトコールをかけてきた。落ちついた口調で、うまくやっているよと彼は言った。「状況のわりにはね」

彼は子供時代の話から始めた。

1943年、ロイ・エストラーダが生まれたのは強い陸風で有名なサンタアナ。父は珍しい1弦バイオリンを弾いたが、音楽的な一家というわけではなかった。10歳で通っていたアコーディオンのレッスンだが、それよりも興味を惹かれたのが、家から1ブロック離れたところから聞こえてくる地元バンドのサウンドだった。

「中に入っていって聴いてたよ」エストラーダは言う。「それまで知ってたローレンス・ウェルク［テレビ番組『ローレンス・ウェルク・ショー』が人気だったアコーディオン奏者］とか〈レディ・オブ・スペイン〉とは違う、R&B、ロックンロールだったんだ」

50年代なかば、ロックンロールが生まれたての頃だ。ラジオから流れてくるR&Bやジャズも大好きだったロイ少年の心を惹きつけたのはギターの音色だった。まもなく友人と二人、ギターを弾くようになったエストラーダだったが、同じ楽器2本でやるよりもいい方法があることに気づく。「僕が自分でベースを買うと提案したんだ。50年代後半、フェンダーがベース・ギターを発売したところだった。それでプレシジョン・ベースを買ったのさ」

ロック・バンドではリード・ギターに比べ、地味なベースになぜ転向したのか。「どことなくしっくりきたんだ」と彼は言う。ギター同様、ベースも独学で学んだ。

友人とのデュオの次に入ったのは、4本ものサックスがいるヴィスカウンツというバンドだ。ダンスや結婚式、呼ばれればどこでも演奏した。

その合間をぬって、ロサンゼルス界隈のいくつかのR&Bバンドも掛け持ちした。デボネアーズから、自分の名前を配したロイ・エストラーダ&ザ・ロケティアーズまで。

エストラーダがフランク・ザッパと会ったのはソウル・ジャイアンツというバンドにいた時だ。ある週末だけ、代役でギターを弾いたザッパ。そのザッパがマザーズというバンドを組むことになり(のちのマザーズ・オブ・インヴェンション)、エストラーダはベースとヴォーカルで参加。1968年、テレビ番組『カラー・ミー・ポップ』で披露した「オー・イン・ザ・スカイ」の甲高いパートで有名だ。

ロイ・エストラーダはオリジナル・マザーズの最初の数枚のアルバムに参加している。特に大きくフィーチャーされているのは『いたち野郎』の「セクシュアリィ・ガスマスク序曲

(Prelude to the Afternoon of a Sexually Aroused Gas Mask)」――ザッパ風ドビュッシーのバレエ曲「牧神の午後への前奏曲」へのオマージュ――だ。ファルセットで唸り、まるで偽オペラのように自意識たっぷりに笑い、アカペラで呻き、動物のように鼻を鳴らし吼える。レコーディング中、本物のガスマスクが登場することはなかったようだが。

ローウェル・ジョージに会ったのは、マザーズのメンバーだった時だ。「69年だ」とエストラーダは言う。「彼らとやった最後のツアーだ。ローウェルもいた。そこで会ったんだ」

リトル・フィートはローウェル、キーボードのビル・ペイン、ドラムのリッチー・ヘイワード、と徐々に形になりつつあった。その頃、3人がベースの第一候補に考えていたのはロイ・エストラーダだった。しかしエストラーダは地元のいくつものバンドでそれなりの経験を積んでいたため、ゼロからスタートする彼らを信用しきれずにいた。ベーシストのオーディションが行なわれた。「ロイは様子を伺ってたんだよ」とビル・ペインは言う。「でもそれは賢明だ。まだ実体が何もなかったからね。レコード会社と契約するとか、これならやってもいいと思えるようになるまで待とうと思ったんだろう」

エストラーダ本人の言い分によれば、1970年はじめのその頃、バンドを作ろうとしていたのだと言う。「ブラッド・スウェット&ティアーズのようなバンドをね。レニー・カピッツィは曲も書くし、ちょうどブラッド・スウェット&ティアーズみたいな8人編成のバンドのヴォーカルだった。そいつと俺の家のリビングでリハをしてたんだ」

しかしながら、それは実を結ぶことがなかったため、ローウェルからの電話にエストラーダはすぐに反応した。「今、何をしてる？　と聞かれたんで、大人数のバンドでやってたところだと言った。そしたら〝ちょっと会わないか？〟って言われたんだよ」

「ローウェルはフランクのバンドにいた頃とはだいぶ違う音楽をやるようになっていた。サザン・ロックっていうか、彼の音楽だったよ。そこに惹かれたんだ。こいつは何かやろうとしてるやつだなと思えたからさ」

こうしてロイ・エストラーダも正式にメンバーとなった。マーティン・キビーはその後、ローウェルと「ディキシー・チキン」「イージー・トゥ・スリップ」「ロックンロール・ドクター」を共作するという大きな貢献を果たすが、ファースト・アルバムでは、全曲がローウェル一人、もしくはビル・ペイン一人、もしくは二人の共作だった。ファクトリー時代の4曲、そしてリトル・フィートの3枚のアルバムで4曲（前述の3曲に加え、4曲めは「頼もしい足」をローウェルと共作したキビーだったが、まもなくシーンから姿を消す。

1969年暮れ、バンドはデモを作る。その中の何曲かは約25年後『ライトニング・ロッド・マン』に収録され世に出ている。名義はローウェル・ジョージ&ザ・ファクトリー。15曲を収めたそのアルバムが、フランク・ザッパとファクトリーのオーディションを行なったハーブ・コーエンがひと儲けを狙って出したアルバムだということは疑いようがない。4曲のフィートのデモのうち1曲には「ハーブ・コーエン用」となっており、彼がローウェルの新しいバンドに興味を持っていたことが分かる。

そのうち3曲はそれぞれ違う形で、フィートの3枚のアルバムに収められることになる。

「クラック・イン・ユアー・ドア」はファースト・アルバムに、「ティーンエイジ・ナーヴァス・ブレイクダウン」は『セイリン・シューズ』に、「ジュリエット」は『ディキシー・チキン』に（スペルは「Juliet」から「Juliette」に変わった）。4曲目の「フレイムド」は伝説的ソングライター・チーム、ジェリー・リーバー&マイク・ストーラーが書いた1954年のコースターズ（まだロビンズと名乗っていた頃）のカヴァーだが、デモで終わってしまった。4人の未来のフィートのメンバーに加え、ゲストも参加している。フラタニティ・オブ・マンの崩壊から立ち直ったらしいエリオット・イングバー、そして「ジュリエット」でサックスを吹いたさらなるマザーズのOB、イアン・アンダーウッドだ。

伝説（とワーナー・ブラザースのプレスシート）によれば、リトル・フィートというバンド名はマザーズの自称〝インド人ドラマー〟ジミー・カール・ブラックの一言から付いたという。その晩、マザーズのリハーサルの楽屋にブラックはローウェルといた。ふと見たローウェルの足の小ささに（噂によれば、25・5センチ）ブラックは思わず言った。「おまえの足、小さいな」。ポール・バレアはこう言う。「ローウェルのことを知ってる人間はみんなからかってたんだ。僕は〝土当て〟と呼んでた。足幅と長さが同じくらいだったからさ。ある日、ジミーがローウェルの足を見て〝おまえの足、不恰好で小さいな〟って言ったのさ。ツアーマネージャーだった故リック・ハーパーの話じゃ、シュライン・オーディトリアムでのマザーズのライヴの時だということだ。ローウェルの足を指差し〝なんて小さい足だ〟と呟いたらしい。スペルをFeatにしたのはハーパーの案だと言われてるよ」

２００８年に死去したブラック本人の話はそれとも違っている。「マザーズ時代のローウェル・ジョージとロイ・エストラーダと同室だったんだ。あいつの足が縦に短くて、横に広いんで、俺は言ったんだ。〝もしいつかバンドを組むようなことがあったらバンド名は〈小さな足〉にしろよ〟って。ヘイワードによれば、Feet が Feat になったのは、ビートルズに敬意を払ってのこと［Beetles（カブト虫）の綴りを Beatles に変えたこと］らしいよ」

これらの話をまとめると、少なくともジミー・カール・ブラックがバンド名の言い出しっぺだということだけは確かなようだ。

そうだろうか？　プライス姉妹の一人、ローウェルの最初の夫人だったパット・ストールバームはまた違う説を唱える。「バンドが私たちの家に来ていた時よ。まだ彼らには名前がなかった。リハーサル中、彼らが全員仲良くしてたレズリー・クラスノウが――彼女はマリファナ・ディーラーだったの――全員を見回して言った。〝あなたたち、全員すごく足が小さいわね〟って。それを聞いたローウェルが、〝小さな足、か。スペルを Little Feat にしよう〟と言ったのよ」

ちょっと待て。ジミー・カール・ブラックじゃないのか？　それは確かなのだろうか？

「少なくとも私はシラフだった」とパットは言う。「もうすぐ母親《マザー》になるところだったから」

そういうことであれば、ブラックはすでにマザーの一人だった。詳細はいろいろだが、多くの者の意見が彼の話を裏付けている。少なくとも一つ、全員の意見が一致するのは、ローウェル・ジョージの足が小さく、ずんぐりしていたということだ。

第 4 章　フィートのファースト

Feat's First

ビル・ペイン、リッチー・ヘイワード、そしてロイ・エストラーダが集まり、ついにローウェルのバンドが出来た。名前も付いた。デモも何曲か出来上がった。あと必要なのはレコード契約だけだ。

バンドがその可能性に思いをめぐらしながら作曲とリハーサルを続ける一方で、ローウェルはレコード・プロデューサーとセッション・プレイヤーという新たな挑戦に取りかかっていた。GTOsで数曲だがプロデュースの経験はある。ファクトリーとフラタニティ・オブ・マン時代には、自分たち以外のスタジオを覗いたりもしていた。もっとやりたい。そう思ったのだ。

フラタニティ解散からまもなくして、ローウェルは元モンキーズのピーター・トークの仕事を引き受けた。トークは1969年はじめにモンキーズを脱退したあとは、音楽を教えたり、プロダクション会社でフォーク歌手ジュディ・メイハンのマネージメントを行なっていた。教えていた生徒の一人がローウェルのいとこだったことから、ピーターはローウェルにアトランティック・レコードに送るメイハンのデモを手伝ってくれるよう依頼。メイハンの契約が決まり、トークはまもなくして姿を消すが、ローウェルはヘイワード、クラインとともに、1970年のメイハンのアルバム『モーメンツ』に参加。ローウェルはギターとフルート、クラインはシタール、ヘイワードは当然ながらドラムを担当した。

この頃、ローウェルは高校からの知り合いだったアイヴァン・アルッとも仕事をしている。アイヴァンはパットと同じノース・ハリウッド高校に通い、高校卒業後しばらく消息が分からなかったが、1969年半ばに戻ってきた時にはレコード契約もあるソングライターになっていた。アイヴァンがパットを訪ねると、彼女はローウェル・ジョージと暮らしていた。アイヴァンは前の夜、トルバドールで観たサンシャイン・カンパニーというフォーク・ロック・グループの話をした。ママス&パパスと同じ路線の彼らは、数年前に「バック・オン・ザ・ストリート・アゲイン」のTOP40ヒットを出していたグループだ。「そこで彼らが紹介した曲がとにかくかっこよくてさ」とアイヴァン。「フックはこうさ。〝葉っぱ、白いやつ、そしてワイン〟。そしたらローウェルのやつ、あっけにとられた顔で〝それ、俺が書いた曲だ！〟って言うのさ。それがきっかけで友だちになったんだ」

当時、アイヴァンの音楽出版とレコードを管理していたのは『スタニヤン・ストリート&アザー・ソロウズ』で有名な詩人［ソングライター、俳優でもあった］ロッド・マッケンだった。デビュー・アルバムを制作するため、アイヴァンはローウェルを含めた友人何人かに声をかける。そのうちの一人がデビュー前のジャクソン・ブラウンだ（以来、ローウェルとジャクソンは親友となる）。ビル・ペインとリッチー・ヘイワードもやって来た。こうして作られた『アイヴァン・ジ・アイスクリーム・マン』は売れこそしなかったが、アイヴァン・アルッはその後も音楽業界に残った。ローウェルとは連絡を取り合う仲になり、そのことが将来ある重要な意味を持つようになる。

バンドを軌道に乗せようとする一方で、セッションとプロデュース業の二足のわらじを履くローウェルだったが、身内の人間にはそう驚くことではなかった。マーティン・キビーはローウェルがレコーディング・スタジオのザッパを見よう見まねで学んだのだと言う。「早い段階でそれをやったのはローウェルのためにすごくいい経験だったと思う。いろんな意味でフランクが彼のロールモデルだったんだよ」。ザッパからローウェルが学んだことの一つは〝どにかく働く〟という、ワーカホリック気質だろう。気付くとローウェルは昼夜問わず、スタジオで過ごすようになっていた。そしてリトル・フィートの契約に最初に興味を示したのが、かつてのボス、フランク・ザッパとマザーズのマネージャー、ハーブ・コーエンだった。コーエンはバンドとのスタジオも経験済みだ。

ローウェルに自分のバンドを組むように促しマザーズから手放しておきながら、ザッパはフィートを自らのストレート・レーベルに迎えたがった。ステッペンウルフやスリー・ドッグ・ナイトでヒットを出したプロデューサー、ゲイブリエル・メックラーからも立ち上げたばかりのリザード・レコードに迎えたいとラブコールが送られてきた。バーズとビーチ・ボーイズのプロデューサー、テリー・メルチャーからもだ。

ジャズ、R&Bレーベルとしてスタートし、ロック・レーベルに発展したアトランティック・レコードのヘッド、アーメット・アーティガンとのミーティングをビル・ペインは覚えていた。「初めて書いた曲をアーメット・アーティガンに持ってったんだ。彼に聴かせたらこう言われた。〝お前ら、これじゃいろいろありすぎだ〟。それで振り出しに戻り、〈ブライズ・オブ・ジーザス〉〈ハンバーガー・ミッドナイト〉〈ストロベリー・フラッツ〉〈ガン・ボート・ウィリー〉を書いた。でもこれだって十分なんでもありの変わった曲ばかりだ。その前がどれほどだったか、想像がつくってもんだろ?」

最終的にローウェルがラス・タイトルマンと親しかったことで、フィートはワーナー・ブラザースと契約することになる。タイトルマンはシンガーソングライター兼ミュージシャンとして、ウォール・オブ・サウンドで多重録音を始める以前のフィル・スペクターにかかわっていた。スペクターが最初に組んだのが、テディ・ベアーズというライトなロックバンド。タイトルマンはそれに続く二つ目のバンド、スペクターズ・スリーの一員だった。スペクターがプロデュースし、1961年にパリス・シスターズが大ヒットさせた「アイ・ラヴ・ハウ・ユー・ラヴ・ミー」ではギターとヴォーカルで参加した。

スペクターを通じ、タイトルマンは「ロンリー・サーファー」で知られるコンポーザー／アレンジャー、ジャック・ニッチェに会い、彼の数々の映画スコアやレコーディングの仕事をするようになる。1969年、ミック・ジャガーの映画デビュー作『パフォーマンス』のスコアを依頼されたニッチェがタイトルマンに声をかけ二人で書いたのが、ライ・クーダーのスライド・ギターとランディ・ニューマンのヴォーカルが入った「ゴーン・デッド・トレイン」だった。

そんなタイトルマンがローウェルと知り合ったのはラヴィ・シャンカール音楽学校でだった。「僕のシタールの腕は大したことがなかったが、ローウェルはうまかったよ」とタイトルマンは言う。『パフォーマンス』の音楽にニッチェがいろんな音を入れたがったため、タイトルマンはキンナラ音楽学校からタンブーラ（フレットのないリュート）やヴィーナ（爪弾いて音を出す絃楽器）を借り、ローウェルをレコーディングに招いたのだ。「あいつの才能はびっくりするくらいだった。フルートも吹けるし、日本の尺八も吹けた。どんな楽器も手に取れば、モノに出来た。もちろんギターの腕もすごかったしね」

映画でもちゃんとクレジットされているローウェルだが、実際何の楽器を弾いたか、タイトルマンの記憶は定かではない。「ギターじゃなかった。なんか変わった楽器だったよ」

「ローウェルとは一気に親しくなったんだ。しょっちゅうLSDやメスカリンでキメて、あいつのモーガンとかいう車を乗り回してたよ」

二人で書いた曲もあった。「それでコップルマンとルービンの音楽出版会社と契約したほどさ」。コップルマン&ルービンはラヴィン・スプーンフルの旧譜管理でその名を知られつつあった。1969年、ちょうどローウェルはマザーズから抜けようとしていた時だ。ローウェルは言う。「ラス・タイトルマンが言ってきたんだ。音楽出版会社を立ち上げる。僕がどこかに売り込むから曲（〈ウィリン〉）の楽曲管理を一緒にやらないかと」。マーティン・キビーとも何年も前から曲を書いていたローウェルは、二人でネイキッド・スネーク・ミュージックを設立していたにもかかわらず、タイトルマンの誘いに乗った。「それで曲をレコーディングした。し終えるとその足でマザーズとのツアーに出て、5週間くらい家を留守にしてたんだ。その間、デモテープが世間に出回り、トルバドールに出入りしていたミュージシャンの間でちょっとした話題になった。リンダ・ロンシュタットもそこで聴いた。サンシャイン・カンパニーもだ。聴いた人間はみんなレコーディングしたんだ。〈トラック・ストップ・ガール〉も何かのセッションでやり、クラレンス・ホワイトがカヴァーしてくれた。彼のはすごくいい出来だったよ」

タイトルマンもデモを売り込むという仕事をきっちりとこなした。他にも何曲かローウェルと作ったが、なんといっても目立った2曲「ウィリン」（ローウェル作）と「トラック・ストップ・ガール」（ローウェルと、その頃よく家にやってきていたビル・ペインの共作）は何組ものアーティストによってカヴァーされるようになっていた。バーズは1970年のアルバム『（タイトルのないアルバム）（Untitled）』で2曲をレコーディングした（ただし「ウィリン」はその段階では収録されず、リイッシュー盤のボーナス曲となった）。「ウィリン」はトルバドールでサンシャイン・カンパニーが演奏していた他、カントリー歌手のジョニー・ダレル、スペイシーなカントリーロック・バンド、コマンダー・コーディ&ヒズ・ロスト・プラネット・エアメン、そしてジャズロック・バンドのシートレインによってもレコーディングされた。どうやらタイトルマンとの出版契約は利益を生み始めていたようだった。

その日、ローウェルはタイトルマンに、リトル・フィートにリザード・レコードから声がかかったことを話す。するとタイトルマンが提案をしてきた。その頃、レコード業界の仕事を通じて彼と親交があった若い会社役員やプロデューサー、ミュージシャンの友人たちは、ワーナー・ブラザース・レコードに集結し始めていた。ワーナーは従来、サントラ、MOR［Middle of the Roadの略。とんがっていない聴きやすい音楽］、コメディものを扱っていたが、60年代はじめにはポップス、そしてロックへと転向。A&R部門の頑張りとヨーロッパのレーベルとの契約によって、1968年のワーナーと姉妹会社のリプリーズは、ジミ・ヘンドリックス、ジョニ・

ミッチェル、グレイトフル・デッドからファッグス、タイニー・ティムまでを抱えていた。

タイトルマンの友人の一人がレニー・ワロンカーだった。ランディ・ニューマンやライ・クーダーとも仕事をしたA&Rマンだ。「だからあいつ（ローウェル）に言ったんだ」とタイトルマンは言う。「リザード・レコードも悪くないけど、ワーナー・ブラザース・レコードのレニーと話をしてみないかと」

「僕、ローウェル、ビリー・ペインでバーバンクにあるレニーのオフィスを訪ねた。いくつかのオフィスが入った古い建物の一室で、まるで地下壕だった。スピネットピアノがあったんで、それをビリーが弾き、ローウェルはギター、それで〈ウィリン〉〈トラック・ストップ・ガール〉〈ブライド・オブ・ジーザス〉とあともう1曲を聴かせたんだ」。ペインの記憶では「7曲から9曲くらい」演奏し「曲のよさが決め手となり、契約することになった」のだった。

タイトルマンもそうだったと言う。「レニーからは〝素晴らしい。上の階に行ってモーと契約しろ。レコードを作れ〟と言われたよ。それがすべてさ」

上の階ではレーベルのブッキングやマネージメント業務を行なっていたカール・スコットが、前払金1万5000ドルがほしいというローウェルのリクエストをワーナー・ブラザース・レコード社長モー・オースティンに伝えた。「モーはジロリとこちらを見た。俺は死ぬかと思ったよ。でも結局はいいだろうということになり、それで一件落着さ」

1969年当時のワーナー・ブラザース・レコードの若さと自由さが、未経験のラス・タイトルマンにリトル・フィートのデビュー・アルバムのプロデュースを任させた。

＊

ハリウッドのど真ん中サンセットに建つユナイテッド・ウェスタン・レコーダーズでフィートのアルバム制作が始まった。すべては快調な滑り出しだった。タイトルマンがローウェルとたくさんのミュージシャンとで作ったデモ4曲——ローウェルのヴォーカルとギターにライ・クーダーのボトルネックが入った「ウィリン」「トラック・ストップ・ガール」「アイヴ・ビーン・ザ・ワン」そして「クレージー・キャプテン・ガンボート・ウィリー」——はそのままアルバム『リトル・フィート・ファースト（Little Feat）』に収録されることになった。ローウェル・ジョージの生まれたばかりの息子ルークを歌った歌詞（″ルーク・ザ・ラット″）を含む「クレージー・キャプテン」だけが、スタジオで新たに手を加えられた。「オーケストレーションを加えたんじゃなかったかな」とタイトルマンは言う。

彼が最初に掲げたゴールは高かった。「ザ・バンドのアルバムさ。あの2枚（『ミュージック・フロム・ビッグ・ピンク』と『ザ・バンド』）を崇拝してたからね。今日に至るまで、あれは史上最も素晴らしいアルバムのうちの2枚だと思う。ある意味では（『リトル・フィート・ファースト』に）似ていた。でも楽曲がそうではなかった」。リトル・フィートの方がザ・バンドよりもブルースに夢中だったのだとタイトルマンは言う。「僕たちは「フォーティ・フォー・ブルース」と「ハウ・メニー・モア・イヤーズ」をレコーディングしたけど、彼ら

(ザ・バンド)はそういうことはしなかったからね」

ハウリン・ウルフの2曲メドレーはローウェルから大好きな音楽ヒーローへのトリビュートだ。「スネークス・オン・エヴリシング」や「クラック・イン・ユアー・ドア」といったオリジナルでのヴォーカルはどこかミック・ジャガーを彷彿とさせる。「ウィリン」や「トラック・ストップ・ガール」「アイヴ・ビーン・ザ・ワン」を聴けば、彼らにカントリーからの影響があることも明らかだ。ほぼ全曲がローウェル・ジョージとビル・ペインの共作、もしくはローウェル・ジョージかビル・ペイン個人のペンによる。「ハンバーガー・ミッドナイト」だけはローウェルとベーシストのエストラーダの共作で、「トラック・ストップ・ガール」に続いて、こちらも車がテーマのこの曲(「俺には赤い燃えるようなタイヤがある/俺のタイヤは煙をあげて走る」)がバンドのファースト・シングルとなった。「歌詞をローウェルと一緒に書いたよ」とエストラーダは語ってくれた。「もっと一緒に書くべきだった。でも曲はローウェルがほとんど書いてたので、あいつに任せてたんだ」

エストラーダはラス・タイトルマンがプロデューサーだったとは思っていないようで「プロデュースは自分たちでやった。ラスは俺たちと一緒にいたというだけ。彼がプロデュースしたとは言えないよ」と語っていた。

いや、でも実際はしたのだ。ローウェル、そしてバンドとの共同作業だったことは、タイトルマンも認めている。さらに具体的に言うなら「ローウェルと二人、どの曲をレコーディングし、どんなアプローチでやるかまで決めた」と言う。「オーケストレーションに関するアイディア、弦を入れるとか、そういったことを提案したのは僕だ。でも徐々に意見が合わなくなった。ローウェルは違うことを考えていたようで、全然違うアルバムにしたいと言い出し、しまいには喧嘩になってしまったんだ」

喧嘩の原因はタイトルマンが楽曲管理をした「ウィリン」の出版権をめぐってのことだったとタイトルマン以外の人間は言うが、タイトルマン本人は金と音楽性の違いとコントロールをめぐってだったと言う。「たいした予算があったわけじゃなくて、すでに予算を越えてたんだ。僕にしてみりゃ、プロデュースは初めてだったから心配になったわけさ。それが原因でプロデューサーを降ろされ、また一からレコーディングし直さなきゃならないなんてことにはしたくなかった。それで大喧嘩さ」

ビル・ペインはその一部始終を見ていた。「ただただ驚いた。あんだけ仲よかった二人が、あそこまで憎み合ってしまうという事実にね」

レコーディングはある事故が原因で、中断せざるを得なくなる。それはローウェルにギターを弾けなくさせるほどの怪我を負わせた。原因は子供の頃からの趣味だった模型飛行機だ。マーティン・キビーはこう覚えている。「あいつは模型飛行機に犬のフンを積んで（当時のロサンゼルス市長、サム）ヨーティの上に落とす計画を立てたんだ。ところが手をプロペラに巻き込んでしまった。それがコードを押さえる手だったのさ」

ペインはローウェルが〝ディフェンスの構えをした〟ことが怪我につながったと言う。「ローウェルはグリフィス・パークに行っては、飛行機を飛ばしていた。普通はリモコンでやるもんだが、ローウェルは素手で飛ばしてた。で、ガソリンが切れてくると、今にも走ってる車にぶつかりそうになるんだ」。その日、ローウェルはベン・ローモンドの家のリビングで、ローディのリック・ハーパーとテレビを観ていた。ペインは言う。「エンジン部分をいじって作業をしてる時、うっかり飛行機が手から離れ飛び上がったんだ。あいつは空手の茶帯か何かなんでとっさに手を挙げ、身構えた。そこにエンジンが直撃したというわけさ」。ハーパーは音楽ライターのバッド・スコッパにこう語っている。「突然、あいつが振り返った。手にはエンジンと壊れたプロペラ。ローウェルがエンジン――今や灼けるように熱くなってるやつ――を引き剝がすと、左手の手のひらはハンバーガーの肉にしか見えなかった。吐きそうになったよ。何針縫わなきゃならなかったのやら」

1ヶ月もしないうちにローウェルは復帰し、レコーディングは再開した。本当は全治していなかったことを誰にも言わなかったのだとハーパーは言う。「2本か3本の指の感覚がなくなってたんだ。マシュマロみたいで、弦にどのくらい力をかければいいかが分からないと言ってた。それでもたった2音をリズミックに弾いて、あれだけのことが出来ちゃうんだ。そんなやつ他にいるか？」

そんなローウェルも全員を騙すことは出来ず、ハウリン・ウルフのブルース・メドレーでタイトルマンは外部に助けを求める。しかも助っ人はすぐ近くにいた。

スライド・ギターを弾かせれば、ライ・クーダーはちょっとしたものだった。すでにストーンズ、ランディ・ニューマン、アーロ・ガスリーなどとも共演済み。その彼がなんとも都合よく、ウェスタン・スタジオにいたのだ。ヴァン・ダイク・パークスをキーボードに迎えて制作中の彼のワーナーからのデビュー・アルバムには、リッチー・ヘイワードもセッションに参加していた。クーダーは弾くことを快諾。「それで〈ハウ・メニー・モア・イヤーズ〉と〈フォーティ・フォー・ブルース〉をやってる時さ」とペインは言う。「ライが弾いてるのを見たローウェルは〝クソ、俺も弾くぞ〟と言うと飛び出してギターを弾き始めた。楽器を血で真っ赤に染めながら。でもあれは最高だったね。実際、アルバムのハイライトだと言っていいんじゃないかな」

ヴァン・ダイク・パークスもその血みどろのギター・バトルを見ていた。「クーダーの周りでボトルネックを弾くことが許される人間は誰もいなかったのにだよ」とバッド・スコッパに語っている。「ローウェルは怪我でボトルネックしか弾けない状況だった。でもそうじゃなくてもローウェルは弾いてただろうし、それで多くの人間を怒らせた。一触即発の膠着状態とはまさにあのこと。兄弟の対立。食うか、食われるか……そんな時代。そのレベルまで持ってったからこそ、ともに競争力は半端なかったのさ」

リトル・フィートの初めてのレコーディングの数年前から、ローウェルはボトルネック——もしくはスライド——ギターを弾いていた。普通、ボトルネックで使われるのはワインボトルのネック部分か、適当な長さの管、もしくは薬瓶だが、ローウェルはスパークプラグ・プラー［点火プラグを取り外す工具］を愛用した。ハーパーは言う。「あいつがスパークプラグ・プラーにこだわったのにはあの事故も関係してたんだと思う。その前から使ってたがね。あいつにはどこかそういうところがあったんだ」
レコーディングの最後に録った「アイヴ・ビーン・ザ・ワン」には、もう何人かのセッション・プレイヤーが加えられた。その一人はペダルスティール・ギタリストのスニーキー・ピート・クレイナウ。タイトルマン本人もピアノを弾いている。その後、タイトルマンが全曲のミキシングを監修したのだが、ここでも問題が起きた。

噂によれば、タイトルマンはスタジオのコントロール・ルームへの、ローウェルとバンドの立ち入りを禁止したというのだ。本人はそんなことをした覚えはないと言うが、同時に「そうだったのかもしれない」と認める。「とにかくあの時は揉めていた。たまたまビル［ペイン］がやって来たら、ローウェルと僕がやり合ってる真っ最中ってこともあった。一緒にやろうというのがそもそも不可能だったんだよ」

アルバムもだが、加入したバンドにもペインは不安を抱いたという。「初めてのことだらけで、確かなものが何もなかった。〝なんだこれは？　カオスだ。ラスとローウェルはいつも揉めてる〟。頭の中がグチャグチャになりそうだった。ヴェトナム戦争、暴動、ケネディもキング牧師も殺された。誰もが影響を受けたが、特にアーティストには大きかった。何をシェアしたらいいのか？　今、世の中で起きていることの何を書けばいいのか？　僕らの作る音楽もそこら中にとっちらかっていた。時代がそんな風にカオスを含んでいたからさ」

ペインの心配をよそに『リトル・フィート・ファースト』はロック評論家にとても受けがよかった。ロンドンのジグザグ誌編集者アンディ・チャイルズは、ジョン・ピールのラジオで聴いた「ハンバーガー・ミッドナイト」を「最高のサウンド。翳のある滴り落ちるようなロック・チューン。ギターもイカしている」と絶賛。しかもそれがバンドの処女作だったとは、アルバムを手にしたチャイルズは信じられなかったようだ。「成熟した多様なスタイルは感動的なほどだ、少なく見積もって」

ラジオでのエアプレイをあてにしたワーナーは「ハンバーガー・ミッドナイト」とB面「ストロベリー・フラッツ」を先行シングルとしてリリース。ローリング・ストーン誌もアルバム発売前から大絶賛のシングル評を寄せた。

「これは最高傑作」とエド・ウォードのレビューはのっけから興奮気味だった。「この数ヶ月に聴いた中でおそらく一番のレコードだ」。特に「ストロベリー・フラッツ」が気に入ったようで「今日の若者の状況を伝える、決定的なステートメントの一つ」だと絶賛。この曲でのローウェルのヴォーカルはミック・ジャガーを連想させなくもないが、ウォードが例に挙げたのは違うグループだった。「聴こえてくるのはザ・バンドを一歩進めたようなサウンド。これほどの興奮が2分21秒で生み出されるとは信じられない」とした上で「全米すべてのラジオ局で」かけられるべき曲だとしたのだった。

しかし、何局かがかけてくれるだけで、彼らはよしとしなければならなかった。

ファースト・ツアーの開始後、ワーナー・ブラザースがまだアルバムをリリースしていないことを彼らは知る。つまり、客はアルバムを買いたくても買えないのだ。もしくはそんなことはどうでもいいか、そのどちらかだ。

「変だったよ」ペインは言う。「初日のシンシナティはクリスマス当日、凍えるほど寒い日だった。リフレクションズというクラブでの2回公演だ。中に入ると――そこは1000人くらい入るとこで――全員がオハイオ（州立大）フットボール・チームの応援歌を歌ってた。ウディ・ヘインズが監督を務め、ローズ・ボウルへの出場が決まってたんだ。だから僕らのことなんてそっちのけ。どうでもよかったのさ」

その時、会場にはクレイグ・フラーがいた。彼のバンド、ピュア・プレイリー・リーグの地元はシンシナティだったのでそのクラブのことも知っていた。「いわゆるディスコだよ。いるのは女の子目当ての男連中ばかり。音楽を聴きに行く場所じゃない」

レコード業界の知り合いから一足早くアルバムを手に入れたフラーはアルバムを気に入り、2日目を見に来ていた。「彼らは途中で休憩をはさんだ。リッチーが通り向こうのセブン・イレブンでペパロニ［サラミの一種］を買い、ズボンに突っ込んで帰って来たのを覚えているよ」

ペインは、リッチー・ヘイワードからバンド紹介をしたいと言われたことを覚えていた。「で、ステージに上がるとズボンからペパロニを取り出し、上の部分のビニールをかじって捨て、一口食べ、言ったんだ。〝紳士淑女のみなさん……リトル・フィートです〟。しーん。反応なし。黙ってドラムにつくと〝ワン、ツー、スリー、フォー……〟とカウントし、演奏に戻った……あいつはふてくされてたよ」

フラーはヘイワードがペパロニをクチャクチャしながら、捨て台詞を吐いていたのを覚えている。「この曲はお前らのための曲だぜ、シンシナティのみなさんよ」

ペインにとっても、生まれて初めてのロック・バンドの初ツアーは決して楽しめるものではなかった。「なかなか寝つけないし、水の味が違うのにも体が慣れなかった。ひ弱だったのさ。こういうのは好きじゃない！　と思ってたよ」

次なる都市、ニューヨークにバンドが到着したのは1月2日。「本当ならここでリトル・フィートは成功を収め、話題になるはずだった」とペインは言う。「ウンガノスという会場だ。タイミングがまずかったね。みんなパーティ三昧で完全にイッちゃってる連中ばかりだ。実際、金を払った客は2名しかいなかった。フェリーニの映画みたいだったよ。舞踏会用の正装に身を包んだやつらが〈ハンバーガー・ミッドナイト〉や〈ストロベリー・フラッツ〉に合わせて踊るんだ、舞踏会みたいに。ワーナーの偉い連中も5〜6人来ていた。わざとこちらが気まずくなるようなことをして、僕らを解散させようとしてるんじゃないか？　そうすればライ・クーダーのバンドにリッチーを引き抜ける。そう思ってるんじゃないかと勘ぐったさ。やつらはライが大好きだったから」

実際はビルの被害妄想に過ぎなかったが、彼には勘ぐりたくなる理由もあったのだ。フラタニティ・オブ・マンに、と言われたと思ったら、気付けばリトル・フィートにいたのだ。業界の新人からすれば〝明日のことは何も分からない、食うか食われるか〟の世界に思えたのだ。「だからあいつらがそうだとしてもおかしくなかった。僕らの音楽は決して売れる音楽じゃなく、むしろその逆だ。結局は計画がお粗末だったということだろうね」

状況が大きく好転したのは数週間後、短い休みを取ったバンドがヒューストンに着いた時だ。

❖『リトル・フィート・ファースト』

公演は3日間。着いたその日、ペインは街に住む叔父とランチをした。ホテルに戻ると、ツアー・マネージャーになったばかりのリック・ハーパーが待ち構えていた。「女の子が5人来てるんだ」ハーパーは言った。「僕は一番パッとしない子でいいんで。そうなると、残るのは4人。任せるよ。上にいる。どの子がいいか、好きな子を選んでくれ」。ところがさ、全員超美人なんだ。僕が選んだのはアンドレアって子で、彼女とはそれから何年も知り合いだった。実際、彼女たちは〝ヒューストン歓迎委員会〟とかいう団体の子たちだったわけだが。あの体験後、ローウェルは曲を書いた。セカンド・アルバムの〈テキサス・ローズ・カフェ〉がそれだ」

……するとそのダンサーが僕の腕をつかんだんだ　バス停で
　そして言ったのさ　私と一緒にいらっしゃい

悪くない。カウガールがお相手をしてくれて、新曲のインスピレーションにまでなるのだとしたら。「当然いい思いをさせてもらい、それ以上に、それをきっかけに緊張が解け、180度考え方が変わったんだ。今じゃツアーは大好きだ。またツアーに出たいよ。そう思うようになったのはあれがきっかけだったね」

第 5 章

足を滑らすのは
簡単なこと

Easy To Slip

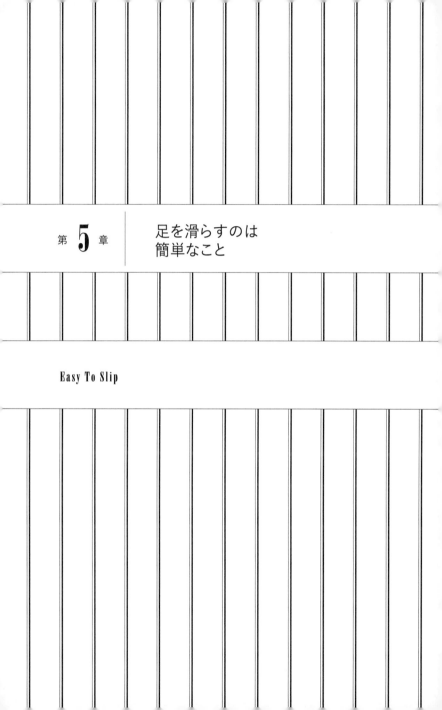

ほとんどが好意的なレビューだったにもかかわらず、リトル・フィートのファースト・アルバムは完全なる大失敗に終わった。売れたのは全部で1万1000枚くらい。

1971年のワーナー・ブラザースは、通常よりもアーティストに自由を与え、アーティストを育てるレーベルとして知られていた。バーバンクのオフィス内はバンドのサポーターでいっぱいだったとラス・タイトルマンも言う。「会社の人間はみんなあのアルバムを愛してたんだ」。とはいえ、その年、ヴァン・モリソン（『テュペロ・ハニー』）、ジェイムス・テイラー（『マッド・スライド・スリム』）、ブラック・サバス（『パラノイド』）、フェイセズ（『馬の耳に念仏（A Nod Is As Good As A Wink）』）など量産された大ヒット・アルバムの中で、フィートはちっぽけな存在だった。

ラス・タイトルマンとローウェルは再び顔を合わすようになるが、二度と友だちに戻ることはなかった。「和解のテーブルについて話し合ったことはないよ」とタイトルマンは言う。「でもしばらくして仕事はした。『ゴリラ』でもローウェルは弾いている（ジェイムス・テイラーの1975年のアルバム。プロデュースはタイトルマン。タイトルマンはエリック・クラプトン、リッキー・リー・ジョーンズ、ランディ・ニューマン、ジョージ・ハリソン、シンディ・ローパーなどもプロデュースすることになる）。顔を合わせることはあった。あいつがワーナーに来ることもあったしね。なんてことなかった。だいぶ先の話だが」

当然ながら、リトル・フィートはセカンド・アルバムでは別のプロデューサーを探さねばならなくなった。セカンド・アルバムを作れるとしたらの話だが。「1枚目のあと、ワーナー・

ブラザースは彼らになんの確約もせず、2枚目に金を出すことを渋ったんだ」と語ってくれたのはヴァン・ダイク・パークスだ。パークスはアーティストであると同時にワーナーのレコード全般のプロデューサーであり、上層部と通じていた。その秀でた話術は話し相手が言葉を失うほどだったが（レーベルのヘッド、ジョー・スミスいわく「ヴァン・ダイクはAからBには話を進められず、FとGで立ち寄らないわけにいかなかった」）上の人間は彼を信頼し、話を聞いた。

作曲家、ヴォーカリスト、マルチ・インストゥルメンタル奏者、編曲者、プロデューサーのパークスを有名にしたのは、ビーチ・ボーイズとの仕事（「サーフズ・アップ」の作者である）とエキセントリックで折衷的なソロ・アルバムの数々だ。その上、リトル・フィートの何人かのメンバーと同じ経歴があった。1965年、短期間ながらもマザーズ・オブ・インヴェンションに在籍、フラタニティ・オブ・マンのセカンド・アルバムのレコーディングにも参加していた。ローウェル・ジョージと出会ったのはその時だ。すぐに気が合い「こいつはすごいやつだ」と思ったという。

ローウェルは、とパークスは言う。「とても頭が良く、音楽的だった。それを何より簡潔に物語っていたのは、あいつが（ハリウッド高校の）楽団でピッコロを吹いてたってことだ。なぜ男がピッコロを？　と思うよね。しかもローウェルみたいな男らしい男が。実際、オーケストラで一番軽い楽器だから選んだんだと本人から聞いたよ」。これにパークスが共感したのには、彼自身の最初の楽器がルイジアナ州レイク・チャールズで育った少年時代に手にしたクラリネットだったからだ。

「他にもローウェルとは好きなものが同じだったんだ」と話は続く。「僕はローウェルが入る前、マザーズ・オブ・インヴェンションにいた。（1965年当時）〝ピノキオ〟って呼ばれてた。ロイ・エストラーダは〝テフロンマン〟だった。それだけでもすべてが裏付けられるというもんだろ。ブルース・シンガーの中で僕はハウリン・ウルフが好きだった。ローウェルもだ。他にもあったよ、僕が好きで彼も理解してくれることが。たとえば、メキシコのコミック本に出てくる〝頬に口紅をつけて、彼女の毛染めが恋人の腕についてるようなやつ〟［sensationalsと呼ばれるメキシコのアダルト向けコミックのことかと思われる］が、ローウェルも僕も好きだった。漫画的意識《カートゥーン・コンシャス》と僕らは呼んでたよ」

もう一つ彼らが〝ドロワ・ゴーシュ〟と呼んでいたものがあった。二人はそれを〝本来やってはならないことをやる〟という意味に解釈していた。「フランス流の不合理な推論さ」とパークス。「ドロワはフランス語で右、ゴーシュは左。それが僕らのマントラとなった。人生においてやるべきことのね」。つまり、もし何かが右なのだとしたら、他人に何と思われようと、彼らには左に行く権利があるのだ。

パークスはワーナー・ブラザースの上層部とのミーティングにも、その態度で臨んだ。弟のような〝彼〟のことを頭の片隅に置いて。「毎週月曜の午前中はA&R会議だった。全員が集まり、そのプロジェクトの金にまつわることとかを話し合うんだ」。パークスはローウェルとリトル・フィートの権益を守ることだけを考えた。しかしモー・オースティンはワーナーの前は、フランク・シナトラが出資者の一人であるリプリーズ・レコードにいた男だ。そこの経理からスタートし、出世した。パークスに言わせれば「公認会計士として鍛えられてきた男」だったのだ。「リトル・フィートは無駄を絵に描いたようなバンドだった。彼らはライ・クーダーすら、ランディ・ニューマンすら、どう売ればいいか分かってなかった。彼らには何も分かってなかったのさ」

でも自分には分かっていたとパークスは言う。「僕はローウェルに代わって内部犯行に及んだのさ。なぜそうだったのか教えようか。それくらい僕にとっては重要なことだったからだ。僕はローウェルと一緒に負けるわけにはいかなかったんだ、精神的に。あまりに大事な存在だったからだ。彼が生き残ることに喜びを見出したかったんだ」

自分がローウェルとバンドに第2のチャンスを与えるためにしたこと、その一つがセカンド・アルバムのタイトル曲「セイリン・シューズ」に関してだとパークスは言う。ローウェルとパークスがこの曲を書いたのは、パークス自身のセカンド・アルバム『ディスカヴァー・アメリカ』のレコーディング中。自分のアルバムに入れることで、楽曲、そしてローウェルに対するレーベルの注目度を高めようと考えたのだ。タイトルは自分が考え、曲は二人で書いた。それがパークスの言い分だ。ところがローウェルの記憶はそれとは全然違う。「［サビ前の］ヴァースと、コーラス［サビ］の一部を書いたのは僕。そこで行き詰まっていたらヴァン・ダイクがやって来て〝オーケイ、やろうぜ〟と言った。彼がピアノにつき、僕はギターで、彼が何かを言って、そしたら突然閃いて、気付いたら曲が書けていた。まるで禅のような体験だったよ」

パークスはそれは違うと言う。が、どちらでもいい。「大事なのは、彼がもう1枚アルバムを作れるかってことだった」。サンセット・スタジオでパークスのアルバムをレコーディングしていた時、彼らは禅のようなとは言わないまでも、一風変わったアルバイトをしていた。「スタジオには誰も入らせるなと言ってたのを覚えている。おそらく葉っぱをやってたからなんだけど」とパークスは言う。「非公開セッションと呼んでたよ。ところがふと目をやった先に、7人の男が立ってるじゃないか。コントロール・ルームにさ。激怒したよ。侵害されたような気がしてね。そしておそらく僕が逃げるよりは戦うタイプと彼らにも分かったんだろう」、パークスは笑う。「全員が僕に向かってお辞儀をしたんだ。なぜって彼らは日本から来たからだよ。ビートルズみたいな格好の4人とプロデューサー、そして通訳。ともかくだ、彼らが言ったんだ。〝ミスター・パークス、僕らにカリフォルニア・サウンドがするアルバムを作ってほしいんです〟と。それはおそらく1948年、ライフ誌に書かれた記事でジャップがヤンキーに何をしたかを知って以来、僕が初めて見る日本人だった。天と地がひっくり返る、目と鼻の先で感情に訴える、日本とアメリカにとっての大事件だ」

男たちの一人はブリーフケースを開くと真珠を取り出し、パークスに手渡した。仲直りの印の贈り物とでも言おうか。「僕はスタジオを出て泣いたよ。彼らのことを怒ってた自分が恥ずかしかった。そして隣のスタジオで箱に入った真珠をくまなくチェックした。気持ちを落ち着けてコントロール・ルームに戻るとローウェルが立っていて、目の前のブリーフケースは開いてて20ドル紙幣がぎっしり……いやもしかすると50ドルだったか……どっちにしろぎっしり詰まってたんだ。ローウェルはにこりと笑って快諾した。〝これだけあれば音楽を作れると思うよ〟」

「で、どうなったか。僕は言った、〝だめだよ、お前はやっちゃだめだ〟。そんなことしてモー・オースティンの逆鱗に触れ、明日の朝起きたら馬の首が枕に置いてあったら大変だ［映画『ゴッドファーザー』から］。やるなら僕がやる。日本人の男は聞いた。〝このはっぴいえんどというグループのためにカリフォルニア・サウンドを作ってくれますか？〟それで僕らはその場で曲を作り、ローウェルがギターを弾き、そのグループのために演奏した。つまり僕らが〝彼らのグループ〟になったんだ。曲はローウェルと僕とでその場で作った。そしたらそれがなんと日本でナンバーワンヒットになっちゃったんだよ。こういう歌詞だ。〝さよならアメリカ、さよならニッポン〟（と歌うパークスは〝さよ〜るなら〟と発音していた）」

「まるでチャントさ。コーラスの部分は〝バイバイ……バイバイ〟……ここでボトルネック……さよなら……なんともぶっとんでたよ……しかも、それが日本でナンバーワンになり、日本の一般大衆に莫大な影響を与えるアルバムになったんだ。それはもう驚くほどに。ローリング・ストーンズがそれで勢いがつくみたいに、彼らはたくさんのことをローウェルから学んだというわけさ」。こうなったら馬の首でもなんでも置いてくれと言わんばかりに、はっぴいえんどのアルバムをプロデュースしたヴァン・ダイク・パークス。そこには日本からの4人に加え、ビル・ペイン、サックスのトム・スコットとあと3人のホーン奏者も参加していた。

パークスは、リトル・フィートがワーナー・ブラザースで新しい命を与えられたのは「セイリン・シューズ」のおかげだと言う。いや、バンドの救世主は別の曲だと言う者もいる。それがあきらかにヒット曲を意識して書かれた「イージー・トゥ・スリップ」だ。「ローウェルがヒットを書くと言って自分から引き受けたんだよ」とビル・ペインは言う。「僕は大賛成はしてなかった。ところがだ。あいつが書いてきたのは最高の曲だったんだ。マジでいい曲だと思ったよ」

その曲、実はローウェルが一人で書いたのではなく、パリで妻に捨てられたあとだったと言うマーティン・キビーがほとんど書いた曲である。「(アメリカに) 戻ったのは、ちょうどセカンド・アルバムに取りかかり始めた頃。でもレーベルは彼らを疑っていた。そんな時にちょうどあの曲が手元にあったんだ」。ローウェルがギター・ソロを弾き、「イージー・トゥ・スリップ」はワーナーに「自分たちは曲が書ける」ことを証明する曲になったのだとキビーは言う。

ヴァン・ダイク・パークスもマーティン・キビーも、リトル・フィートの命拾いに果たした自らの役割を多少大げさに言いふらしているのかもしれない。結局のところ、バンドの支持者は彼らだけではなかったのだから。ワーナー・ブラザース所属アーティストのギグやツアーのブッキングを行なっていたカール・スコットは、ヒップで策略家のPR担当ボブ・レガーと二人してバンドを強く推していたと言う。さらにスコットが言うには、フィートには会社の最上層部にサポーターがいたのだ。副社長のジョー・スミスはボストンのDJを経て、ワーナー、その後いくつかの会社の社長になった。そのスミスはリトル・フィートを、ヴァン・ダイク・パークス、キャプテン・ビーフハート、ライ・クーダー、ボニー・レイット、ランディ・ニューマンと比較する。

フィートは、ジョー・スミスいわくビーフハート、パークス、クーダーほど難解ではない。

「でもその中にいたことは間違いないよ。彼らほど聴き手を選びはしなかったけどね。フィートはロックンロール・バンドだった。FM局の大のお気に入りだった。なのに、レーベル内の数字ではトップ10はおろかトップ15内にも入らない。でも社内には彼らのファンがたくさんいた。ボブ・レガーはバンドにとっての師だったし、カール・スコットともとても親しかった。だからバンドをどう売るかという話になるたび、リトル・フィートの名前は必ず挙がっていたんだ」

*

こうして、リトル・フィートの命はアルバムもう1枚分、生きのびた。しかしラス・タイトルマンがいない今、別のプロデューサーが必要だ。そこでワーナーが白羽の矢を立てたのが、プロデュースに興味を持っていたミュージシャン、テッド・テンプルマンだった。4年前の1967年、彼のグループ、ハーパース・ビザールはサイモン&ガーファンクル「59番街橋の歌（フィーリン・グルーヴィー）」のカヴァーでチャート入りを果たした。

ハーパース・ビザールはベイエリア、サンフランシスコのバンド。ワーナー・ブラザースが買収したインディ・レーベル、オータム・レコードにいた頃から、彼らはポリネシアの古代神ティキのようなシンボルだった（レーベルの看板はボー・ブラメルズ［サンフランシスコのフォークロック・バンド］。スタッフの一人が先述のブッキング・エージェント、カール・スコットだ）。ビザールのプロデュースを務めたのはレニー・ワロンカー。ライ・クーダー、グレン・キャンベル、ランディ・ニューマン、ドラマーのジム・ゴードンなどが参加し、アレンジをレオン・ラッセルが手がけた。

テンプルマンはバンドのドラマーだったが、ゴードンにその座を譲り、歌だけに徹した。歌はうまくなかったのだと本人も認めている。しかしワーナー・ブラザース・レコードとコネが出来たのだから見返りは大きかったと言うしかない。ツアーの生活に飽きたテンプルマンは裏方として他のアーティストの仕事がしたいと思うようになる。ワロンカーに、自分を週50～60ドルで雇ってくれと頼み込んだテンプルマンはスタジオに顔を出すようになり、やがてそれで給料をもらうようになる。それだけではない。ワロンカーとワーナーに掛け合い、〝マリファナ常習者を意味するスラング〟をバンド名にしたサンノゼ出身のドゥービー・ブラザーズを契約させ、彼らの1作目（ヒットはしなかった）を二人でプロデュースしたのだ。テンプルマンはその後、ドゥービー、カーリー・サイモン、ヴァン・モリソンなど多くの大ヒットを飛ばすことになる。

ミュージシャン、駆け出しのプロデューサー、新人発掘もこなすテンプルマンは当然リトル・フィートを知っていた。「〈ハンバーガー・ミッドナイト〉を聴いてぶっ飛んだ。ライヴを何度か観に行ったよ。リッチー［ヘイワード］みたいに叩くドラマーは初めてだったんだ。殺人級だったね。彼らをプロデュースしたいとその時思ったよ」

その願いを叶えたテンプルマンにとっては夢のような仕事だったと言う。「だって僕自身ドラマーだったから分かるのさ。あんなドラマーがいて、あの楽曲だぜ。結局プロデュースは僕がしたが、ワーナーでは誰も何をどうしろとも言わないんだ。〝やりたきゃ、やればいい〟という感じなのさ。僕は飛びついたさ。それまでドゥービー・ブラザーズをやり、ヴァン・モリソンも同時にやり、ミュージシャンっていう意味じゃモンスターみたいな連中ばかりをやって来たあとだった」

テッド・テンプルマンを迎えて作られた『セイリン・シューズ』は、音数が少なく、がらんとしたファーストの音風景に比べると、リトル・フィートの姿がよりフルな形で表されたアルバムとなった。［ファーストに続いて録音された］「ウィリン」は今回はバンド全体で演奏され、スニーキー・ピートのスティールも加わり、より強力な1曲としての姿を見せている。ファーストは概してヴォーカルがミックスに埋もれ気味だったが、『セイリン』の音は明るく、歯切れがよく、ロック・チューンはよりハードにロックしていた。

とてもいい思い出だとテンプルマンは振り返る。「リハーサルに行ったんだ。ワーナー・ブラザース映画社にあったサウンドステージ［映画撮影のために作られたスタジオ］が彼らのリハーサル場だ。リッチーは凄かった。よくザ・バンドのリヴォン・ヘルムと比べられてたよ。僕はリヴォンをスタジオで起用したこともあったが、リッチーはただただ素晴らしいドラマーだ。そしてビリー「ペイン」のなんて凄いことか。あいつはいろんなことが出来るんだ。大好きな〈テキサス・ローズ・カフェ〉の真ん中あたり、火星にまで行ったかのようなあのプレイ……あれはローウェルがビリーにそうさせたのさ」

ローウェルとマーティン・キビーの共作曲「イージー・トゥ・スリップ」は間違いなくヒットするとテンプルマンは確信していた。ところが彼いわく「ギターにリミッターをかけすぎてしまった」ようなのだ。「僕はすごく気に入っていた。ヒットになる要素は全部備わっていたんだが、今思うと、少し路頭に迷ってるように聞こえたかもしれないね」

レコーディングでアイディアを出すのは主にローウェルだったという。「ローウェルは別格だったからね」とテンプルマン。「〈セイリン・シューズ〉では——大好きな曲だ——あいつが(スネアドラムを)ブラシで叩いたんだが、それがズレててノリがまるで合ってない……だからそう言ったんだ。するとあいつは〝いや、これがいいんだ〟って言うのさ。わざと少し変にしたかったってことだね。あとほら、〝時計の針を戻せ、女、俺が来るのが見えたなら/俺の足は地面にすら触れてない/寒いよ　寒いよ　寒いよ〟っていう曲(と歌う)。あれはハイになることを歌った曲だった。妙に心に残ったよ、あれは」

「〈コールド・コールド・コールド〉ではドラムを一段高いライザーの上に乗せた。サンセット・サウンドは肉用冷蔵庫みたいな真四角の構造で音が最悪なんだ。マイクを遠くにセットしたり、近くに置いてみたり、あの1曲だけのために街中で探せる限りのリミッターを探してきたよ。ローウェルのヴォーカルはマイクに一度吹き込んだものを、アミーゴ(ワーナー所有のレコーディング・スタジオ）のトイレに置いたアンプから流し、それをもう一度マイクで拾った。そうすることで一旦アンプに入ったローウェルの声は、トイレから流れてるみたいな冷たい感じになったんだ」

「彼らがそんな独創的なグループだったことは、僕にはラッキーだった」とテッド・テンプルマンはプロデューサーの立場から言う。「たとえばリッチーはこうさ。サンセット・サウンド・スタジオの隅にドラムをセットし、こんなのは？　とアイディアを提案するだろ。すると彼はたちまち理解して叩いてみせるんだ。最高だよ。そういうアーティストだと、プロデューサーのすべきことは聞き手に徹することくらいだ。ローウェルもやりやすかった。彼とは個人的なつながりがあったから、こちらの意見をいつもちゃんと聞いてくれた。俺が仕切ってるんだと思い込んでるやつらとは違っていた。とても謙虚な男だったよ」

ファースト・アルバム同様、ミキシングにもかかわりたがったローウェルだったが、その願いは叶わなかった。プロデューサーがそれだけは譲らなかったからだ。テンプルマンは言う。「ミキシングはいつも自分とエンジニアのドン・ランディだけでやってきた。ランディは天才なんだ。チームなんだよ、僕らは」

ミキシングにバンドをかかわらせなかったことを除けば、テンプルマンいわく「揉めたことは一度もなかった」と言う。「常に全員とうまくやってたよ。僕もバンドの一員として、〝みんな仲間だぜ〟という気持ちで臨んでいたんだ」

『セイリン・シューズ』は好きになる要素がたくさんのアルバムだった。「イージー・トゥ・

スリップ」の鳴り響くギター（数ヶ月後、それと実によく似たギターをイーグルスの「テイク・イット・イージー」で僕らは耳にすることになる）と、ローウェルとリッチーの義兄弟コンビのハーモニーから、ハウリン・ウルフを彷彿とさせるブルース（「アポリティカル・ブルース」、ビル・ペインがレオン・ラッセル風に聴かせるピアノ曲「キャット・フィーヴァー」）まで。しゃがれ声のロックンロール・ライフ賛歌「ティーンエイジ・ナーヴァス・ブレイクダウン」はフィート結成以前、ハーブ・コーエンに聴かせるために録ったデモから復活した1曲だ。

ヒューストンで初めて遭遇したグルーピーたちは、女だらけのホンキートンク「テキサス・ローズ・カフェ」（ローウェル作）でもだが、「トライプ・フェイス・ブギー」（ペインとヘイワード共作）の歌詞でも「バッファローで怯えさせられ、ヒューストンでもてなされた」と讃えられた。

アルバムのうち3曲が自分のことを歌っていると信じるのはエリザベス・ジョージだ。それらは「コールド・コールド・コールド」と「トラブル」と「セイリン・シューズ」だ。ローウェルが作詞作曲したこの3曲（「セイリン・シューズ」だけ共作）で歌われるのは憧れ（「コールド・コールド・コールド」）、同情（「トラブル」）、そして楽観（リズの息子ジェドのことを歌った――歌詞では〝ジェディダイア〟と呼びかける――「セイリン」）だ。

もし彼女が正しいのだとすると、ローウェルは随分といい度胸をしていることになる。1971年、リトル・フィートがアルバムを制作していた頃、彼はまだパットと結婚していたのだ。

わずか1年前には彼女との息子ルークが生まれたばかりだった。

子供の頃からずっとローウェルを見てきたパットは気付いていた。彼が一人の女性を愛するタイプではないことに。やがてローウェルは家を出る。二人は厳密には1974年まで結婚していたが、ローウェルの〝靴〟はとうの昔に航海を始めていたわけだ。

パットも、少なくともある1曲が生まれる過程を直接的に見て知っていると言う。ローウェルが音楽に遺《のこ》した最大の功績「ウィリン」だ。メロディに乗せて描かれるのは、あるトラック運転手の体と心と恋愛感情の〝目〟に映る光景だ。曲を彩る華やかな人名（〝ダラスのアリス〟）、印象に残るフレーズ（〝頭をストーヴに入れて〟）、鮮やかな心象風景（〝メキシコからマリファナや労働者を密輸した／行くたび　太陽にジリジリ焼かれたさ〟）の数々。ハリウッド生まれの都会っ子が書いた歌とはとても思えない。

実は当時、妻パム、彼女の姉パット、妹プリッシーと住んでいたリッチー・ヘイワードが、この曲の誕生に大きな役割を果たしている。ポール・バレアはこんな風に聞いていた。「リッチーがファクトリー時代に住んでたファウンテンの家にみんなでいた時らしい。雨の中に置きっぱなしになってたロッキングチェアのことを、リッチーが〝雨に歪んだ〟という言い方をしたんだ。それがそのまま歌詞になった。ローウェルはそんな風に物事を見たり、聞いたり、いいタイミングでその場に居合わせるのがうまいというか、日常の身の周りにあるものを捉え、心にぐっとくるものにしてしまえるやつだったんだ」

この話、パットの記憶とはちょっと違っている。「私たちはいつも料理を一緒に作って、食べていたの。その晩もダイニングルームのテーブルで〈ウィリン〉を書いていた。保育園で働いているプリッシーが、学校にある椅子が雨に打たれて歪んだと言ったのよ。それを聞いたローウェルが〝雨に歪んだ、か……〟と言い、歌詞に入れたの。そのあともみんなしていろんな言葉を出し合ったのよ」（キビーは、ローウェルがプリッシーに何年間も印税を払っていたと言うが、パットは妹が受け取ったのは100ドル小切手が一度きりだけだと言う）

ローウェル本人の説明はそれともまた違い、1976年にジグザグ誌のポール・ケンドールと話した際にはこう語っていた。「あれはリッチーの家で書いたのを覚えてるよ。あいつが葉っぱ《weed》、白いやつ《white》とワイン《wine》で〝三つの邪悪なW〟だと言ったのを聞き、〝お、それだ〟と思った。するとリッチーの義理の妹が部屋に入ってきて〝ねぇ、あの椅子を見て。雨で歪んじゃったわ〟と言ったんだ。僕は〝これはメモをとっておかなきゃ〟と思い、言葉を書き留めた。それらをあれこれといじり回しているうちに、その前日に書けた、歌詞だけがまだだった曲と合うような気がしてきたんだ。気付いたら、曲は出来上がっていた。そういう風にして書けた曲が、実は内容とかクオリティという意味でも一番うまくいったりするものなんだ」

ケンドールに「曲はほぼ偶然生まれることが多いのか」と尋ねられるとローウェルは、にっこりと微笑み答えた。「ごくたまにだよ。〝月がアスパラガスの中に入って〟惑星が一列に並んだ時だけさ」

この曲が持つ、田舎道を車で走っているような感じに関しては1973年、クロウダディ誌のデヴィッド・レンジンにこんな風に語った。「ドライブは好きでね、ベイカーズフィールド

［ハリウッドから169キロ北の小さな街。西海岸カントリー・ミュージックのメッカ］あたりまでしょっちゅう行ってたよ。車を停め、店に入るだろ。すると連中が酒を飲みながら〈ハーパー・ヴァレー・PTA〉とかああいう曲を［ジュークボックスで］かけるのさ、3曲連続で。それがすごくよくて、すっかりあの手の音楽が好きになったよ。光景すべてがアメリカ的、まさにトラック運転手たちの世界だ。そのことを歌にしたんだ」

一方、1978年にオーストラリアのFM局とのインタビューでは「大学時代ずっとガソリンスタンドで働いてたんで、そこにやって来る通りすがりの人間から、たくさんインスピレーションをもらっているよ」と答えている。

同じ年、ライターのマーク・レヴィトンには「なぜか惹かれるんだ、トラック運転手に」と語った。「結局は彼らも僕らと一緒。どこからも逃れられずに生きている。自由に道を走って人生を謳歌している分、地獄も経験してるってことさ」

インスピレーションがなんであれ、間近で聴いた友人たちを驚かせる曲だったことだけは確かなようだ。ただしドラッグに言及していることから、1970年代初頭のラジオではまずかかる見込みはない。当時のラジオ局には、連邦通信委員会やラジオ業界誌ギャビン・レポートといった監視機関から、ドラッグを肯定すると思われる曲を検閲するよう警告が下されていたのだ。オンエアの見込みのない「ウィリン」はシングルとしてリリースされることもなかった。それでも、ローウェル・ジョージが歌う時、それは多くの人の心を摑んだ。

1969年、ジャム・セッションでジューン・ミリントンがローウェル・ジョージに会ったのは、彼女とジーンの姉妹で組んだ女性ロックバンド、ファニーがワーナー・ブラザースの姉妹レーベル、リプリーズと契約した直後だ。二人は、ジューンいわく「純粋に音楽というだけでなく親しい間柄になった」という。ちょうど僕が会った時、彼女は回顧録を執筆中で、ローウェルに関して書いていた原稿を見せてくれた。以下はそこからの抜粋だ。

シャトー・マーモントから数ブロック先に建つスパニッシュ・スタイルの豪邸。その地下が私たちのリハーサル場。1日24時間週7日、いつでも好きな時に音が出せて、誰からも文句を言われない。かつて女優へディ・ラマーが住んでた家だったらしい。お互い、書いている曲を弾いて、聴かせ合っていた。ある時期、彼は最近書いたばかりだという1曲をとても気に入ってるらしく、何度も演奏していた。それこそ何週間も。私もその曲がとても気に入ったの。〝葉っぱ、白いやつにワイン〟っていうキャッチーなフレーズがある曲。でもそれよりも彼が気に入ってたのは、昔ヒッチハイクした時に通ったというアリゾナの街の名前よ。トゥカムキャリ、テハチャピ、トノパ……。実際に街を訪れ、名前のリズムが大好きになったんだと言っていた。どうして彼はこんなにうまく曲に取り入れられるんだろうと思ったわ。

なんて喜びを感じる曲だったことかしら。朴訥として、余分なものはなく、ただ美しく、畏怖と尊敬に包まれて、感覚が消えていくみたいだった。でもあの曲をあんな風に弾けて歌える人は彼しかいなかった。それは本当。最初のパートは半分喋ってるみたいに歌うのだけど、あそこに来るとはっきりとした声で歌うの。〝葉っぱ、白いやつにワインさえくれるなら／合図をくれるなら喜んで〟……。嗚呼。あれは本当に名曲だわ。私たちはヘディ・ラマーの家で、月明かりの下、二人でヤードセールで見つけてきた派手だけど趣味のいいロココ調のソファに身を埋める。すべてが絵に描いたように素敵だった。ギターの最後の音が鳴り、訪れる静寂のなんと神聖だったことかしら。そして、最初からまた歌うのよ、彼が……。

リンダ・ロンシュタットが「ウィリン」をカヴァーしたのは、ビルボード・アルバム・チャート首位に輝いた1975年のアルバム『悪いあなた』でだった。当然ながら、この曲はラジオから頻繁に流れた。彼女が嘆いていたのが〝葉っぱ、白いやつにワイン〟だったとしてもだ。

この曲のどこに惹かれたのか。それを説明するにあたり、リンダはローウェルとの出会いをおぼろげな記憶をたどって語った。それはトパンガで開かれた小さな音楽フェスティバルだったかもしれないと彼女は言う。ローウェルはトパンガに暮らしていた。「私もあそこに住んでいたの。かろうじて覚えているかどうかなのは、私が本当はお酒を飲めないからよ」。リンダはアルコール・アレルギーなのだ。そんな彼女も、時には70年代はじめのロックスターご用達テキーラ、サウザ・コンメモラティボに手を出すことがあった。ローウェルと会った時が、そんな〝美酒に酔いしれていた時〟の一つだったのかもしれないというわけだ。「その時が初めてだったと思う。でもテキーラを飲んでたその人が彼だったのか、覚えてないの」

もしくは、その何年か前にすでにローウェルと会っていたのかもしれないとも言う。リンダが在籍したバンド、ストーン・ポニーズは1968年に「悲しきロック・ビート（Different Drum）」がヒット。マネージャーが同じハーブ・コーエンだったことから、マザーズ・オブ・インヴェンションの前座をよくさせられていたのだ。「しょっちゅう声がかかったわ。〝マザーズのオープニングが必要なんだ〟って。でもそれって『バンビ』と『ディープ・スロート』の二本立てみたいなもんでしょ！」

ただしその頃までには、ローウェルはマザーズを離れていたはずだとリンダは言う。そうなると二人が初めて会ったのは、やはり1973年に初めて開催されたトパンガ・デイズの音楽フェスティバルでだったのだろう。「その時には〈ウィリン〉はもう出来ていて、彼から一部を聴かせてもらい、すごくいいなと思ったの。次にアトランタで（リトル・フィートは1973年9月にライヴを行なっている）観た時にやっていたんだけど、私は曲のことは忘れてて。だからへウィリン〉を聴いた時、どこかで聴いたことがあるなって思ったのよ。それで彼に、もう一度あの曲を教えてと頼んだの」

「そのくらい説得力のある曲だったわ」とリンダは言う。「語られるストーリーがとても好きだった。あと、ちょっと変わった構成も。彼が書く曲にはそういうものが多くて、それがとってもいいのよ」

リトル・フィートの最初の2枚のアルバムに収録された二通りの「ウィリン」。2曲は構成、アレンジ、演奏、それぞれが異なっている。ライ・クーダーを入れたデモ・ヴァージョンでは、そぎ落とされた数少ない音の中、ローウェルは終始ミッドテンポで歌っていた。一方、スニーキー・ピートのスティール・ギターを入れた今回のフル・バンド・ヴァージョンでは、ローウェルのヴォーカルはキーが高めで、〝葉っぱ、白いやつとワイン〟の行の前で一瞬だけ間が取られ、きれいなハーモニーが加えられている。そうなったのは「グループ・ヴァージョンが作りたかったからさ」と１９７３年のラジオ・インタビューでローウェルは説明している。

ローウェルの場違いなまでの遊び心はアルバムのいろいろなところで発揮された（〝謝辞でも喧嘩別れしたラス・タイトルマンの名前を挙げ、〝ラス・Ｔが心穏やかでいられますように……〟と記している）。そしてライナーノーツではこうだ。「ちなみにこのアルバムの本当のタイトルは『Thank You! I'll eat it here!』（ありがとよ！　俺はここで食うよ！）だよ」

これでアルバム・ジャケットの説明が多少なりともつくというものだ。デビュー・アルバムに写るのは、顔もろくに見えない、〝雪が残る街の店〟の絵が描かれた壁画の前に離れて立つリトル・フィートのメンバーだった。ところが『セイリン・シューズ』でジャケットは一転。ネオン・パークが描くピンククリームの髪にメイクぱっちりの目、ハイヒールでブランコを漕ぐケーキは、一切れ分が切り取られ、片方の靴が飛んでいる——言うならば航海《セイリン》している１足の靴《シュー》。手前には巨大なカタツムリ、後ろには18世紀フランス絵画から抜け出してきた男。

これぞまさに漫画的意識《カートゥーン・コンシャス》。作者ネオン・パークは本名をマーティン・ミュラーといい、サンフランシスコでビル・グレアムとダンス・コンサートを企画していたファミリー・ドッグのポスターを手がけていた。それを見て、自分のアルバム『いたち野郎』のジャケットを依頼したのがフランク・ザッパだ。パークは50年代のライフ誌に載っていた、電気カミソリの広告を見つけてきた。ビジネスマン風の男がひげを剃っているそのカミソリをイタチに置き換え、血を流させたのだ。ジャケットをめぐり、ワーナー・ブラザース上層部とザッパの間では一悶着あったが、最終的にマザーズに軍配があがる。結果ジャケットは大受け。おもしろくないのはレコード会社だ。その間、パークには新たなファンが出来た。ローウェル・ジョージだ。

そのジャケット騒動からは少し経っていたある晩、パットとローウェルの友人アイヴァン・アルズはヒッチハイクをしていた。「サンセット・ブルヴァードでだったよ」とアルズは言う。「雨の中、ギターを持って歩いてたんだ。一台の車が停まってくれたので乗り込んだ。〝どこに行くんだ？〟と聞くと〝特に。お前はどこへ行くんだ？〟って聞き返してきた。そしたら後部席に『いたち野郎』のジャケットがあるじゃないか。聞けばそいつがそのジャケットを作ったって言うんで、俺は言った。〝いいか、もし何も予定がないんだったら一緒に来い。あるやつに紹介するから〟。それでネオンとローウェルの家に向かった。GTOsの子たちがちょうど家から出てくるのと入れ替えだった。二人はすぐに意気投合してたよ」。ローウェルも言う。「大好きだったんだよ、『いたち野郎』のあのジャケットは。だってそうだろ、電気いたちと来て、次は何が来る⁉　そこからあいつとの友情は始まった。仕事もね。つまりは〝うちらのジャケットも頼む〟ってことさ」

ケーキのジャケットは大いに注目を集め、アルバムはまたしても高い評価を受けた。ローリング・ストーン誌のレビューでバッド・スコッパは、ビル・ペインとローウェル・ジョージのソングライティングの妙を、シンプルなわけでもわかりやすいわけでもないのに〝儚く消え、それでいて心に長く残る無数のイメージ〟を見え隠れさせると称した。演奏に関しても絶賛していた。「ローウェル・ジョージとビル・ペインの才能は男らしさや心のひだを楽曲にするだけでは終わらない。彼らは卓越したミュージシャンでもある。ペインのピアノはクールでエレガント、オルガンは熱く唸り声をあげる。ジョージのスライド・ギターは、急な山間を地鳴りを轟かせながら降りてくる大型トレイラー・トラックのようだ。ジョージが描く、男たちとマシンとのマッチョな関係を、ペインが彩り豊かに称え、そこに元マザーズのロイ・エストラーダのベースとリチャード・ヘイワードのドラムが加わる時、とんでもなく最高のロックンロール・バンドが出来上がるのだ」

イギリスではロック評論家のバーニー・ホスキンスが『セイリン・シューズ』を「一種のカルト・アルバムだ」と称賛。ホスキンスが運営するアーカイヴ・ウェブサイト、ロックス・バックページズに行けば、1975年のジグザグ誌、巻頭特集に寄せたアンディ・チャイルズのこんな絶賛文句が読める。「1枚目にして、すでにアメリカのトップ・バンドの一つになったリトル・フィートだが、その地位に何の疑問の余地もないことを2枚目『セイリン・シューズ』は証明している。もしまだアルバムを手にしていないのなら、1分たりとも時間を無駄にするな。これまで出たアメリカのバンドのレコードの中でも間違いなく最高の1枚だ!」

にもかかわらず、『セイリン・シューズ』はファースト・アルバム『リトル・フィート・ファースト』以上に売れることはなかった。「バンドはなにかよくないツキに見舞われているようだ」とホスキンスは1994年のMOJO誌にエッセイ「リトル・フィート——逃した魚」を寄せた。「もしかすると」とホスキンスは持論を展開した。「ドゥービー・ブラザーズやイーグルスにプラチナ・アルバムをもたらした親しみやすい"カリフォルニアのロック"を（ローウェル・ジョージは）疎《うと》んでいたのかもしれない。リトル・フィートのベストソングと呼べる曲には——それは常にローウェルが書いた曲だ——いつだって、商業的大ヒットの可能性をみずから排してしまう、ザラザラとして、節くれだった真実と呼べる何かがあるのだ」

❖『セイリン・シューズ』

当のローウェルは、レコードの売上げを心配し、思い倦《あぐ》ねるわけでもなく、様々なアルバムにセッション・ミュージシャンとして駆り出される多忙な日々を送っていた。1972年、ニルソンが『ニルソン・シュミルソン』に続いて発表した『シュミルソン二世（Son of Schmilsson)』にギターで参加。プロデューサー、リチャード・ペリーとの仕事を楽しんだローウェルだったが、ギャラを支払われなかったためヴァン・ダイク・パークスに相談した。パークスはローウェルにアドバイスした。「僕に金を払って《ペイ・ミー》、僕をハイにして《シュメイ・ミー》［シュメイは葉っぱを吸う、ハイになるの俗語。シュミルソンにも引っかけている］」と電報を打てと。助言に従ったローウェルにはまもなく支払いがあった。ハイにはなれなかったとしてもだ。

第6章　二つの列車

Two Trains

『セイリン・シューズ』が売れなかったことに打ちのめされたよ
――テッド・テンプルマン（プロデューサー）

『セイリン・シューズ』でリトル・フィートはワーナー・ブラザースから2度目のチャンスをもらった。各誌アルバム評では相変わらず高評価を受け、イギリスからもラブコールが止まらない。愁いを秘めながらも美しい「ウィリン」といい、ヒット風「イージー・トゥ・スリップ」といい、創意に満ちたプロダクションは文句のつけようがなかった。それにもかかわらず、アルバム初回リリースの売り上げはわずか1万3000枚だった。

それでもフィートは臆さなかった。もし3度目のチャンスを与えられるなら、ありがたく受け取ろう。彼らは――少なくとも何人かを除き――そう思っていたのだ。しかしアルバムを引っさげてのツアーの後、一人のメンバーが抜けることになる。

1972年2月13日、フィートはローウェルの仲間であり、ヒーローでもあるドン・ヴァン・ヴリート率いるキャプテン・ビーフハート&ヒズ・マジック・バンドの前座を務めることになり、オハイオ州のシンシナティ・ミュージック・ホールにいた。

その寒い冬の日のことを語るビル・ペインは今も悔やんでいるようだった。「僕らはいたわけだ。すごくいい会場でね。ところが突然、PAが落ちてしまった。〝直るのに2時間はかかるかもしれない〟。そう言ってる声が聞こえた。するとローウェルのやつが〝アイスケートに行きたい〟と言い出したんだ。〝だめに決まってるだろ、演奏がある〟。僕は止めたよ」。それでも行くと言い張るのでペインは一緒に行くことにした。15分くらいで直ってしまうんじゃないかと半分恐れながらも。

「1時間くらい滑ってたかな。そして1時間が1時間半になり、僕はついに言った。〝ローウェル、頼むからリンクから上がってくれ。戻らなきゃ〟。タクシーをつかまえて乗ったはいいが、運転手が会場を知らなかったんだ。〝そっちじゃない、こっちだ。ここだ！〟金を投げつけるようにして僕らはタクシーを出ると、一目散で会場に向かった。中に入ると、みなの視線がこちらに向いた。ドン・ヴァン・ヴリートもいたよ。彼は大して怒ってる風でもなかった。なんでも、僕らが会場を出た15分後にはPAは回復したらしいんだ。つまり1時間半近く、僕らはいなくなっちゃってたってことさ」

しかしロイ・エストラーダは心穏やかではいられなかった。「ロイはカンカンだった」とペインは言う。「それで終わったんだ。その直後、バンドを辞めたよ」。そしてなんとキャプテン・ビーフハートに入ったのだ。

リッチー・ヘイワードがバッド・スコッパに語ったところによればこういうことだ。「ヴァン・ヴリートはロイが拒みようのない高額のギャラを提示したんだよ。週に500ドルとかそのくらい。生活の安定のためにリトル・フィートを辞めてビーフハートに入るなんて。僕からすりゃ、これ以上笑える話はないんだけどね」

そもそもロイ・エストラーダがリトル・フィートに入るのをためらい、時間がかかったのは、バンドが売れるか自信が持てなかったからだというのは事実だ。しかし、本人が話してくれた脱退の理由はまるで違っていた。僕が挙げた、いろいろな人たちが考えるロイ脱退の理由――シンシナティでの一件、安定した給料、キャプテン・ビーフハートからの巨額のオファー、ビーフハートの音楽の方が「あいつがやり慣れてるコンセプトに近かったから」というローウェルの仮説、さらにはどこから飛び出したのか、コンピューター・プログラマーになりたかったからだ、という思いもかけない説まで――を黙って聞いていたエストラーダはそのどれでもない、と言った。辞めたのは健康上の理由だったという。

かつてザッパはロイを「喘息を抱えたパチューコ［メキシコ系アメリカ人のギャング風若者の通称。80年代以降はチカーノが一般的になる］」と呼んだ。そのことを話すと、エストラーダは大笑いした。その通りだったのだ。「辞めたのは喘息のせいさ。当時、僕らが住んでたロサンゼルスはスモッグが最悪。そんな時、キャプテン・ビーフハートから声がかかった。彼らがいたのはずっと上、北カリフォルニアのユーリカだ。あっちで暮らす方が自分の健康のためにはいいんじゃないかと思ったんだ」

音楽を辞めてコンピューターの道に進むことも考えていたのだろうか？「考えたことはあるよ。でも実行はしてない。そこまで本気じゃなかった」

エストラーダに去られて身動きが取れず、ワーナー・ブラザースともこの先どうなるのか確約もなく、リトル・フィートはまたしても暗礁に乗り上げた。ビル・ペインはドゥービー・ブラザーズのレコーディングに参加。ローウェルとペインで、カーリー・サイモンの『ノー・シークレッツ』にも参加している。この頃、フィートのマネージメントを手がけていたボブ・

カヴァーロとジョー・ラファーロのクライアントにはラヴィン・スプーンフル、解散以降はグループのリード・ヴォーカル／ソングライターだったジョン・セバスチャンがいた。

そこでマネージメントは水面下である計画を立てた。ローウェル・ジョージを中心とする新たなアンサンブルだ。といっても単なるアンサンブルではなく、70年代的言い方をするならばスーパーグループだ。メンバーはローウェル・ジョージ、ジョン・セバスチャン、そして50年代から60年代の大スター、エヴァリー・ブラザーズのフィル・エヴァリー。音楽的、歴史的事実をとっても、ローウェルとセバスチャンとでは、というかラヴィン・スプーンフル、そして1970年にチャートインした彼のソロ作『ジョン・B・セバスチャン』とでは、ローウェルが見劣りしてしまう可能性はあった。ところがセバスチャンはカヴァーロから渡されたリトル・フィートのファースト・アルバムを聴き、素直に感激したのだ。翌日、セバスチャンはカヴァーロに言った。「これこそ次なるエルヴィスだ。この男から目を離しちゃいけないよ」。その親しみやすい口調のセバスチャンと「彼こそキング・オブ・ロックンロールになる！」と言い切ったヴァン・ダイク・パークス。奇しくも意見は一致したのだ。

それからまもなくして、ローウェルとセバスチャンは初対面を果たす。二人で書いた「フェイス・オブ・アパラチア」は、1974年のセバスチャンのアルバム『ターザナ・キッド』に収められている。その後もたまに連絡を取り合っていた二人だったが、エストラーダ脱退後、ローウェルから連絡が入ったとセバスチャンは言う。「僕から何かを働きかけたってことは一度もないんだ。どういうことかって言うと……僕はエヴァリー・ブラザーズのフィルと親しかったんだ。「プロデューサーの」ポール・ロスチャイルドに頼まれてエヴァリーの『ストーリーズ・ウィ・クッド・テル』に参加していたのでね」

新作に取りかかり始めていたセバスチャンは、フィル・エヴァリーに声をかけて何曲かを試した。「すごくいい感じに仕上がったんだ」とセバスチャン。「それで〝じゃあ今度は僕が下のパートを歌うのをやってみよう……〟〝なんだったらどこかでギグでもやろうか？ 目立たないどこかで……〟といろいろ試してたんだよ。そのどれかにローウェルが顔を出してたんじゃないかと思う。それで〝だったら3人でやるのはどうだろう？〟という話になったんだ。ちょうどリトル・フィートは大変な時期だったはずだ。詳しい事情はよく知らないが、彼がソロ・アーティストになるのか、もしくはメンバーが変わるのか、なんかそういう空気を感じたよ。ほんと、バンド内のことは僕には分からないけどね。ローウェルに誘われ、フィルと僕とで彼らのリハーサルに行ったこともあった。一緒に歌ったよ。でも、バンドの連中はその午後ずっとリハーサルをしてて、突然僕らが来たもんだから〝このユニットは100%健全で、今のまま完全なんだ〟と言いたげな態度だった。もう一人のギタリスト、ポール・バレアとは一度も話をしなかったが、もし話していたら辛辣なことを言われたんじゃないかな」

実際のところ、バレアの記憶にそんなリハーサルは残っておらず、自分がフィートに加入する前の話ではないかと考えている（ビル・ペインもリハーサルにいたのはローウェルと自分、セバスチャンとフィル・エヴァリーだったと言う。「僕は〝スーパーバンド〟に感心してなかった。ローウェルも一時的なものだと考えていたはずだ」）

誰がその場にいたかはともかくとして、その場の空気はセバスチャンいわく「お前らは必要ないんだということを分からせてやる」という風だったのだという。「決して〝出てってくれ〟とかそういうんじゃないけど、〝僕らがここにもういるんだから［君たちは必要ない］〟と態度が物語ってた。何曲かやったのを覚えている。〈ディキシー・チキン〉もやった。あの狭いところで聴けたのは最高だった。わくわくしたよ」。ローウェルも大方、同じ話をしている。「1回みんなで集まったことがあって、すごくうまく行ったよ。ジョンが一番下、フィルが上、僕が真ん中のすごくイカした3部ハーモニーだった。でも結局は形に残るものは作れなかった。100万年かかっても無理だったろう。僕らの向いている方向が同じじゃなかったからだ。あの3人では、仕事としてのユニットにはなりっこなかった」

おそらく彼が言っていたのは世代間のギャップのことだ。70年代の申し子のようなローウェルに対して、フィル・エヴァリーのルーツは50年代、60年代に根ざしている。もしくは、冗談めかして言うように、こういうことかもしれない。「だってさ、僕が10キロ太り過ぎだとしたら、彼は10キロ峠を過ぎている」。エヴァリーの歌を褒めながらも、ローウェルは付け加える。「彼はずっと歌ってきた人だ。それこそずっと。僕がその上に何を乗せて歌ったとしても、彼は受け止められなかったんじゃないかな」

それに加え、ローウェルは他のいわゆるスーパーグループを成り立たせている背景自体、信用してなかったのだと彼は言う。「あの（スーパーグループの）小さなシーンを駆り立てた一番の理由が金だ。僕なんかには手に負えなかったよ。金にはもちろん心を動かされるさ。でもそこまでは動かされない。メンバー同士が嫌い合いながら毎晩大金を稼ぎ出すポップ・グループなんて、僕には想像できないよ」

そんなローウェルも音楽的に〝浮気〟をしかけたことはあった。バンドを作らないかとアプローチしてきたジャクソン・ブラウンとだ。1975年のジグザグ誌で、ローウェルはジャクソンから「グループに加わらないか？　メンバーは全員苦労してるロス出身の連中ばかりだ」と声をかけられたと語った。タイミングが合わず実現はしなかった。「でもあいつは大好きな一人だよ。彼こそミスターLAだ」

一方のジャクソンは1983年、ミュージシャン誌ビル・フラナガンのインタビューでこんな風に語っていた。「自分から押しかけて行き、勝手にローウェルを師匠と仰いだのさ。嫌な顔一つせず、いいよと受け入れてくれた。彼は東洋人たちから音楽とか武術を学んでいたから懐がでかいんだ。〝分かった。俺の知ってることを知りたいんだったらまずはあれと、あれとあれをやってみろ。そのあとで話をしよう〟。ローウェルからは〝学生王子〟って僕は呼ばれてた。教わる気満々だったからさ」。そんなジョージと生徒のバンドは結局、実現しないままだった。

＊

フィートではない何か。その選択肢を試し疲れたローウェルは、ペイン、ヘイワードとともにエストラーダに代わるベーシストを探し始める。相変わらずのゆがんだセンスからなのか、呼んだのはオーディション2度目となるポール・バレアだ。バレアはまたしても彼らに言うしかなかった。僕はギタリストなんだけど……。

結局、ベースに雇われたのは本物のベーシスト、ケニー・グラッドニーだった。その後、コンガ奏者のサム・クレイトンが加わる。そしてバレアはと言えば、本来のポジションであるギターで雇われたのだった。

フィートのツアー・マネージャーだったリック・ハーパーは、ポール・バレアを雇うようバンドに説得したのは自分だと生前語った。「そしたら彼らに言われたんだ。〝じゃお前、ポールを連れて来て、お前のところでローウェルのリズムギターを全部覚えさせろ〟と。やって来たポールは最初〝どうだろうな、やれるか分かんないよ〟とか言っててさ。〝分かんないってどういうことだよ。お前なら朝飯前だろ。眠ってたって弾けるだろ〟とハッパをかけ、一から始めた。全アルバム全曲、すべてのリック〔即興のソロなどで演奏されるそのプレイヤーの特徴的なフレーズ〕とリズムパートを完コピさ。一応のことも考え、リードギターも覚えさせた。で、ワーナー・ブラザース撮影所の第24サウンドステージで行なっていたバンドのリハーサルに合流し、メンバーになったというわけさ」

バレア自身の記憶は少しばかり違っている。1971年にベーシストとして初めてオーディションを受けた後、バレアはローウェルに「もし二人目のギターが必要なら声をかけてくれ」と自分から言ったのだという。そしてエストラーダ脱退後、2度目のベーシストのオーディションを受けた。そこで「ローウェルが、もし本当にセカンド・ギタリストになりたきゃ、『セイリン・シューズ』の〈コールド・コールド・コールド〉のイントロを覚えてこい。そしたらバンドに入れるよ。ついでに他の曲も全部覚えておいてくれ、と言った」というのだ。そ「だから〈コールド・コールド・コールド〉をマスターし、ローウェルの前で弾いてみせたところ、〝よし、入れ〟と言われたんだ」

バンド・メンバーと友だちだったハーパーが間を取り持ったことはバレアも認めている。二人は5歳とか6歳の頃からの幼なじみ。ローウェルの存在は高校時代から知っていたが、知り合いではなかった。バーバンクに生まれ、ハリウッドで育ったポール・バレアはローウェルの三つ年下。二人いる兄は、未来のバンド仲間と同じ時期、ハリウッド高校に通っていた。「おかしな話なんだけど」。どこかでまだ繋がっているようにバレアは語り出した。「祖父のジョージ・バレアはニューヨーク・フィルハーモニックがまだ交響楽団を名乗ってた時代、首席演奏家としてウォルター・ダムロッシュ［指揮者］によって米国に連れてこられた。その後、ジュリアードで教え、たくさんの生徒がいたんだが、その中の一人がなんとローウェルが学んだフルート教師だったんだ。これ以上、奇妙な偶然ってあるか」

音楽の才能は血筋だったということだ。「二人の兄がいて、全員がピアノのレッスンを受けていた。僕は6歳から11歳まで。でも音感はよかったんで先生の前では、譜面を読んでるふりでごまかしながら実は読んでなかった。読まなくても全部音を知ってたんだよ。同時に弾いて譜面を読むっていうのは出来なかったけど、全部弾けたのさ」。覚えたのは主に［ミュージカルの」ショー・チューン。最後の演奏会で弾いたのは「ラプソディ・イン・ブルー」だった。その時、バレアは11歳。

バレアはピアノに飽きていた。『ベニー・グッドマン物語』でスティーヴ・アレン演じるグッドマンが、屋外の非常階段でクラリネットを演奏するシーンを見て以来、好きなところへ楽器を持ち運びするかっこよさに憧れるようになっていた。あるパーティで、女の子たちが群がっているのは、ジミー・リードのブルース曲をギブソン・ギターで弾くやつのまわりだと気付いた。13歳のポールはギターを手に取る。「思ったんだ。これか、モテる秘訣は。これとビーチ・ボーイズだ」。こうして女の子たちを磁石のように惹きつけるジミー・リードとローリング・ストーンズの曲を弾き始めた。

「昔から音楽を演奏するのはどこかスピリチュアルな行為だと感じていた」と言うバレアだが、同時に野球も大好きで、10代の頃は真剣に野球の道を進もうと思っていたという。「ところがじゃまが入ったのさ。マリファナとサーフィンっていう」

いくつかのガレージ・バンドにも参加。「一つはディック・バター。女性の性液のことを指す言葉だ。もう一つは、ローレル・キャニオンのガレージ・バンドでレッド・エネマ［鉛の浣腸という意味］。こっちは案外真剣にやってたよ」。1967年か1968年という時代を考えると、バンド名にも納得が行くというものだ。

ポールの兄たちの友だちだったローウェル・ジョージは、レッド・エネマのファンだった。「何度かバンドを観に来てて、こいつら頭が変なんじゃないかと思ったみたいだ」とバレアは言う。「ギターは僕ともう一人、ナショナルのソリッド・ボディをC#マイナー・チューニングで弾くやつ、それとハーモニカ奏者とドラマー。僕ともう一人のギターの間にベースが置いてあって、曲によってどちらかが弾くこともあった。でも大抵はギター2本にハーモニカにドラムっていう編成だったよ」

バレアも一緒に書いていたという曲のレパートリーは、例えば「ア・ベリー・ケアフル・フライ・イン・エニバディーズ・オイントメント［誰かの軟膏の中の慎重な蠅］」だったり、「ヴァーミリオン・アンタゴニスト［朱色の敵対者］」だったり、インディアンにウィスキーを盗まれたと腹をたててる白人の爺さんは僕らが彼らから国を盗んだことを知らない、と歌う「ザ・ウィスキー・スティーリン・インディアン」だったり。

「ゴスペルソングが、途中からジョン・リー・フッカーみたいなシャッフルに変わる〈チーズ・ストリート〉という曲もあった。歌詞はこうだ。〝チーズは3次元のキリストだ。お前はチーズ・ストリートで何をしてる?〟ローウェルのお気に入りだったよ」。お返しに、バレアはローウェルのバンド、ファクトリーを何度もビト・リトスに観に行ったという。

ファクトリーの他のメンバーとも親交があった。リッチー・ヘイワードとはダウンタウンのクラブでのブルース・セッション――「40分くらいブルースのアドリブが続き、エンディングがもう30分続くやつさ」――でよく顔を合わせていたという。

最初に落とされたリトル・フィートのオーディションはベーシストとしてだった。それから2年半後、再び呼ばれたオーディションでバレアは告げた。今も自分はベーシストじゃないから、と。その後、ローウェルが電話をしてきた。今度はサポート・ギタリストとしてどうだというのだ。「あいつにやる気があるか確かめたんだ」。ローウェルは言う。「ギタリストという意味で、僕には〝場所を守ってくれる人間〟が必要だった。というのも、リズムセクションとの関係で自分の位置を探してるうちに、迷ってどこかに行っちゃってることが多くてさ。ポールはその空いた場所に、かつて僕が弾いていたギター・パーツを――弾いてないパーツも、彼なりにさらにいいものにして――弾いてくれる。おかげで僕はその上でリードを弾けるんだ」

バレアが加わったものの、ローウェルたちにはまだベース奏者がいなかった。そんな時に見つけたのは、ベーシストを探しているバンドがいることをアーティスト御用達のリハーサル・スペースで聞きつけた、腕は確かなミュージシャンだ。ただ、彼はリトル・フィートを一度も聴いたことがなかった。

もし悪名高きクー・クラックス・クラン（KKK［白人至上主義秘密結社］）がいなかったら、ケニー・グラッドニーはテキサス人ではなかったかもしれない。生粋のテキサス人だった父は、ケニーが生まれる寸前、KKKに追われ、ヒューストンを離れた。大家族となるグラッドニー家（最終的に子供は全部で11人になる）はしばらくニューオーリンズに逃れたが、ケニーが生まれる1950年には、果敢にもヒューストンにまた戻ったのだ。

赤ん坊だったケニーがテキサス州にいた期間は短い。生後10ヶ月で再び家族は荷物をまとめると、今度はロサンゼルスを目指し、街の中心部の南に暮らし始める。

でも彼の血にはバイユー［ミシシッピ川下流域の流れの緩やかな小川。ルイジアナはバイユーカントリーと呼ばれる］が流れていた。「僕はクレオールだ」と彼は言う。「僕の中にはイタリア、フランス、アメリカン・インディアン、ドイツが混じってる。アフリカ系アメリカ人ではないが、ハイチ人だ。うちの母さんを見ればハイチだってすぐにわかるよ」。そう語るケニーはすべてを受け止めることが幸せだといった風だ。

南カリフォルニアに育ったが、聴く音楽はルイジアナのものだった。「お袋はいつも踊ってた。毎日がパーティさ。両親が聴くのはそういう音楽。きょうだいが女7人、男3人いたので、それこそありとあらゆる音楽が流れてたよ」。父親は音楽業界で働くポップスやブルース系アーティストのマネージャー／プロデューサーで、1958年に「ロッキン・ロビン」をヒットさせたボビー・デイ、エディ・クリーンヘッド・ヴィンソン［『キドニー・シチュー・イズ・ファイン』］、チャールズ・ブラウン（『メリー・クリスマス・ベイビー』）などを手がけていた。

クレンショー地区でのケニーら兄弟姉妹の暮らしは、音楽への愛で満たされていたという。学校はもちろん、集まれる所ならどこでも集まりドゥワップを歌った。「家には45回転盤が山ほどあってね」とグラッドニーは言う。「ステレオの上にどーんと積み上げ、家に帰ってきた順にどんどんかけてみんなで踊るんだ。お袋はキッチンで料理をしながらも踊ってた。みんないつも踊ってた。そんな毎日さ」

「雨の日はベッドルームにステレオを移動して、姉たちが作ってくれたクールエイド［粉末ジュース］を飲みながら、みんなで母の服を着るんだ。子供だったたんだよ！　ラムゼイ・ルイスとかをかけてたね。それぞれに好きな曲を選び、ロパクで歌うんだ。マリーだけは違った。彼女はめちゃくちゃ歌がうまいんで、レコードに合わせて歌ってた。僕はロパク専門さ」

しかし楽器は弾けた。10歳になる頃には、いろんな楽器を弾いていた。「12歳の時、ベースを始めた。友だちのアーネストとローランドがどちらもギターを弾いてたからなんだけど（後にローランド・バティスタはアース・ウィンド＆ファイアーに加入）、僕に合ってたんだよ。打楽器がやりたかったから、ベースならぴったりだとわかった。モータウンやいろんな曲で聴いてたジェームス・ジェマーソンがお気に入りだった。探せる限りのモータウンのレコードを買ったさ。決定打は『涙をとどけて（Signed, Sealed, Delivered）』［スティーヴィー・ワンダーが1970年に発表。リトル・スティーヴィーから脱皮、飛躍する契機となったアルバム］だ。あのベースを1音残らず弾けるようになりたくて、気が変になるくらい聴いたよ」

ローランドとアーネスト、いとこ、そしてケニーはロイヤル・ミクスチャーズというバンドを結成。13か14歳の時だったはずだと彼は言う。演奏するのはもっぱら家族の集まり。ドラマーを加えたことでバンドは〝ロック〟し始める。「ビートルズからジミ・ヘンドリックスまで、なんでも覚えた」。そして当然ながらモータウンも。

1964年か1965年頃、高校生になったロイヤル・ミクスチャーズはターバンズと名前を変え（「ホエン・ユー・ダンス」がヒットした同名ターバンズとは別のバンド）、パーティや21歳以下専用クラブで演奏するようになる。ここでの経験が勉強になったとグラッドニーは言う。「バンドとしてライヴをやるのがどういうことか、その基本を教わった。レパートリーはあらゆる曲。最終的には『サム・リドル・ショー』の〝ペプシ・ボス・バトル〟にも出場したんだ」。サム・リドルはチャンネル9（とロスのTOP40ラジオ）の大物DJ。スモーキー・ロビンソン&ミラクルズの「ウー・ベイビー・ベイビー」のカヴァーで準優勝したターバンズには、賞金として1500ドル分の貯蓄証券と同額の楽器がフェンダーから贈られた。

16歳を待たずに、グラッドニーは16歳にはかなり大人っぽすぎるアイク&ティナ・ターナーのライヴの仕事を経験した。「友だちがバックバンドの一人だったんで、そいつから〝ベースを弾きに来い〟と言われて行き、仕事をもらったんだ。66年の夏の間のことさ」

その頃には、ワン・フライト・アップというバンドでロスのクラブに出るようになっていた。ケニー・グラッドニーの人生は順調だった、そこそこに。しかし人生は数年後、兄弟の一人のおかげで大きく動き始める。

1969年、ゲイブ・グラッドニーはS.I.R.（楽器レンタル会社Studio Instrument Rentals、リハーサル・スペース業界の新たな基準となるまでに成長した）をケン・ベリー、ドルフ・レンプと設立。そのドルフはケニーと14歳の時からの知り合いだった。ブルース・ロック・バンド、デラニー&ボニーのマネージャーと親しくなったゲイブはバンドのロード・マネージャーになる。1969年暮れのある日、ゲイブから一切れの紙を渡されたとグラッドニーは記憶する。「言われたんだ。〝この番号に電話しろ〟と。かけるとボニー（ブラムレット。デラニーの妻）が出た。しばらく話したよ。次の日オーディションに行き、それから3年半、72年までやったんだ」

エリック・クラプトンとのUKツアーを大成功のうちに終えたデラニー&ボニーだったが、バンドのほとんどを失った直後だった。ファースト・アルバムでキーボードとギターを弾き、デラニーの盟友だったレオン・ラッセルが、ドラマーのジム・ケルトナー、ホーン隊のジム・プライスとボビー・キーズ、ベース奏者カール・レイドル、シンガーのリタ・クーリッジを〝引き抜き〟、ジョー・コッカー率いるマッド・ドッグス&イングリッシュメンのツアーに出てしまったからだ。突如、泣く子も黙るパワーハウス・バンド、デラニー&ボニー&フレンズは、デラニーとボニーとオルガン奏者ボビー・ウィットロックだけになってしまった。ブラムレット夫妻は新メンバーを招集。その中にはギタリストのデュアン・オールマン、コンガ奏者サム・クレイトン、エルヴィス・プレスリー・バンドからベースのジェリー・シェフとドラムのロン・タットがいた。グラッドニーはそのニュー・バンドに混じり『トゥ・ボニー・フロム・デラニー』と『モーテル・ショット』のレコーディングに参加。バンドが、彼いわく「バラバラになり始めた」1972年までいたが、ブラムレット夫婦も離婚。グラッドニーは職を失った。

ここで再び、兄弟のコネに助けられる。「ドルフ・レンプがS.I.R.の練習スタジオから電話をくれたんだ。〝今、リトル・フィートっていうバンドが練習してるんだ。お前ならぴったりだと思う……来いよ、オーディションを受けに〟とね」

リトル・フィートが誰なのかも知らぬまま何本か電話をかけ、最後に話したビル・ペインからオーディションに誘われる。着いてみると、そのキーボード奏者は「ベーシスト探しに気が変になりそうになっていたんだ」とグラッドニーは言う。「そこで彼のすぐ隣に座り、ベースをチューニングし始めた。そしたら彼が〝オーディションなんていいからあとで来ないか？〟って言うんだ。そこでワーナー・ブラザース撮影所の中の大きなサウンドステージに行った。コメディアンのビル・コスビーがクレスト［歯磨き粉］のCM撮影をしてたとこだ。でっかいガランとしたサウンドステージに入っていくと、巨大な歯、そして巨大な歯磨き粉があって、〝ここはどこだ？〟って感じで。隅っこにバンドがいた……僕はそこでローウェルや他の連中と初めて会った。正午くらいだったかな。そのまま5時くらいまでずっとジャムって、全曲合わせたんだ。全部弾いたよ。すると〝どうだ、やれそうか？〟って聞かれたんで〝もちろん。仕事がほしいんだ〟と答えた。〝じゃ、決まりだ〟。ローウェルに言われ、入ることになったのさ」

ここで一つ、グラッドニーは提案した。仲間のサム・クレイトンってやつを聴いてみてくれないか？ リトル・フィートにパーカッション奏者を加える気はなかったが、グラッドニーは言い張った。「やつは俺のパートナーだ。ちょうどデラニー＆ボニーのところを一緒に辞めたばかりなんだ。でも無理ならいいよ。二人して別のバンドをみつけるから心配するな」

サム・クレイトンはリトル・フィートのトーテムポールの中では目立たない男だ。

僕も大勢の寡黙な人間と会ってきたが、クレイトンは寡黙なんてもんじゃない。インタビューはロスで行なったため、彼はサンディエゴから車でやって来た。これが彼のバンドに関する本のためのインタビューで、出版がどうなるのかはまだわからないものの、バンドとマネージメントから協力のOKを取っていることは彼も知っていた。

ところが最初からクレイトンは疑わしげだった。取材部屋に座り、たとえばどこでいつ生まれたのかという基本的な生い立ちについて尋ねる僕は、立ち入ったことを聞くやつという目で見られた。

「それを書かなきゃならないのか?」、生まれ年を尋ねるとこう返って来た。

ただ知りたいだけなんだと僕は答えた。音楽的な年表の中で君を捉えられるように。このアーティストが活躍してた時、どのくらい幼かったのか、もう大人だったのか。たとえばビートルズとかヘンドリックスとかサンタナとか、オリジナル・リトル・フィートとか。

無言で頷くクレイトン。バンドの一員としての応対を期待されていることは彼も知っている。ポツポツと答え始めた。不完全だったり、不本意だったりしながらも、答えであることには変わりない。リトル・フィートのパーカッシヴなリズムセクションにおけるクレイトンの中心的役割を考えた時、彼の答えが持つ意味は大きい。

サム・クレイトンが生まれたのはルイジアナ州コルファックス。そこは彼いわく、中央部の都市アレクサンドリアから20マイルほど北だという。父親は洋服の販売員、母親は看護師だった。クレイトン以外に男一人と女三人のきょうだいで、姉メリー・クレイトンは70年代にローリング・ストーンズのバックヴォーカリストとして一躍名をあげ(「ギミー・シェルター」のあの女性ヴォーカルと言えば分かるだろうか?)、何枚かのアルバムを発表している。

サムの音楽の興味はもっぱらコンガだった。「親父は服のセールスマンをしてて、お袋は正看護師として働いていた。きょうだいは僕以外は男が一人、女が三人。子供の頃からコンガ奏者になりたかったんだ」

なぜコンガだったのだろう？ 12年生［高3］の時に付き合っていたガールフレンドが、レスター・ホートン・ダンス・グループに所属していて、『王様と私』に出演した。そのリハーサルに連れていかれたサム。「そこでドラムを演奏してた男がすごくって。信じられなかったんだよ」

実際、もっと幼い頃から物を叩くのが大好きで、最初の楽器はオートミールの空き缶や鍋やフライパンだったという。7年生［中1］になり、レッスンを受けるとなった時、ドラムからコンガに転向する。「コンガの方が自然に感じられたんだ。自分の体とは違う別の体……まるで肌の上に肌を重ねてるような感覚だった。何よりコンガの音が最高にかっこよかったんだ」

そこにレスター・ホートン・ダンス・グループのドラマーの衝撃が加わり、サムはワッツの自宅で、ウォーターメロン・マンことモンゴ・サンタマリアや、ヴァイブ奏者兼バンドリーダーのカル・ジェイダーのレコードに合わせてドラムを叩き始めた。正直言えば、ビートがあれば誰のレコードでもよかった。「カントリー・ミュージックでだってコンガは叩けたよ。いいリズムなら、何にだって合わせられる」

家の中だけじゃなく、近所でも街中でもビーチでも、ジャム・セッションがあればどこでも出向いた。「必ずいるんだよ、フルートを持ってるやつが」。クレイトンは言う。「もしくはカウベルだったり。そうやって演奏を始めたんだ」

　在日米軍の憲兵隊として兵役を務めたクレイトンは電気機械技師としてダグラス・エアクラフト社で働いていた。クレイトンを含めた従業員が解雇されることになり、歓送会が開かれた。「ロングビーチにあるロシェルズっていう店だ。僕は、どうせ辞めさせられるんだと思いながら店に行った。最後のパーティさ。そこにはコンガが数台置いてあった。同僚が〝お前、叩けるって言ってたよな？　聴かせてくれよ〟と言い出したんだ」。同僚の一人が、こいつを一緒にやらせてくれとバンドに話をする。「バンドは許してくれたよ。どうせみんな酔っ払ってるから、と思ったんだろう。ちなみに僕は酒は飲まない。それで〝1曲だけならやっていい〟と言われ、1曲やった。すると終わるなり〝もう1曲やってくれ〟と。それが終わると〝なんだったら最後までずっとやらないか？　やりたいだけやってくれ〟。もちろんやったさ。あれは最高の夜だった」

　そのバンド、フォーミュラ・ファイヴとリーダーのブレント・シーウェルはクレイトンの将来に大きくかかわってくることになる。サムのコンガの腕を高く買ったシーウェルは、ツアーに出るように勧める。フォーミュラ・ファイヴのギタリストの紹介でデラニー・ブラムレットに会ったサムは、1971年公開、カーアクション映画『バニシング・ポイント』の中でコンガを叩くことになった。主演はバリー・ニューマン、ディーン・ジャガー、クリーヴォン・リトル（盲目DJ役）、そしてバイクに乗ったヌード女性。

　デラニー、ボニー、デヴィッド・ゲイツ（のちのブレッド）、クラウディア・リニア（アイク&ティナ・ターナーのバックコーラス・グループのアイケッツ）、リタ・クーリッジらは旅の一座、クレイトンいわく〝宗教的カルト・バンド〟のメンバーとして出演。ステージに見立てたトラックの荷台の上で演奏する彼ら、［エホバをもじった］J・ホヴァ・シンガーズの後ろ、デニムのオーバーオールでパーカッションを叩くサムが見える。（映画にはもう1曲、ロングブランチ・ペニーホイッスルというフォーク・ロック・デュオの曲も使われている。その正体はJ・D・サウザーと未来のイーグルス、グレン・フライだ）

映画出演後、クレイトンはデラニー&ボニーの、レオン・ラッセルが抜けた後のバンドに参加。そこでケニー・グラッドニーと会ったのだ。そのおよそ1年後、グラッドニーはロイ・エストラーダの後任ベーシストの座を獲得。クレイトンをバンドに引き合わせたが、その時点でポール・バレアが新ギタリストに決まっており、パーカッションを入れるゆとりはリトル・フィートにはなかった。

「なかったんだよ、余裕が」とグラッドニーは言う。でも「サムは僕のパートナーだったからさ」

クレイトンはその時のことをもう少し鮮明に覚えていた。きっかけは彼がバスケットで負傷したことだった。「膝をやられ、膝蓋腱断裂でコンガが叩けなかったんだ。それで（デラニーが）プロレスラーのジェイ・ヨークを呼んできた。そいつはバンドのセキュリティをやってた男なんだが、昔からコンガが叩きたい、教えてくれと言ってきてたんだ。それで教えてたんだよ。結局どういうことかっていうと、怪我をした俺の代わりに、そいつが雇われたんだ。そのことにケニーは頭にきて辞めたのさ」

グラッドニーはクレイトンが1年と間隔を空けずに両膝を怪我し、2度目に負傷したあとにクビにされたことを覚えている。「それでデラニーの兄か弟かどっちか、マネージャーをやってたやつに電話をしたんだ。給料をあげてくれと。ダメだって言うんで〝お前ら、サムをクビにしたよな。俺は辞める〟。そう言って電話を切った。で、言ったんだ。〝心配するな、サム。俺が二人分の仕事をみつけるから〟と」

グラッドニーはクレイトンがデラニー&ボニーの後、クラウディア・リニアとボニー・ブラムレットを入れたバンドを作ろうとしていたと言う。そのことをライター、バッド・スコッパにも語っている。「サムの周りには女の子のシンガーたちが大勢いたので、彼女たちとバンドを作ろうとしてたんだよ。僕はあいつに〝お前はバンドがやりたいんじゃなく、女の子たちといちゃつきたいだけだろう〟と言ってやったよ」。そのことをクレイトンに言うと、そんな気はまったくなかったと答えが返ってきた。

リトル・フィートに加入することが決まった時、彼はクレイトンも一緒にと提案した。「とにかくローウェルに会わせたんだ。ローウェルはあいつのことをたちまち気に入った。ロックしてるやつだったから……」

ところがクレイトン自身は聞いたこともないバンドに入ることにあまり乗り気ではなかったのだ。「やりたくなかったんだ。というのも、彼らよりは有名なシカゴに入りたいと思ってたからさ」。そして実のところ、リトル・フィートとの話が進んでいる時、ドゥービー・ブラザーズからもオファーがあったのだと言う。「裏方だったボビー・ラカインドがコンガ奏者としてやるようになってたんだが、何か理由があって、僕が呼ばれたんだ。グリーク（シアター）でのライブを控えてたのさ。バンドも〝じゃあ頼む〟と言ってくれてたんだが、土壇場でボビーが〝これは俺の仕事だ〟と舞い戻ってきたというわけさ」。というわけで、クレイトンがドゥービーの一員だったのは、ドゥービーの一服《マリファナ》よりも短命で終わったのだった。

ローウェル・ジョージから正式にバンドのオファーをされても、まだクレイトンが渋っていたことをグラッドニーは覚えている。するとローウェルが言ったのだ。迷ってる時間はあまりないんだ。ホノルルのダイアモンド・ヘッドの噴火口で毎年開催されてるクレーター・フェスティバルへの出演が決まっているんだと。「まじか？」。クレイトンは答えたのだった。「ハワイなら行くよ！」

グラッドニーはその時のことをこう覚えている。「クレーターを埋め尽くした4万人を僕らは完璧に魅了した。ローウェルが観客を盛り上げるのがどれだけうまいか、この目で見たよ。あれは大したもんだった。ひとえにローウェルの人格のなせる技だ。こいつといたら金持ちになれると思った。その晩、サムも俺も誓ったんだ。〝このバンドをやめないぞ〟とね」

もう一人、このコンサートに感激した人間がいた。ローウェルの兄、ハンプトン・ジョージだ。ハンプトンはホノルルのヒルトン・ホテル飲食部門のディレクターとして勤務していた。すると突然、ファクトリーをやってた頃から一度も会っていなかった弟から、ハワイに行くよと電話があったのだ。「何枚アルバムを出してるバンドなのか、何も知らなかったけどな」。それで、弟はどうだったのか？　「ぶったまげたよ」とハンプトン。「あいつがあんなにうまいとは思ってもみなかったんでね」

クレイトン、グラッドニー、バレアが加わり、新生リトル・フィートがここに完成。そろそろアルバムを作る時期がやって来た。3度目のバッターボックスに立つべき時がやって来たのだ。

第7章 フィンガーピッキングしたくなる美味しさ

Finger-Pickin' Good

ケニー・グラッドニーをベースに、サム・クレイトンをパーカッションに迎えたことで、リトル・フィートはこれまでにないほど、さらに〝南へ〟向かうことになる。最初の2枚のアルバムに反映されていたのは、ローウェルとバンドが愛するブルース、R&B、カントリー、その他のアメリカン・ルーツ・ミュージックだった。

しかし、そこにルイジアナの激辛ソースがドクドクと血管に流れるパーカッシヴなプレイヤーが二人加わったのだ。さらに信頼のおける新ギタリストの存在によって、ローウェルはボトルネックという新たな担当楽器を思う存分、追求出来ることになった。1973年、リトル・フィートは単に新しくなったのではなく、新たなアンサンブルに生まれ変わったのだ。

4人編成のリトル・フィートはロックとブルースを色濃く感じさせながら、グイグイと押し進むカントリー・ロック・バンドだった。「ウィリン」や「トラック・ストップ・ガール」といった曲で、ラジオ業界が〝アメリカーナ〟と呼ぶことになる音楽の先駆者の地位を揺るぎないものにした。今度はそこからルイジアナへと、セカンドラインのリズムとシンコペーションに乗って進み始めたのだ。もちろん、ルーツ・ロックのベースは忘れることなく。そしてソウルフルな「ロール・アム・イージー」や「オン・ユア・ウェイ・ダウン」、ニューオーリンズのアラン・トゥーサン作のブルージーなナンバーまで、幅広いサウンドはそのままに。「あの頃、僕らが影響を受けていたのはドクター・ジョンとプロフェッサー・ロングヘアだった」とビル・ペインは言う。「あとはヴァン・ダイク・パークスもある程度。ランディ・ニューマンを通じてね」

テッド・テンプルマンにプロデュースを頼むも断られたため（ローウェルによれば「テッドには時間がなかったんだよ。ドゥービー・ブラザーズのヒット・アルバムを作るのに忙しくてさ」）、ローウェルがみずからプロデュースを行なうことになった。

それを知ってもテンプルマンは驚かなかった。『セイリン・シューズ』のレコーディング中から、ローウェルが優れたアイディアと解決能力を発揮し、ミキシングのプロセスに興味を持っている様子なのは見て取れたからだ。「あいつはアーティストよりプロデューサーになりたかったんだと思う、ずっと」。それはローウェル自身も認めていた。「今、頭ん中はプロダクションへの興味の方に向かっている。すごく好きなんだ。バンドも僕にやれると思ったから、やらせてみようと思ってくれたんだろう。レコードを作るのは、演奏するのと同じくらい楽器にまつわることなんだ。録音したギターを再生したあとで好きなように付け足したり、修正したり。演奏してるのと同じなのさ」

新メンバー以外にもローウェルはさらなるヴォーカリストを呼び集めた。その中心はボニー・ブラムレット、ボニー・レイットとトレット・フューリー。彼女たちのコーラスは、タイトル曲「ディキシー・チキン」を始め、「ロール・アム・イージー」「ファット・マン・イン・ザ・バスタブ」など永遠のフィート・ソングに多くをもたらすことになる。バンド――と友人たち――はハリウッドのクローヴァー・スタジオに集まった。

プロデューサーとしてのローウェルが、タイトルマンやテンプルマン以上に自分自身に与えたのはヴォーカリストとしての自由だった。1976年、あるライターとのインタビューでローウェルはこう語っていた。「本当の意味で歌い、マイクなどを使って実験したのは『ディキシー・チキン』が初めてだ。レコーディングはいつも大変なんだ。頭のどこかで予算がチラついてしまう。あれは高くついたアルバムだった。でも作ったものは一生ついて回るわけだし、消えてなくなるものじゃない。ベストを尽くしたいって思うわけさ」

ローウェルが仕切るスタジオでは、リトル・フィートの残りのメンバーたちにも十分な余裕が与えられた。デラニー&ボニーのセッションでは音楽はキッチリと構成されていたとケニー・グラッドニーは言う。しかしリトル・フィートでは「ただ自分はベースを弾いただけだ。それをローウェルは好み、〝今のはいいね。おまえの感じるように弾いてくれ〟と言ってくれた。だからそうしたんだ」と言う。

楽曲の著作権印税に関するバンドのポリシーも、グラッドニーにとっては実にありがたいことだった。『ディキシー・チキン』10曲中7曲はローウェル・ジョージの作詞作曲、もしくは共作であるにもかかわらず、彼は新しいメンバーにこう言ったのだ。「〝著作権は等分する。曲を書いていようがいまいが、全員が分配を受け取るんだ〟と。それがあって、リトル・フィートのことを本気で考えるようになったよ」とグラッドニーは言う。最高な話じゃないか。「おかげで僕には『ディキシー・チキン』以降のすべての曲の著作権があるのさ」

サム・クレイトンはすぐさま自分の叩くコンガやその他の打楽器がバンドになじんだと言う。「リッチーは『コンガは』いらないって言ってたんだよ。でもローウェルが〝いや、あいつ（サム）が必要だ。おまえを抑えとくためにも〟と言ったんだ。僕がどちらかと言うとストレートで、リズムに乗ったプレイをするのをローウェルは分かってた。だから雇ったんだ。リッチー本人にも周りにもそう言ってたよ」。グラッドニーは誇らしげにこう言う。「リッチーには何をしでかすか読めないところがあった。だから入るべくして入ったんだ。連中はなかなか探せずにいたのさ、糸の切れた凧みたいにどこかに行ってしまう彼とプレイ出来る人間をね。でもまさに僕もそういうバンドを探してたんだ」

当然ながら、リッチー・ヘイワードの意見はちょっと違っている。彼には、義理の兄であるローウェルともバンドともなんの問題もなくうまくやっていたと思えていた。そしてフィートが〝南寄りに流れて行った〟ことは、ドラマーとして成長する上でプラスでしかなかったと感じていたと言う。モダン・ドラマー誌のロビン・フランズに「ファット・マン・イン・ザ・バスタブ」がいかに「自分の成長にとって重要な踏み石だったか」を語っている。「あの曲で教えられたんだ。普通の4分の4の拍子ではない、バックビートを楽しむってことを。〈ファット・マン〉がセカンドラインを叩いた初めての曲だ。最初はボ・ディドリー風のストレートなビートで始まる。イントロで聴けるあの感じだ。でも曲が進むにつれ、6回くらい変わって行くんだよ。テンポは一緒だが、フィーリングが全然違うんだ」

サム・クレイトンとケニー・グラッドニーの加入で「みるみるうちにバンドはよくなった」とヘイワードは言う。「アイディアが増え、人数が増えた分、いい意味で互いにしのぎを削れた。グルーヴっていう点でそれからの数年間は、精神的な腕相撲だったよ。異なるバックグラウンドの人間が集まるわけだから、うまくやるには妥協が必要だった。自ら進んで何かをしたこともあれば、不本意だったこともある」
『ディキシー・チキン』のレコーディング中、ローウェル・ジョージがリーダーシップを誇示することは一度もなかったが、ほとんどの曲を書き、歌っていたのが彼だったため、リーダーと見なされていたとポール・バレアは言う。しかしそれがルールだったわけではない。「曲が書けたら誰でも持ってこれた。合わせてみて、みんなが気に入れば……ね。ローウェルの唯一のルールは〝ルールその1、ルールはない〟だった。どんな音楽も試す価値はあったんだ。僕にもっと音楽的に広い視野を持つように促してくれたのは、他でもない彼さ。どれほどそれが役に立ったことか」。それまでロックしか弾いていなかったギタリストに、カントリーやポップスのレコードと「曲は三つのコードだけじゃないんだ」ということを教え、音楽の地平線を広げてくれたのはローウェルだった。そのバレアがビル・ペインと書いた陽気な「ウォーキン・オール・ナイト」は『ディキシー・チキン』にしっくりと収まっている。インスト曲「ファイエット・レイルロード」でも共作者の一人だ。

ローウェル単独で書いた曲は「ファットマン・イン・ザ・バスタブ」「トゥー・トレインズ」「ジュリエット」「ロール・アム・イージー」の4曲。タイトル曲「ディキシー・チキン」はマーティン・キビーとローウェルの二人が1年前、エスプレッソで冴え渡りすぎた頭で『セイリン・シューズ』の曲をひねり出そうとしていた時に生まれた。キビーによれば、ローウェルとの徹夜のソングライティング・セッションを終えてローレル・キャニオンから帰る時、たまたま目にした鶏料理のレストランの看板がインスピレーションだったという。「そこに〝ディキシー・チキン〟と書かれていたんだ。頭の中では、あいつが一晩中ずっと弾いてた〝ダッダッダー〟っていうあのリズムがばかみたいにずっと鳴っていた。家に着く頃には曲が書けてたよ」

残る曲はリトル・フィート以外のソングライターによる2曲だ。「オン・ユア・ウェイ・ダウン」の作者は60年代のヒット曲「マザー・イン・ロウ」で当時知られていたミュージシャン／プロデューサーのアラン・トゥーサン。もう1曲「フール・ユアセルフ」はマルチ・インストゥルメンタル奏者／ソングライターのフレッド・タケットが書いた訓戒を込めた優しげなナンバーだ。1973年当時、タケットには思いも寄らなかったろう。15年後、そのリトル・フィートのメンバーに自分がなっていようとは。

実際、もしレッド・カーペット並みに長いセッション・プレイヤーとしての経歴がなかったなら、フレッド・タケットがリトル・フィートに加入したのはもうちょっと早かったのかもしれない。アーカンソー州ホット・スプリングス生まれのタケットは、オクラホマ・シティ界隈のいくつものバンドでギターを弾いていたが、ある時、まもなく軍隊の召集があるかもしれないとの噂を耳にする。「それで〝やってられるか！　僕は世界に調和し、脱落する（tune in, drop out）［60年代サイケデリック革命の師、ティモシー・リアリーの言葉］〟と地元をあとにしたんだ」。タケットはいくつもやっていたバンドの一つ――4人のフィリピン人から成るバンド――と車に乗り込み、最終的にたどり着いたハワイでバーの専属バンドとして働き始めた。そのバーにたまたま客として来ていたのがジミー・ウェッブだった。タケットは言う。「〈オード・トゥ・

ビリー・ジョー〉を弾いてる僕を見て、声をかけて来たんだ。〝おまえ、ハリウッドに来ないか〟とね」

作曲家は必ずしも顔を知られているわけではない。タケットも声をかけて来た相手が誰なのか、実は分からなかった。「全身真っ白の服で、ドラッグの売人かと思ったよ。ところがそれはジミー・ウェッブだった。ハリウッドに連れて行かれ、グレン・キャンベル［「ガルベストン」「ウィチタ・ラインマン」などウェッブの曲を数多くヒットさせた］とやるようになったんだ。グレンのプロデューサー経由で他のカントリーの連中とも知り合いになったよ」。そしてウェッブを介してローウェルとも親しくなり、ある時はすぐ近所に住んでいたという。

タケットとローウェルは互いの家やウェッブの家を訪れてはセッションをし、曲を交換し合った。その一つが「フール・ユアセルフ」だったのだ。この曲はのちにボニー・レイットも取り上げている。「曲を聴いたローウェルは〝これをレコーディングするよ〟と言ったんだ」とタケットは記憶する。

新生リトル・フィートとローウェル・ジョージは約束通り「フール・ユアセルフ」を『ディキシー・チキン』で取り上げた。「ああ、レコーディングしてくれたんだ。僕もスタジオに顔を出してアコースティック・ギターを弾いたよ」。こうしてタケットは、フィートのレコーディングにいつでも喜んで参上しては援助の手を差し伸べる、彼いわく〝フィート援軍〟の一人となったのだ。

そんな風にクローヴァー・スタジオを訪れる援軍の中には、スリー・ドッグ・ナイトのリード・ヴォーカリスト、ダニー・ハットンもいた。友人だったハットンは、ある晩スタジオで一人作業をするローウェルに会いに来たのだが、言いくるめられ「ロール・アム・イージー」でハーモニーを歌うことになる。ツアーを終えたばかりで喉がガラガラだから嫌だと抵抗したにもかかわらず。「あいつから〝いいじゃないか、ハーモニーを付けてくれよ〟と言われ、一回やったんだが最悪だったんだ。なのにあいつは〝最高だ。お前、ひでえな、最高だよ〟って。それで終わり。ワンテイクさ。あの曲での俺の声は、まるでどこかのじいさんみたいだ。あいつは何が必要か分かってたのさ」

＊

フィート援軍の中にはリンダ・ロンシュタット、エミルー・ハリス、そしてボニー・レイットもいた。同じワーナー・ブラザース所属アーティストだったボニー・レイットはリトル・フィート同様、チャートでのヒットに恵まれず、ローウェル同様、スライドギターを弾き、ブルースを愛していた。二人はその少し前に出会っていた。女性シンガーソングライター、トレット・フューリーのファースト・アルバム（ファクトリーがかつて所属したユニ・レーベルからリリース）をローウェルがプロデュースをした時だ。ローウェルにとってはGOTs以来となるプロデューサー業だった。ボニーはバンド、ファニーを通じてトレットと知り合いだった。ファニーを率いるジューン＆ジーン・ミリントン姉妹のジーンが、トレットの恋人だったからだ。ジューンから早い段階で「セイリン・シューズ」を聴かされていたボニーは聴いた瞬間、リトル・フィートのファンになったと言う。「ブルースの曲にローウェルがやっていることと言ったら、私には夢のように思えたわ。彼とビルが生み出す音楽の語彙は本当に洗練されてて、〈テキサス・ローズ・カフェ〉にはラテンのフィーリングもあって、これは絶対彼に会わなきゃ、そう思ったのよ」。こうしてトレットのアルバムのバック・ヴォーカルに参加したボニーはローウェルと会う。「すぐに通じ合うものを感じたわ」。その言葉から、二人の関係が音楽以上だったことは明らかだ。「セクシーだったわ。それまでに会った男の人の中で誰よりも一番魅力的だった。ぞっこんになっちゃったの、私」。彼が彼なりの形で自分を貫く男だったことを、その時まだボニーは知らなかった。1972年当時、ローウェルは法律上ではパットと夫婦のまま別居しており、エリザベスとすでに暮らしていた。ボニーは言う。「結婚してることをあえて口にするのを怠ったのよ」

そうとは知らなかった彼女は公私混同と言えなくもない行動に出た。『ディキシー・チキン』でヴォーカルに参加したのち、次の自分のアルバムはローウェル・ジョージにプロデュースしてほしいとワーナー・ブラザースの副社長に直談判したのだ。だがフィートはアルバム後のツアーで忙しいと言われたボニーは提案する。それなら私をそのツアーに入れて。セカンド・アルバム『ギヴ・イット・アップ』の東海岸ツアーを終えた直後だったにもかかわらずだ。そしてツアーが終わったあとで、アルバムをプロデュースしてくれればいい。ライヴには定評があったボニーにしてみれば、同じ地域を二度回ることになんの不安もなかったのだ。「それでもう一度ツアーに出たの。リトル・フィートをオープニングに。マクシズ・カンザス・シティ［NYの伝説のライヴハウス／アーティストの社交場］にも出たわ。フィリー［フィラデルフィア］、DC、ボルティモアに連れて行ったのも私。その後、彼らの最も熱心なファン層を確立した都市よ、どれも」

　フィートもやれる限りのことはやっていた。いくつかの都市では『ディキシー・チキン』にちなんだコスチュームでラジオ局を訪れたのだ。ポール・バレアはそんなアトランタでのプロモーションを覚えていた。「ローウェルは鶏の着ぐるみ、僕らは給仕の制服で、ラジオ局巡りをしたんだ。行った先々で配るのは、ケンタッキー・フライドチキン。容器には『ディキシー・チキン』のジャケットと、ケンタッキーの謳い文句をもじった〝指でピック《フィンガーピッキング》したくなる美味しさ〟［本来は指まで舐めたくなる美味しさ］」。ローウェルが鶏の着ぐるみの頭をかぶるのを嫌がったので、バレアが給仕の格好に頭だけ鶏をかぶり、クレイトンたちは紙の帽子、ヘイワードはトップハットと白い上着とスカーフの〝ミスター・ロックンロール〟。

「そんな格好で僕らはバカを演じてたんだ」とバレア。「そしたらレコード店に商品が並んでないことが分かってさ。ローウェルはかんかんに怒って、担当者を怒鳴りつけていた。こんなことはやってられない、もうやめるとその時点で言ったんだ」

　ワーナー・ブラザース上層部は謝るしかなかった。さすがの彼らも、すべての街の店舗までは管理し切れていなかったのだ。「本来されるべきマーケティングが十分にはされていなかったんだ」とコンサートのブッキングを手伝っていたカール・スコットは言う。「ツアーに出るのは、客にバンドを見せることが何よりの目的だった。今とそう変わらないわけだけど、スケールはずっと小さかった。大学とか小さなクラブを回るいわゆるサーキットだ。それが僕の仕事だった」

街のレコード店にレコードが置いてなかった件に関して、リトル・フィートを契約した張本人、未来のワーナー・ブラザース社長レニー・ワロンカーは、何をオーダーするかは小売店が独自に決めるので、売れそうなビッグネームを選ぶのが一般的だと言う。「売れてる人間は」とワロンカー。「自分のレコードが置いてあるか、店に見に行くなんてことはめったにしない。うまく行ってない人間はそういうことが気になってくるんだ。彼らの言い分が正しいことも多い。でも正しくないこともあるんだ。入荷待ちってこともあるからね」

ローウェルは事情を理解した。ビジネスの仕組みを彼も学んでいたところだったのだ。「過去に僕らが成功しなかった責任はどっちみち自分たちにあったんだ。僕らは一度として、タイミングを考えてオーディエンスの前に姿を見せる努力をしなかった。レコードを作ってリリースしても、それから3ヶ月してようやくツアーに出るのでは、せっかく最初にプッシュした分が無駄になりセールスは追いつかなくなる。チャートに入らなきゃ、田舎街の購買者たちが買うわけがない。レコード会社もビジネスだ。商品があってもあまり売れ行きがよくないんだとしたら、100万ドルかけてプッシュでもしない限り、売りようがないのさ。だから誰もが、僕らが解散するんじゃないかとビクビクしてたよ」

それは実のところ、ローウェルが鶏の着ぐるみの下に隠し持っていた一つの選択肢ではあったのだ。

ロサンゼルスに戻ったローウェルはボニー・レイットのアルバム『テイキン・マイ・タイム』のレコーディングに取りかかっていた。しかし仕事を全うすることはなかった。アルバム・リリース後のあるインタビューでボニーは、ローウェルとの「関係が深まりすぎて、目的意識が持てなくなった」と話している。僕とのインタビューでも、彼女はリズ・ジョージへの気遣いから言葉を注意深く選びながら語ってくれた。「気持ちの面でちょっと複雑になりすぎてしまったのよ」と。ローウェルが既婚者だと知ったボニーはポール・バレアと付き合い始めた。「それをローウェルは嫌ったの」。スタジオ内もピリピリしていたという。「彼がいろんな曲でスライドを弾きたがったのよ。もちろん彼の弾くスライドは大好きだけど、私に弾かせてくれるべきじゃないかと思ったわ。そのあたりから気持ちがすれ違うようになってしまったというわけ」

結局、ボニーはプロデューサーにオーリアンズのジョン・ホールを迎え、アルバムを完成させた。参加したのはポール・バレア、サム・クレイトン、ビル・ペイン、ヴァン・ダイク・パークス、そしてギターとスライドを弾いたローウェル・ジョージ。つまりはリトル・フィートのほぼ全員、言うならば、ボニーの援軍だ。評論家からも高い評価を得たアルバムは、ビルボードTOP100入りを果たした。

しかしリトル・フィートはというと、未だチャート入りが叶わずにいた。前2作に続き、またしても『ディキシー・チキン』は期待ほどのセールスをあげることが出来なかった。バレアによれば、売れたのは3万枚程度。『セイリン・シューズ』の初回出荷枚数の倍以上だったが、それでも数字としては多い方ではない。ローウェルによる、リトル・フィートとしてこれまで最も優れた楽曲が生まれ、ツアーにも出て、フライドチキンがラジオDJたちに配られ、レビューはどれも好意的だったのにだ。

ローリング・ストーン誌のバッド・スコッパの記事は、ほとんどバンドの救済を読者に訴えていた。「真に大胆で独創的なバンドは、リトル・フィートがいればそれ以上はいらない。今いる彼らを僕らは支えなければならないのだ」。かつてザ・バンドやストーンズを彷彿とさせたフィートからは多少違うところにいる彼らだが、未だにその比較は妥当だとスコッパは書いた。特にストーンズとは。「こんな噂もあるくらいだ。おそらく孤独なリトル・フィートの熱狂的信者がでっち上げた話だろうが、それはこんな噂だ。ミック・ジャガーが『メインストリートのならず者（Exile on Main St.）』のレコーディングでロサンゼルスに着いて、まず最初にリクエストしたのが〝リトル・フィートのLP一式を揃えろ〟で、彼はそれらを大いに気に入ったという。実際、『メインストリートのならず者』には、リトル・フィートばりの、濃密で、激しく横揺れする、ほとんど制御不能なフィーリングを感じさせる曲が何曲もあるではないか」

そしてまるでそのお返しをするかのように、ストーンズの最新作を彩っていたのと同じいくつもの要素が『ディキシー・チキン』には詰まっている。ロック評論家、スティーヴ・ストルダーはこう言う。「多くの意味で『ディキシー・チキン』は、ローリング・ストーンズが一年以上前に発表した『メインストリートのならず者』の遠い親戚のようだ。ストーンズの大作ほどの広がりはないものの、目立つ部分では負けじと目を見張るばかりだ」

こうしてプロデューサーとしての実力を証明したローウェルだったが、またしてもバンドを赤字からは救えなかった。そうなると、どれだけスタジオでのふるまいが無謀だったかということだけが取り沙汰される。しかし実際、ローウェルはよくやっていた。人数が増えたバンドでそれぞれのミュージシャンのベストの演奏を引き出すべく、十分な自由を許した。提供した曲はこれまで以上に強力だ。ミキシングのクルーやスタジオ機材も最大限に利用した。その一方で、ローウェルが消火器をぶちまけながらメンバーをクローヴァー・スタジオ中追い回し、おかげでコントロール・ボードがぶっ壊れ、丸一日使用不能になった話などの逸話にも事欠かない。当然ながら、そこにはドラッグがかかわっていた。

ローウェルとは長い付き合いで、一緒に曲を書いてきたマーティン・キビーは、ローウェルがフランク・ザッパから受けた影響の大きさを認める。マザーズはローウェルの趣味から言えば、あまりに独裁的で要求が多すぎたかもしれない。だが、ローウェル自身、仕切るのが好きなのだ。仕事への意識、ワーカホリックと言えるほどに何時間もスタジオにこもり、曲を書き、演奏し、編集し、完璧なミックスを追求するザッパの姿勢をローウェルは尊敬していた。最新テクノロジーであれこれとやるのも好きだった。

しかし二人の間には大きな違いがあったとキビーは言う。「フランクは何事にも献身的に打ち込み、よく働き、いい加減なところは一切ない男だ。バンドをやっていく上での模範として、それはローウェルが目指すものだった。ただ、彼がその器じゃなかったんだよ。ビル・クリントンに軍を動かせと言ってるようなもんだ。それで言ったら、フランクはコリン・パウエル［元アメリカ国務長官］タイプの男だったからね」

ではローウェル・ジョージはどうだったのか？　ファクトリー時代からフィートを通じて、その後も、ずっと彼のロード・マネージャーだったリック・ハーパーは「〝快楽主義〟っていう言葉を辞書で引いたら、ローウェルの写真が載っててもおかしくない」と言う。彼を親しく知る者の中には、それが様々な薬のせいだと信じる者もいる。精神と肉体、その両方の痛みを和らげる薬だ。「あいつは、あの時代のカルチャーの犠牲者さ」と言う友人もいる。時にはただハイになりたいがためにハイになっていた。ダニー・ハットンがローレル・キャニオンに持っていた〝パーティ専用の家〟のローウェルは常連だったと言う。「ものすごい量のコカインを摂取してた。なのになぜかどんどん太っていったんだ」

友人の中には、ローウェルのおかげで大金を払わされた者もいる。『セイリン・シューズ』の「ティーンエイジ・ナーヴァス・ブレイクダウン」はほとんどキビーが書いていたにもかかわらず、名前をクレジットされていなかった。その不満をキビーは漏らした。ちょうど「ディキシー・チキン」を書いていた時だ。するとローウェルも不満でやり返したのだ。もともと〈ティーンエイジ〉は「ひどい曲だったじゃないか」と。

「そんなある日」とキビーは言う。「彼が紙袋に入った現金1万ドルを持って現れた。そして〝僕らの曲をカヴァーしたグループがいてさ、アイルランドのグループだ。1万ドルが入った〟って言うんだ。〝じゃあ、半分くれよ〟って言ったんだけど、〝最高のプエルトリコ人の売人を知ってる。これ全部を注ぎ込もうぜ〟と言われ、結局コカインをしこたま買ってしまった。あまりにラリっちゃったんで、リズに隠しておいてもらったんだ。その時が僕は最後だったよ……ちなみに［カヴァーしたアイルランドの］グループ、とあいつが言ってたのは、ナザレス［スコットランドのハードロック・バンド］のことだったんだけどね」

幸いにも「ディキシー・チキン」はローウェル・ジョージ／マーティン・キビー楽曲の中では、人気曲の一つとなる（二人の共作曲は「ティーンエイジ～」「ディキシー・チキン」以外にも「イージー・トゥ・スリップ」と「ロックンロール・ドクター」がある）。「ディキシー・チキン」はジョン・セバスチャンにカヴァーされただけでなく、テキサスとの州境のルイジアナ出身ブルース／カントリー／ジャズ・アーティスト、クラレンス・ゲートマウス・ブラウン、兄のジェイムスにも劣らぬ才能の持ち主リヴィングストン・テイラー、ミネソタ州のルーツ系ジャム・バンド、ビッグ・ウー［Big Wu］その他5～6アーティストがカヴァーしている。中でも最も驚かされたのは、ジャック・ジョーンズのカヴァーだろう。そう、「素晴らしき恋人たち」や「ディア・ハート」、TVシリーズ『ラヴボート』の主題曲で知られる、あのジャック・ジョーンズだ。

実際、ジョーンズのヴァージョンからは曲に対するリスペクトが感じられ、ローウェルもラジオのインタビューで絶賛している。「奇妙な話だが」とビル・ペインは言う。「あれによって、僕らがやっていたことが正当化されたんだ」。ジョーンズは原曲に忠実だった。彼がいわゆるクルーナー［スタンダード曲を甘い声で歌うような男性シンガー］と呼ばれるジャンルのヴォーカリストだったことを考えれば、ビル・マレーあたりが演じるラウンジ歌手のパロディのようになってもおかしくなかったわけだが、そこを真っ当に歌っているのだ。〝ロック〟こそしてなかったかもしれないが、プロデューサーのリック・ジャラードが施した南部のテンポとホーンの上を、〝ロール〟していた。そのジャラードは、ニルソン、ホセ・フェリシアーノ、ジェファーソン・エアプレーンなどの手堅いプロデュースで知られている。ジョーンズが歌う「ディキシー・チキン」を収めた1977年のアルバム『ウィズ・ワン・モア・ルック・アット・ユー』には、ボビー・チャールズ作曲の「ザ・ジェラス・カインド」のカヴァーも収録されていた。

ワーナー・ブラザースは「ストロベリー・フラッツ」「イージー・トゥ・スリップ」に続くサード・シングルに「ディキシー・チキン」を選んだ。「〈ディキシー・チキン〉みたいな曲で売れたらいいなと期待してたよ」とバレアは言う。「もちろん他にもシングルっぽい曲はある。例えば〈トゥー・トレインズ〉とか。でも僕がリトル・フィートの音楽の何が好きかっていうと、タイムレスだっていう点なんだ。ところがそれが問題なんだよ。タイムレスってことは、今流行ってるものに乗っかれないということだ。その時のホットなシーンの仲間には入れないのさ。マーケティングの人間にとっての悪夢だったろうね」。しかも、とペインも言う。「曲はコード、ヴァース、ちょっとしたブリッジなどの要素を備えてたけど、演奏されるのはニューオーリンズのスタイルだった。それではヒットするゾーンからは外れてるからね」

世間は商業的成功を過大評価しすぎているとローウェルも何度か発言している。それでも、彼はヒット曲を書こうとしたのだ。「イージー・トゥ・スリップ」から始まり、「セイリン・シューズ」もだ。バンドに対して、これから自分はヒット曲だけを書くと宣言したこともあった。ワーナー・ブラザースの望み通りにヒットを出し、金を掻き集めると。

そう宣言したことで、彼は、そしてバンドはどうなったんだろう？　と僕はビルに聞いた。

数秒間、彼は黙った。「本当にあいつに出来るかな？　って思ったってことかな」

❖『ディキシー・チキン』

第 8 章　フィートはしくじらない

Feats Don't Fail

それはまるで、アルバムにまつわるワーナー・ブラザースのマーケティングとプロモーションの落ち度に対する不満を、ローウェル・ジョージが義理の弟に向けたかのようだった。『ディキシー・チキン』の売り上げが前作を上回ることがないとわかるや否や、ローウェルは他のメンバーを言い含め、リッチー・ヘイワードをクビにすると宣言したのだ。

ここに家族内の問題は何も関与していない（というか、1974年はじめまでにはローウェルとパット――リッチーの妻であるパムの姉――との結婚生活は、事務処理はまだだったものの事実上は終わっていたのだ）。問題はヘイワードの仕事と態度だった。

「リッチーとローウェルは本当の義兄弟だったからね」と言うのはケニー・グラッドニーだ。「しょっちゅう言い争ってたよ。ローウェルにはリッチーに対して、こう叩いてほしいというのがある。リッチーは叩くことは出来ても、同じことが二度は叩けない。すごいことをしても自分では何をやったか覚えていないという、いわゆるアーティスト・タイプなんだ。実際に絵も描く。概念自体が違ってて、それがローウェルの気を変にさせる理由だったのさ」

2010年、ヘイワードの死後に出た記事でビル・ペインはこう語っている。「少し抑えて普通のグルーヴを叩いてくれと言われ、えらい剣幕で怒ってたよ。そこでローウェルが〝こうなったら違うやつを入れよう〟と言い、僕らもなんとなく、それに従ってしまったんだ」「そうなるべきではなかったと思う。でもあの時、誰一人としてリッチーの味方をしようとしなかったんだ」

そこでバンドが引っ張ってきたのは、アース・ウィンド&ファイアーのモーリスとヴァーディーン・ホワイト兄弟の末っ子で、ダニー・ハサウェイのドラマーだったフレッド・ホワイトだ。ライヴの経験も豊かなフレッドはリトル・フィートのセッションで叩くようになり、ビル・ペインのジャジーなナンバー「デイ・アット・ザ・ドッグ・レース」の完成にも一役買った。この曲は将来アルバムに入ることになる。

ホワイトを迎えたフィートは、バーバンクのウエスト・カフエンガに新たなリハーサル・スペースを見つける。このスペースと新しく入った若きドラマーが生み出すビート、それと〝とりあえずやってみよう〟というオープンさに助けられ、ローウェルの「スパニッシュ・ムーン」は出来上がっていったのだとサム・クレイトンは言う。「僕がビートを叩いているところにローウェルがやって来て〝そのままで——そこにこう弾いてみろ〟。そう言うとケニーにベースラインを弾いて見せた。そしてその上に「こんな曲どうかな」とローウェルが弾き始めた。そうやって出来たのさ。楽しい時間だったね」

ところがホワイトの在籍期間はものの数ヶ月で終わることになった。ローウェルがバンド自体が終わりだと言ったからだ。ジグザグ誌のアンディ・チャイルズにローウェル・ジョージはこう語っている。「二日間くらい僕らは解散した。ビルに電話をして言ってやった。〝お前はクソッタレだ〟。〝ファック・ユー〟。で、ガシャン」。ビル・ペインもその通りに覚えていた。「お互いに言い合ったんだ。〝どっか行け！〟ってね」

そんな風にやり合うのは日常茶飯事だったとペインは言う。「意思の疎通がないことにすごくイライラしてたんだ。僕らは一緒に曲を書こうとしていた。でもローウェルは一人でやりたがった。それはそれで構わないし、分からなくもないよ。むしろ問題は方向性だった。いつも思ってたよ。これがリハーサルなのか？　あいつは協力的なのか、それとも進行を妨げる無理難題をあえてふっかけてるのか、どっちなんだ？　と」。ペインによれば、ローウェルはリハーサルが嫌いですっぽかすこともよくあったらしい。コミュニケーションが取れず、方向性も見えなかった理由はごく簡単なことだとペインは言う。「ハイだったんだよ」。でもそれはローウェル・ジョージに限ったことではない。「そういう時代だったってことさ。僕らの問題はその量が多かったってことだね」

数日後、二人は元どおりに話していた。ローウェルはこんな風に覚えている。「こっちから電話をして謝ったんだ、〝悪かったよ〟って」。でも実際は、とローウェルは続ける。「ちょっと話を大きくしちゃってるな。本当のところはこうさ。僕らがやってることはデッカいお遊びみたいなもんで金になっていなかった。こんなんじゃ、僕ら食って行けない。それで何か新しい手を考えるまで、仕事を探した方がいいんじゃないか？　と言ったのさ。もしくは、マネージメントやレコード会社の関係者を全員をリトル・フィートという大見出しの下に集めるか。そのどちらかだと」

ローウェル・ジョージを悩ませていた原因はバンドの稼ぎだけではなかった。1973年末には、相棒であるヴァン・ダイク・パークスに次のアルバムの共同プロデュースを頼みたい旨を口にし、さっそく二人は「スパニッシュ・ムーン」に取りかかり始めていた。するとすぐに問題が発生したのだ。

ローウェルはこう記憶する。「ヴァン・ダイクにやりたいかと尋ねた。そしたらワーナー・ブラザースに反対され、大揉めに揉めることになってしまった。ヴァン・ダイクはレコーディングに金をかけることで有名なんでね。彼は続けようとしてたが僕らは行き詰まってしまい、解散してしまったんだ」

そうなっても、メンバーたちはセッションの仕事に困ることはなかった。ビルはドゥービー・ブラザーズのツアーに参加し、一時はグループ加入も考えた。バレア、グラッドニー、クレイトンはレゲエ界のスター、ジョニー・ナッシュのアルバムに参加した。そしてローウェルには、英国人ロック／ソウル・シンガー、ロバート・パーマーがニューオーリンズでミーターズ［アートらネヴィル兄弟を中心としたインスト・ファンク・バンド］をバックに作るというアルバム『スニーキン・サリー・スルー・ジ・アリー』のレコーディングへの声がかかる。リトル・フィートでもニューオーリンズにどっぷりのアルバムを作ったローウェルにはまたとない、現地のレコーディング・スタジオでのチャンスだった。しかも、最高にクールなミーターズとだ。さらに、パーマーがコンテンポラリーなヴァージョンにして取り上げたのは「セイリン・シューズ」だったのだ。その後も、ローウェルはアラン・トゥーサンがプロデュースするミーターズの『リジュヴィネイション』に参加するなど、エールの交換は続いた。さらに1975年には再び、今度はリトル・フィート全員が参加しての、ロバート・パーマーのアルバム『プレッシャー・ドロップ』のレコーディングが行なわれた。

パーマーとミーターズとのニューオーリンズ滞在中、マネージャーの一人であるボブ・カヴァーロがローウェルに言った。「すぐにでも使えるリーズナブルな金額のスタジオがあるよ」。何よりもいいのはハリウッドから遠く離れていることだ。「やってたことの手が止まったよ。〝それだ、決まりだ!〟ってね」とローウェルは言う。

ラヴィン・スプーンフルのベーシストだったスティーヴ・ブーンが手に入れたそのスタジオは、メリーランド州ボルチモア北部の郊外ハント・ヴァレーにあった。ブーンはそこをブルー・シー・スタジオと名付ける。カヴァーロのおかげでリトル・フィートがその第1号クライアントとなる。「1ヶ月5000ドルで借し切りで使えることになったんだ」とバレアは言う。「つまり、1万1000ドル払えば、何十億時間分だよ」

さらによかったことには、スタジオのコンソールの設計者でローウェル・ジョージとはいくつかのプロジェクトで顔見知りだったジョージ・マッセンバーグがスタジオとセットなのだ。その後のリトル・フィートのアルバム、プラス、ローウェルのソロ・プロジェクトはすべて彼が手がけることになる。

新たなフィートのアルバム・タイトルは、収録曲の1曲から取り『アメイジング!(Feats Don't Fail Me Now)』になった。といっても、曲の方は同じタイトルながらスペルがFeatsからFeetsに変わった「頼もしい足(Feets Don't Fail Me Now)」(作詞作曲ジョージ/キビー/バレア)だ。「まさに歌われてる通りの内容さ」とバレアは言う。「ローウェルはこう歌ったんだ。〝これで決まる。沈むか、泳ぎ切るか「このアルバムでフィートの運命は決まる」〟とね」。こうしてリトル・フィートは再結集し、リッチー・ヘイワードも元の鞘に収まったのだった。

この時、ローウェルはフレッド・ホワイトを戻すことも考えていたらしいが――「二人のドラマーっていうのが昔から好きだったんだよね」――最終的には元のヘイワードとグラッドニー、クレイトンのリズム隊に収まった。

リッチーも戻れたことを喜んだ。これまでも――そしてこれからも――いろいろとあるであろうことは承知の上で。「リトル・フィートの中には、どうしようもない性格の不一致が存在していて、それはやりづらくもあるが、同時にレコードでも聴いて取れる〝いい意味での〟緊張感を生んでいるんだ。ローウェルの方向性もビリーの方向性もどちらも好きだったから、僕はバンドの〝ガス抜き〟的な役回りを演じた。全部自分が受け止めることでバンドを守ろうとしていた。そうじゃなかったら、その場で終わってたと思うからね」

＊

エリザベス・ジョージはメリーランドで過ごせたことはバンドがハリウッドを断ち切るいい機会だったと言う。「離れられたのはよいことだったわ。そのくらいバンドは一触即発の状態だった。ハリウッドが及ぼすのはよくない影響ばかり。田舎に引っ込めたことで、みんな楽しく過ごせたのよ」

その一触即発の状態は、実はリズとローウェルの関係にも言えることだった。だがそれ以上、彼女が語ることはなかった。「私生活に関しては、守りたいのよ」とリズは言った。「だって、それしか私には守れるものがないから」

1974年の春、リズは身ごもっていた。「イナラが生まれる寸前だったわ。予定日は6週間後。子供たちを小さな車に積んで横断したの」。子供たちとは、トム・レヴィとリズの息子ジェドとローウェルとパットの息子ルークだ。どちらも5歳くらいだった。

「コッキーズヴィルに小さな家を見つけ、そこで暮らし始めた。家具はすべてレンタル。出産のための主治医も新しく見つけたわ」。娘はとある友人にちなみ、イナラと名付けられた。リズいわく「ものすごく才能ある美しい女性。クラシック・ピアノの奏者。自堕落に生きてた人でとにかく名前が好きだったの。大きくなったら、彼女みたいになってほしいという願いを込めて。あ、自堕落にっていうのだけは除いてね」。イナラ・ジョージは1974年7月4日に生まれた(リズとローウェルが出産でコッキーズヴィルの家を空ける間、近くに住んでいたマッセンバーグはルークとジェドのベビーシッターをしたという)。イナラのミドルネームが決まるのは、それからしばらく経ってからのことだ。アルバムが完成し、リトル・フィートはツアーに出ていた。「旅先からローウェルが電話をしてきて言ったのよ。〝みつけたよ、あの子にぴったりのミドルネームを。メリーランドだ〟ってね」

メリーランド州ボルチモアはフィートの他の何人かのメンバーにとっても、いい思い出を呼び起こす場所だ。ブルー・シーズでレコーディング中、ビル・ペインは未来の妻フラン・テイトと出会う。フランはレコーディング・エンジニア兼シンガー。フィートのアルバムにも、エミルー・ハリス、ボニー・レイットとともにバック・ヴォーカルで参加した。ポール・バレアも近くのタウソン出身デビー・ドノヴァンと出会い、短期間に終わったものの結婚した。ロサンゼルスでは「何もかもがトゥマッチだった」とバレアは言う。「突然、リトル・フィートの世界に放り込まれたわけだから。結婚生活はわずか2年で終わった。でも結婚する1年くらい前から同棲していたんだ。その頃が一番幸せだったかもな。ローレル・キャニオンの小さなアパートでサム［クレイトン］の隣に住んでいたんだ」

エリザベスとローウェル・ジョージが結婚をするのは1976年。二人にはまだ乗り越えねばならないいくつかの山があったのだ。メリーランドにこもる前、バンドはヴァン・ダイク・パークスが手がける「スパニッシュ・ムーン」のために、サンセット・サウンド・スタジオの姉妹スタジオであるサウンド・ファクトリーに集結した。レコーディングの締めはオークランドのソウルフルなアンサンブル、タワー・オブ・パワー・ホーンズを迎えてのオーバーダブ作業だ。

サックス奏者であり、タワー・オブ・パワーのオリジナル・メンバーの一人であるエミリオ・カスティーヨは、リトル・フィートのことを、同じワーナー・ブラザース・レコード所属アーティストとして名前を知っていたにすぎなかった。

ヴァン・ダイク・パークスと会ったカスティーヨは思ったという。「あんな変わったやつは、世界広しと言えどもお目にかかったことがない。トリップしてて、変な言葉で喋るやつだった」。ホーン・セクションのアレンジャーのグレッグ・アダムスもその通りだと言う。「エキセントリックな男だったよ。変人と呼ばれる一歩手前。とても頭の切れる、そして深く考える人間だった。いつも口ひげを指でクルッと回していたよ」

カスティーヨはパークスに聞いたのだという。「スパニッシュ・ムーン」では何が求められているんだ？「彼は言ったんだ。〝この曲にアプローチするにあたって君に考えてほしいのは、古くて赤い納屋の外に自分が立っているというイメージ。そこに君は牛糞を投げてるんだ〟。僕は言った。〝分かった。それはどうでもいいから、とりあえず曲を聴かせてくれよ〟」。そう言いながら、カスティーヨは思い出し笑いをしていた。「そして聴かせてくれたのは……未だに、あのままでリリースしてくれたらよかったのになと思える〈スパニッシュ・ムーン〉だ。最終的にレコードになったヴァージョンでのローウェル・ジョージはそんな風には歌っていない。オリジナルでのヴォーカルはもっとずっと低くて、一物を抱えてる風だった。ものすごいソウルフルで、グレッグ・アダムスの（ホーン）アレンジは、聴いたことがないくらいクールだった。最高速度でぶっ飛んでくくらいにね。とにかくこれはすごいって思った。スタジオを終えて帰ってからも〝リトル・フィートときたらすげえよ、あいつら！〟とそればかり。スローでファンキーでソウルフルな曲に、心惹かれずにはいられない歌詞。最高だったよ」

リトル・フィートとのたった1曲に終わったレコーディングを、ヴァン・ダイク・パークスはクロウダディ誌（1979年4月号）のデイサン・マクレーン相手にこう語っている。「ローウェル・ジョージは当時リンダ・ロンシュタットと付き合ってた。二人はすごく親しかった。突然スタジオからいなくなるんだよ、ローウェルが。僕は一人責任を負わされ、そこに取り残された。で、ようやく戻ってきたと思うと、一枚刃のカミソリを持ってあいつのことを追い払わねばらならない状況になっていたんだ」

その数ヶ月前にローウェルと会ったロンシュタットは「ウィリン」を教えてもらおうとして、うまく行かなかったのだと言う。「彼がリズムのアレンジを変えてしまったから、私にはうまく歌えなかったのよ」。実際、彼女にはちゃんと歌えていた。才能を見出し、励ますのが好きなローウェルはそう彼女に告げた。「でも私は信じなかったの。彼が私をうまいシンガーだと思ってくれているとは。自分じゃそう思ってなかったから。今もよ。でもローウェルは素晴らしいシンガーだった。ただうまいんじゃない、本当に素晴らしいシンガー。とにかく尋常じゃないテクニックとうまさを誇っていたわ」

ローウェルの見た目にも彼女は惹かれたと言う。「とっても魅力的。いわゆる顔のきれいな男の子っていうタイプじゃ全然ない。でも私はそこがよかったの。見てるだけでね、あの大っきな茶色い瞳を。一般的にハンサムって言われる男じゃないけどね」

親しくなった二人。ロンシュタットはローウェルをいろいろな音楽業界の人間に紹介した。その一人マッセンバーグはローウェルのエンジニアとなり、スタジオでの師匠、友だちになった。「彼（マッセンバーグ）はローウェルを気に入り、ローウェルは彼をロサンゼルスに連れて帰って来た。そしてレコーディング・スタジオを建てたの。コンプレックス・スタジオよ」

ロンシュタットはちょうどメリーランド州シルヴァー・スプリングスのトラック・レコーダーズ・スタジオで、マネージャーであるピーター・アッシャーのプロデュースのもと『悪いあなた』をレコーディングしていた。そのエンジニアだったのがマッセンバーグだ。マッセンバーグは「キープ・ミー・フロム・ブローイング・アウェイ」でギターを弾くためにやってきたローウェルのことをこう覚えていた。「白いオーバーオール、ツバのついた帽子をかぶって、濃いヒゲを蓄えてたよ。あいつとはすごく気が合った。話がうまいやつで実に賢い。お前の仕事ぶりが気に入った。一緒に俺とやらないか？　と聞いて来たんだ」

この頃にはすでにトレードマークである白のオーバーオールをステージの上でも、ステージを降りてからも愛用していたことになる。ダニー・ハットンも言っていたように、ローウェルは「大量のコカインを摂取していたのになぜか太り続けていた」のだ。

「間違いなく体重のせいだと思うよ」とビル・ペインが言うように、オーバーオールの方がシャツとスラックスよりも楽だったからだろうとフレッド・タケットも言うが、ポール・バレアの言い分はもう少しあっけらかんとしている。「あれならどんなホテルのランドリー・サービスでも一発で洗ってくれるからさ」

3月のその日、ローウェルとロンシュタットはメリーランド州ベセスダの、ワシントンDCを中心としたメトロポリタン地区をカバーするロック系FM局WHFSに出演した。DJサーフによれば、そこはリトル・フィート支持層の基盤だ。ローウェルとロンシュタットは数人の友だちを同行して、局を訪れた。ブルーグラス・バンドのセルダム・シーンのメンバー、そして「キープ・ミー・フロム・ブローイング・アウェイ」の作曲者ポール・クラフト。サーフに後押しされ、ローウェルが「ウィリン」を演奏し、ロンシュタットがそこに見事なハーモニーを重ねる。ローウェルは言う。〝ラジオでこんなに楽しかったのは初めてだ〟。さらには友人アイヴァン・アルズと、離婚間近だった妻パットのために書いた曲「ハートエイク」を歌った。ハートエイク［傷心］。それこそ、まさにローウェル・ジョージとリンダ・ロンシュタットのストーリーを語る上で欠かせない。これから話すのはおかしい話よ、と前置きしたロンシュタットだったが、それはエリザベス・ジョージを大いに傷つけてしまうことでもあったの、と付け加える。「自分が母親になってそれが分かったわ。私が彼女に初めて会った時、彼女のお腹の中にはイナラがいた。でもローウェルは全部を話さないのよ、例えば、結婚していることとか。実際、自分は結婚していないって最初私に言ったのよ。ところが結婚してることがバレた。そしたら、彼女とは別れたって言ったのよ」

ローウェルがロンシュタットの家で一晩を過ごした翌朝、玄関のベルが鳴った。出るとそれはリズだった。「彼女が来たの、朝早くに。終わりなんだと思ったわ。ところが終わりどころじゃなかった。だって彼女が妊娠してたんだもの。誰も彼女に終わりだなんて言ってなかったのよ」

「〝どうぞ入って〟と家に入れたわ。その時点では、彼女と連帯感さえ感じていた。自然とね。で、彼女が部屋に入ってくると同時に彼も起きて来た。〝ああ、リズ、コーヒーは？〟。自分がどこにいるかも分からなかったのよ。それで気付いたの。彼は私にもだけど、彼女にも嘘を付いてたんだって。女二人して、彼を前にして〝それで？　あなたの言い分は？〟って感じ。そこですべては終わったわ」

今から思えば、ローウェルは一種の双極性障害、つまり躁鬱病を発症していたのだとロンシュタットは言う。「詳しくは分からない、私は医者じゃないから。私に分かるのはこの目で見たことだけよ」。彼女によれば、レコーディング・スタジオでのローウェルは「曲のちょっとした所を変えてしまい、そう歌うと、また〝いや、そうじゃない。こうだ〟というようにココロコロと気が変わるので、徹夜でやらされることになった」のだと言う。「他の曲でもそういうことがあったわ。どの曲だったか覚えてないけど。でも誰かが鍵でもかけてローウェルを閉めださない限り、昼夜構わず何日間もスタジオにこもってしまうのよ。一睡もしない、他に何もしない。それは双極性障害の症状の一つ。彼の場合、そう診断されたわけではなかったけど、その分治療も受けていなかったわ」

もしローウェル・ジョージが精神の病を抱えていたのだとしたら、そのことに多くの人間は気付いていなかった。特にブルー・シーズ・スタジオでの彼は、プロデューサーとして素晴らしい新曲の数々を生み出していた。ビル・ペインの「オー・アトランタ」、ローウェル自身の「ロックンロール・ドクター」（そして古い「コールド・コールド・コールド」と「トライプ・フェイス・ブギー」のメドレー）。そこに最高の演奏をするバンドがいて、テクノロジーやサウンドでの実験へのあくなき追求が加わるのだ。新しい「コールド・コールド・コールド」はローウェルのテクニカルなお遊びでスタートする。彼が用いたのは、ドンカマチック「DONCAMATIC。日本製の国産初リズムマシン」として知られる、ヘイワードが「初めて耳にした電子ドラムマシン」だ。エンジニアのマッセンバーグによれば、それは10インチ四方の箱で、高さは数インチ、真っ赤なリズムを生み出す装置。パークスは「ローウェルの耳にはメトロノームのように聴こえたのさ」と言う。

ノブを回すとテンポとグルーヴが変えられるのだが「グルーヴというにはあまりにいい加減だった」とヘイワードは言う。「コールド・コールド・コールド」ではローウェルみずからが、昔ながらにカッターで切り貼りして編集したカセットテープを渡された。「ギターのパートとドンカマチック・パートが入っていた。ローウェルの編集のせいで2、3ヶ所でビートがひっくり返ってたけどね」。その上にヘイワードはドラムを重ねて叩いたのだ。

バレアも「ロックンロール・ドクター」で同じようなことを経験したと記憶している。「ローウェルのデモはカセットっていうことが多かったよ。テープをカッターで切って貼り合わせたのを聴かせられた。〈ロックンロール〉のあのちょっと変わった半拍子や、逆回転っぽい感じはそこから来てるんだ。ローウェルがビリーにテープを渡して〝これをおまえがやれる限り普通にして、それをバンドに教えろ〟って指示するのさ」

切れたカセットのテープを修復しようとした経験がある特定の年齢以上にはわかることだが、テープのスプライシングはほぼ不可能だ。ローウェルがそうしていたとは思えないとマッセンバーグは言う。カセットテープが双方向性――つまり裏と表の両面で録音される――ことを考えるとなおさらだ。しかもローウェルは「ぶっとい指をしてた」のだ。普通の4分の1インチテープを編集して、カセットにコピーし、バンドに渡していた可能性が最も高い。

そうであったとしても、カッター並みのキレ味とドンカマのグルーヴは、リトル・フィートの無数のシンコペーションをさらに際立たせた。しかし、それまでも常にそうであったように、アルバムを作っていたのはあくまでもバンドの演奏、そして楽曲だった。オリジナル7曲のうち、ローウェルが書いたのは5曲。バレアとペインも1曲ずつ単独クレジットされている。バレアはリード・ヴォーカルも取るジャム・フレンドリーな「スキン・イット・バック」で、ペインはフィート曲の中でも人気の、とあるナンバーで。実のところ、彼に課せられたのは、あまりフレンドリーとは呼べないチャレンジだったのだ。

ペインはこう説明する。「人は軽視しがちなんだけど、リトル・フィートはバンドだったんだ。お互いに影響を及ぼし、せめぎ合っていた。そんな同胞意識から音楽が生まれていった。ローウェルからよく、おまえはコマーシャルな曲が書けないと言われてたんで〝いや、書いてみせるよ〟と言ってたんだ。当時の僕にとってヒット・レコードは、始まって45秒くらいでコーラスになるような曲。その結果が〈オー・アトランタ〉だった。ヒット曲にはならなかったけど、どんだけ経っても色褪せない曲ってやつの代表だね」

曲のインスピレーションになったのはビル・ペインがアトランタで会った女の子、そしてシンシナティの空港で飛行機が飛び立つのを見ていた思い出だ。ジョージアに向かっていたならいいのに。そんな切ない思いを歌うこの曲は『アメイジング！』のシングルに選ばれ、チャートインこそ果たさなかったが、フィート・ファンに愛されるナンバーとなった。それ以上にペインにとって重要だったのは、ローウェルから少しではあったが一目置かれたことだろう。1979年半ば、ミュージシャン誌のビル・フラナガンとのかなり突っ込んだインタビューでローウェルはこう語っていた。「いつだったか、あいつに言ったことがあったんだ。〝ビル、おまえが書いてる曲だけどさ……〟。結構ぶしつけに貶《けな》したんだと思う。その直後、〈オー・アトランタ〉を書いて来たんだ。あれは僕からしても、ものすごくよく書けた曲だったと思うよ」（1981年のアルバム『エヴァンジェリン』で、ロック・ヴァージョンのこの曲をカヴァーしたのは、短期間ながらフィート援軍の一人だったエミルー・ハリスだ）

『アメイジング！』は大概の評論家からのウケは良く、これぞリトル・フィートの最高傑作と呼ぶ者も中にはいた。しかし、それ以外からは落第ギリギリの烙印を押されてしまった。デビュー時からバンドのサポーターだったローリング・ストーン誌は失望を隠すことなく「楽曲と演奏とプロダクションの完璧だった緊張感」にゆるみが感じられると批評。評論家のベン・ガーションは、ローウェルが「かつてのように支配的ではなく」、ソングライティングを調整し、あえて「彼自身の視点が新企業となったリトル・フィートの前に出過ぎない」ようにしている、と指摘した。また「ロックンロール・ドクター」を取り上げ「気持ちを高めるというよりは、ブツ切れすぎる」とした上で、それでも、その曲「頼もしい足」「ダウン・ザ・ロード」そしてバレアの「スキン・イット・バック」は「ダンス・ミュージックとしては優れている」とした。

結論から言えば、リトル・フィートとしてはそれでよかったのだ。1976年にローウェルはこう言っていた。「『アメイジング！』はビールを1杯、2杯引っかけてダンスするようなパーティ・アルバムだった。あのレコードを作った時はそんな気分だったのさ」

1974年8月にリリースされたアルバムは、誰もが驚くことにヒットを記録。シカゴやビーチ・ボーイズやCSN&Yやストーンズみたいにナンバーワンにはならなかったものの、初回セールスがそれまで3枚のアルバムを足したよりも多い15万枚で、最高位36位という数字は決して悪くなかった。年月をかけてアルバムは50万枚を突破。ゴールド・レコードに認定されている。

リトル・フィートが感謝すべきは彼ら自身だろう。アルバムのサポートをワーナー・ブラザース幹部に直訴したマネージャーたちも感謝されて然るべきだ。さらには、ほぼ住人のようになっていたブルー・シーズ・スタジオにも。メリーランド州滞在中、リトル・フィートは地元のお気に入りになったのだ。「ワシントンDCでコンサートをやるようになったんだ」とビル・ペインは言う。「するとなぜかウケてね。〝このバンドはクールだ〟ってみんなが言い始め、どんどん客が増えてったんだ」。バレアも言う。「いくつもの大学を回った。大西洋岸を北に南に。僕らはライヴの方が存在感を示せたってことだと思う。3ヶ月間、そこに住んでレコーディングをしていた間に、まるで地元のバンドみたいに受け入れてもらえたんだ。信じられなかったね」

ワシントン州ジョージ・ワシントン大学、ライスナー・オーディトリアムでのコンサートは〝永遠のさすらい人〟であるローウェルも、実はよき父親なのだということを思い出させる夜として人々の記憶に残っている。ルーク・ジョージは、当時もうすぐ5歳になるところだった。その夏をボルティモアで過ごし、6月20日は会場に連れて行かれたことを覚えている。「コンサートの途中でジェドと僕は飽きてしまい、座席を立つとステージに駆け上がって行ったんだ。

〈ファット・マン・イン・ザ・バスタブ〉をやってる時だったと思う。照明の担当者の機転で、僕らにスポットが当てられた。ジェドと僕は踊り回ってて、観客もみんな総立ちで大盛り上がりさ。いかにリトル・フィートがファミリーなバンドだったかってことのいい例だったよ」

その時、本人いわく「臨月だった」リズ・ジョージは座席に座ったままだったが、ルークはステージの上での父親の姿をよく覚えていると言う。「ローウェルの顔がパッと明るくなったんだ。その笑顔、今でも目に浮かぶよ。キラキラと目を輝かせてた。自分の音楽に合わせて子供たちが踊り、客がそれを喜んでいる。リッチーはビートをしくじらずに叩いてるし、サム・クレイトンはにっこり笑い、ポールもノリノリだ。まさに至福の時。全員にとっての至福の時間だったんだ」

全体として見れば、それはとてもいい一年だった。年末には『アメイジング!』の総売り上げは20万枚近くまで行くとされた。トルバドールでの3日間の凱旋公演、そしてサンフランシスコに移動しての、ビル・グレアムのウィンターランドでの数日間はどれも大盛況のうちに終わった。ロサンゼルスに戻り、ローリング・ストーン誌の取材を受けたローウェルだったが、その口ぶりはいつもながらに自嘲的だった。「これで僕らは、三流バンド程度には知られるようになった。いや、二流かな。ヨーロッパに行くにはふさわしい時期かもな」

＊

1974年後半、ワーナー・ブラザースはある計画を進めていた。無名バンドから、トップ40入りを5回も果たしたドゥービー・ブラザーズまで、計6バンドを集めてのザ・ワーナー・ブラザース・ミュージック・ショーだ。3バンドずつ、レッド・ツアーとブルー・ツアーの二手に分かれて、ヨーロッパに殴り込みをかけようというのだ。同行するワーナーの幹部や広報担当、何人ものツアマネやスタッフなどを全部合わせれば、100人は越える一大プロモーション・ツアー。

ドゥービーとリトル・フィート以外のラインナップは、タワー・オブ・パワー、ラリー・グラハム（元スライ&ザ・ファミリー・ストーン）率いるグラハム・セントラル・ステーション、ロニー・モントローズ率いるベイエリア出身ロック・バンドのモントローズ、そしてタワー・オブ・パワーのエミリオ・カスティーヨが「ドゥービー・ブラザーズの愛弟子」と呼んだボナルーだ。

列車移動がほとんどとなる3週間に及ぶツアーを仕切っていたのは、ワーナーのA&Rチームだ。それまでレーベル所属アーティストのクラブや大学のギグをブッキングしてきたカール・スコット、そのスコットとタグを組むことになったのが、イギリスでビートルズやストーンズなどの主にパブリシティを手がけてきたことで知られるジョー・バーグマン、本名ジョージア・バーグマンだ。普段はニューヨークのワーナー・ブラザースにオフィスを構えていたジョーだったが、この時ばかりはワーナーのバーバンク本社の駐車場に停めたトレーラーで、スコットと指揮にあたったのだった。会社は急成長を遂げており、彼女いわく「場所がなかったのよ。郵便室がわりのトレーラーの隣が、私たちのトレーラーだった」のだ。

同行幹部のトップは社長のジョー・スミスだった。コンサートがない日は、ヨーロッパ各地のワーナー・ブラザースのライセンシーやレーベルの人間とのミーティングに余念がない一方で、ボーイスカウトの隊長的存在でもあった。ドイツに向かう列車の駅で、スミスは全バンドを集めて告げた。違法と見なされるものを持っているなら今すぐ捨てろと。「ドイツの刑務所がどんなところか教えてやろうか？　メシは案外美味いよ。入りたければね」。後になってドゥービー・ブラザーズの一人から、それから1時間で「駅のトイレには100万ドル相当のドラッグが流された」と言われたよとスミスは言う。

ツアーはマンチェスターとロンドンを皮切りにドイツへと進み、フランクフルトとミュンヘン、ハンブルグでのワーナー・ブラザース・パーティの後は、デュッセルドルフ、アムステルダム、ブリュッセルへと続いた。最終地パリのオランピアでの2日間、リトル・フィートは月曜の夜はモントローズとタワー・オブ・パワーの前座で登場、最終日はグラハム・セントラル・ステーションやボナルーよりも上の、ドゥービー・ブラザーズとのダブル・ヘッドライナーで登場した。

『アメイジング！』にホーン・セクションで参加したタワー・オブ・パワーとは特に気が合った。それ以外の〝いろんなこと〟でも彼らは一緒だった。カスティーヨは言う。「リトル・フィートの連中とは本当に親しくなったよ。友情という意味でもだが、何よりドラッグという意味でね。（リトル・フィートに）飛び入りすることもしょっちゅうだった。俺たちが加わると演奏のレベルが一気に跳ね上がるのさ。〈ディキシー・チキン〉ではディキシーランド色を強めてみたりした。そのたび、客席の熱狂は頂点を極めてたよ」

1月19日の日曜日。ツアーが始まって5日目、ロンドンでの3日目となるその日の会場は、フィートが初めて訪れる北ロンドンのレインボウ・シアターだった。かつて映画館だったそこでの初日と2日目はドゥービー・ブラザーズがヘッドライナーを務めていた。日曜は昼夜2公演で、ヘッドライナーはどちらもドゥービー、前座は1部がリトル・フィート、夜はグラハム・セントラル・ステーションだ。

レインボウ・シアターでは二人の著名なロック・ジャーナリストの姿が目撃されている。一人はロック雑誌ジグザグの編集者アンディ・チャイルズだ。ジグザグ誌は編集部あげてのフィート・ファン。マンチェスターまでツアー初日を観に来て、日曜日を今や遅しと心待ちにしていたのだ。チャイルズのレポートはこう綴られていた。「会場を埋めていた大半がリトル・フィートめあての客だったのにはいささか驚かされた。その晩、レインボウをあとにしながら、今、自分は世界最高のバンドを観たのだという気持ちにならない者がいたとは僕には想像出来ない。それほど彼らはマジカルだった。あの演奏のあとではどんなバンドも観る気がしないと言うものだ。ドゥービーには心から同情する。どうやら彼らもやるだけ無駄だと観念したのか、その演奏はいたっておとなしく礼儀正しいものに終わった」

それも無事に演奏を始められればの話だ。というのも、鳴り止まぬ歓声にリトル・フィートのアンコールが数回に及ぶこともあったのだ。「こんなのは予想してなかったよ」とローウェル。さらなる歓声。「きみたち、どうかしてるよ！　今日は日曜の午後だぜ。なんで家で寝てないいんだよ?」。ようやくリトル・フィートがステージを降りたあとも歓声は止まず、ドゥービーの1曲めまで続くのだ。しかもかなりの客が、もうお腹がいっぱいだと満足げに席を立った。チャイルズもその一人だったというわけだ。

のちのポップス系ライター／編集者バーニー・ホスキンスは当時まだ10代だった。その時の記憶をこうMOJO誌に書いている。「その日曜の午後、ステージに立ったリトル・フィートはドゥービーをこてんぱんにやっつけた。1年前まで誇っていた［ドゥービーの］ヒップさも束の間。これからは〝ゴマンといる顔ヒゲを蓄えたアメリカのバンド〟の一つになる運命だったのだ」

ジョー・スミスは多少控えめな言葉でそこらへんをまとめている。「ドゥービーにはネームバリューがあった。一方、リトル・フィートは誰もが愛したアンダーグラウンド・アクトだった。訪れる国々でリトル・フィートはインタビューに引っ張りだこだったよ。知る人ぞ知るタイプが好きな人たちには大人気だったんだ。フランスでのみんなのお目当てはドゥービーでも誰でもない、リトル・フィートだった。彼らのファンは新しいものに通じてるだけじゃなく、優れた新しいものを探してる人たちだったからさ」。70年代はじめのロック・ファンはポップ・ミュージックに辟易としていた。グラム・ロックにも、アート・ロックにもだ。そんな中においてリトル・フィートは謎だらけのバンドだった。アルバム・ジャケットに登場することもない、音楽の冒険だけに夢中なバンドだった。

しかしながら、レコード会社はどんな時も片一方で最低ラインに目を光らせている。スミスもこんなレトリカルな質問を投げかける。「アメリカのどの街でもいい、歩いている人に聞くといい。ドゥービー・ブラザーズとリトル・フィート、どちらを知っていますか？ と。リトル・フィートは全滅だろう。ラジオで彼らの曲をかけさせるのは至難の技だ。シングル志向のバンドじゃないからさ。彼らはツアーに出られる人気はある。でもマジソン・スクエア・ガーデンではやれないんだ」

ワーナーはリトル・フィートのようなアクトを愛し、育てた。その一方で、ドゥービー・ブラザーズのようなバンドが必要だった。それでも、フィートの海外での健闘をスミスは否定しようがない。「あれは最初っからリトル・フィートのためのショーだったよ」

ポール・バレアはメンバーと楽屋に戻ってしまったため、ドゥービーに何が起きたかは目撃していないと言う。しかしその後、イギリスのロック誌の見出しが残酷かつ簡潔にその瞬間を捉えていたのは目にした。ドゥービー・ブラザーズは〝リトル・フィートに踏み潰された〟スマザーズ・ブラザーズ「コメディ／フォーク・デュオ」だ、と。「残りのツアーは気まずかったよ」

ジョー・バーグマンはそのような緊張感は感じなかったと言う。「私はみんな一緒にやってるんだという空気を感じたわ。自分たちだけが注目を集めてるとは、誰も思いたくなかったはずよ。もちろん、何かが起きたことに彼らも気付くことになったのだけど」

彼女の上司でA&Rの部長だったボブ・リギアはたちまち反応したとバーグマンは言う。リトル・フィートにみながどよめく様子に「リギアはすっかり興奮し、次のフランクフルトのライヴに急遽行くことになったの。フランクフルトのホリデー・インについたのは真夜中。彼は興奮しきった様子で私たちを集めて言ったわ。〝いいか、スターが誕生したんだ。これをみんなに知らせないと。準備をしろ、これも、あれも……〟。こっちとしては〝その前に寝させて！〟と言いたかったわ」

ドイツで組まれたプロモーションにリトル・フィートのメンバーたちは協力的で、ドゥービーが経験したかもしれない居心地の悪さを逆手に取るようなことはしなかった。実際、ドゥービー・ブラザーズの創立者でギタリスト／ヴォーカリストのトム・ジョンストンの言葉を聞く限り、両者の間にわだかまりは一切なかったようだ。そのジョンストンの言葉が40年後のものだったとしても。

あまりに昔の話で、その北ロンドンの午後のことは覚えていないと彼は言う。「しばらくするとすべてがボンヤリしてしまうんだ。ただ、いくつかのバンドが目立っていた。その一つがリトル・フィートだった。観客がそこまで盛り上がってたって言うなら、それはその通りなんだろう。それに値する連中だよ」

「彼らのライヴは最高だった。リッチーのドラムは殺人級で……あんなセカンドラインを叩けるのはあいつだけだったし、ブギーなロックを叩かせても〝キング〟だった。ケニーのベースは半端なくファンキーだし、ローウェルは誰にも真似できないヴォーカル・スタイルとギター・スタイル、そして歌詞で……あんなことやってるやつは他にいなかった。そしてビリーは、そうだな、白い顔のプロフェッサー・ロングヘアだ。そこにサム・クレイトンのパーカッション……。リトル・フィートはプレスから完全に過小評価しかされず、その価値を認められなかったバンドだ。もっと讃えられて然るべきだったと思うよ」

　ロイ・エストラーダが脱退し、フィートが活動を休止していた期間、ビル・ペインはドゥービーに雇われ、1973年のヒット曲「希望の炎（Jesus Is Just Alright）」「ロッキン・ダウン・ザ・ハイウェイ」などのセッションに参加した。それだけではなかった、とジョンストンは言う。「ビルにはそのつもりはなかったかも知れないが、〈チャイナ・グローヴ〉の歌詞は彼がいたから書けたんだ。もしビルがあのピアノの短いフレーズを弾いてなかったら、あの歌詞は思い浮かばなかった。あれは彼のおかげだって、昔から言ってるよ」

　ワーナー・ブラザース・ミュージック・ショー・ツアーはフランクフルトを終え、1週間後にはアムステルダムに上陸。ここでリトル・フィートはローリング・ストーンズと対面する。ビルもそう記憶する通り、場所はアムステルダムはずれのヤップ・エーデン・ホールでだ。タワー・オブ・パワーとモントローズを従え、リトル・フィートはヘッドライナー。彼ら以外の3組はその前日に演奏していた。

　1979年、亡くなる直前、ローウェル・ジョージはビル・フラナガンとのインタビューで〝その時〟のことを答えていた。「ああ、僕が［ストーンズを］断ったことになってるし、実際断ったんだ。だって突然、彼らは現れたんだよ。もしメンバーの誰かが来て、何か一緒にやらないか？　と言ったんだったら僕は〝いいよ〟と答えていた。でもローディをよこして、〝彼ら〟がステージに上がってもいいかな。君たちと〝軽く1曲〟をやるっていうのは？　と言っってね。一晩中〈愛しのモナ〉でもやるのか？　どうする？　一瞬は考えたさ。てきたんだ。彼らがちゃんと僕のところに来てくれなかったのは無礼だと感じたし、ローリング・ストーンズに上がられて、調子っぱずれな演奏をされるのだけは避けたいと思ったのさ」

　へそを曲げたミスター・オーバーオールによってストーンズとのジャム・セッションは却下されてしまったが、少なくともビル・ペインはバンドに会えたことを喜んだ。「ステージの両脇に分かれて、彼らがいたんだ。楽屋でキース・リチャーズと話をしたよ。〝うわぁ、キース・リチャーズだ〟と興奮してる僕の肩に手を回してくれて、言ったんだ。〝何言ってる。お前も俺も似た者同士だろ〟。つまり〝クラブへようこそ〟［同じクラブの仲間だという言い回し］ってことさ。この話はソロのライヴで、地元アーティストを招いて紹介する時に使わせてもらっている。キース自身、自叙伝でその話をしてるんだ。ミュージシャンとしてスタートしたばかりの頃、楽屋で起きたある話をね」

リチャーズは自伝『ライフ』でこう書いていた。「俺たちはどこにでも行った。デカい会場、小さい会場。最高の気分だった。俺は今、リトル・リチャードと同じ楽屋にいるんだ。ファンの自分が〝オーマイガー〟と興奮してる一方で、〝尊敬する相手と俺は一緒にやってるんだ。それに見合う人間にならなきゃ〟と思ってたのさ」

「アムステルダムで彼が言ってたのは多分そういうことだと思う」。ペインは言う。「あの包容力というか——おまえはもう俺たちと同じなんだぜと言われたような——あの言葉は一生忘れられない大事な思い出だ。だから僕もそれを実践し、若いバンドをステージに招くようにしているよ」

　表面上すべてはうまく行っているように見えた。しかしバンド内にはいつ起こるかもしれないことへの恐怖があった。少なくとも、リーダーシップは不安定だ。公表された以上にバンド内は分断し、解散間近、もしくは実際に解散を重ねていたのだ。リトル・フィートが次に向かうべき場所はどこなのだろう？

　それを読み解くヒントが一つ、もしくはそれ以上、アルバム・ジャケットに含まれている。今回も構想からすべてがネオン・パークの作品だ。彼のアートは決して音楽をそのままアートにするのではない。『セイリン・シューズ』や『ディキシー・チキン』や『アメイジング！』の音楽は聴いたかも知れないが、だからと言って靴や、チキンを引っ張り出したりしない。〝足にがっかりされない〟ようにと、ロバート・クラムのパロディばりに街にデカい靴をうねり歩かせたりはしないのだ。

❖『アメイジング！』

　それでいてパークは実に的を射ていたとビル・ペインは言う。「彼が描いたのはバンドの状況を見事に捉えた殺風景な絵だった。僕らはもう一度だけ試すため、バンドとして戻ったばかりだった。こじつける気はないが、あの車が走っているのは上り坂なのか下り坂なのか、あの絵だけではわからない。背後には稲妻が走り（助手席と運転席にいるのは）マリリン・モンローとジョージ・ワシントンだ。当時、僕らにとってのビジネス、つまり、リッチとビッチの象徴だ。そう考えると、すべては考え尽くされていたわけさ」

第 9 章　これが「最後のアルバム」にはあらず

Not Quite "The Last Record Album"

『アメイジング！』のレコーディングを振り返り、ビル・ペインはにっこりと微笑んだ。「あの時点での僕らには希望があった」

では続く『ラスト・レコード・アルバム』は？　厳しい顔でペインは言う。「ここから亀裂が入り始めた。雰囲気は『アメイジング！』の180度真逆だったよ」

リトル・フィートのアルバムが完成するたび、ローウェル・ジョージは感謝すべき人たちのリストを作った。改行も句読点も大文字もない、まさに彼の頭の中が文字になったような文章で書かれたその謝辞が、常にアルバムのライナーノーツとなった。『ラスト・レコード・アルバム』では、その意味深なタイトルを自覚していたローウェルは——たとえそれが映画『ラスト・ショー（The Last Picture Show）』に引っ掛けた言葉遊びだったとは言え——こう、ファンを安心させることを書いていた。「このアルバムの本当のタイトルは『ファースト・レコード・アルバム』なのでパラノイアを引きずることなかれ」。前作で感謝をし忘れた人がいたとして数名の名前を挙げ、スペースが足りなくなり「本当はもっといたのだが次のレコード・アルバムまで忘れないようにしておこう」と締めている。

実際、これが最後のアルバムとはならなかった。しかしペインも示唆するように、終わりの始まりのシグナルは灯された。少なくとも僕らが知るリトル・フィートとしてのバンドには。何度かのメンバーチェンジ、休止、解散を経て、リトル・フィートはローウェル・ジョージのバンドになっていた。しかしヨーロッパ・ツアー後、ボストンからニューヨークと東海岸を周り、リトル・フィートが絶大な人気を誇るワシントンでの3日間のライスナー・オーディトリアム、さらには「オー・アトランタ」のアトランタへと進むうちに、バンド内の空気に変化が生まれ始めたのだ。

リトル・フィートのファンと研究家は、ここで起きたパワーシフトはビル・ペインとポール・バレアによって仕組まれたクーデターだとして語り継いできた。

しかし、本当の理由はそれよりはずっと複雑だ。そしてずっと簡単だ。一つには、ローウェル自身がそのシフトに一枚噛んでいたということがある。ローウェルはこう語っていた。「バンドの全員に前に出てほしい。長いこと僕一人が注目を浴びてきた。でも例えばビル・ペインは素晴らしいミュージシャンでもっと注目を浴びるべきなんだ。基本的にこのバンドは全員がベストを尽くし、全員で楽しむべきなのさ。そうならなかったらそれはそれで仕方がない。でもそうなったら……最高だよ」

最後のアルバムとはならなかった『ラスト・レコード・アルバム』のライナーノーツで彼はこう宣言していた。「僕はローウェル・ジョージいわゆるプロデューサースライドギタープレイヤー歌も歌うだがそういうのはこの辺でやめておくなぜなら僕がやったことはただコントロールルームに座ってグループの残りの連中が自分たちらしさを前面に出しいわゆる音楽的ステートメントを述べるのを見ていただけで全体は各パーツの合計でしかないと言うことだから」

ローウェルはプロデューサーとしての権限について、あるライターにこう語ったことがある。「誰かが〝そんなんじゃだめだ〟と言い出すまで、僕一人に任されてるってだけさ。多少の差はあるが、要は曲の中に入って行き、曲が持つフィーリングを体で感じて、自分たちにやれる限りの一番いい形にする。それをするのに何年もかかっちゃうこともあるんだ」

リトル・フィート内部では、ビル・ペインとローウェルの「お前なんてクソくらえ」な関係は続いていた。といっても、実際にそのようなビルに対する悪態がローウェルの口から出たことはなかった。しかしペインは自分自身のソングライティングへの不安と同時に、ローウェルを作曲のコラボレーターとしてあてに出来ないことに苛立ちを募らせていたのだ。「毎回ではないが、僕の書いた曲は蔑《ないがし》ろにされてる気がしたんだ」とペイン。「とても混沌としてた。僕はその時までには、ドゥービー・ブラザーズ、ボニー、ジャクソン、他にも死ぬほどセッションをしていたから、そのどれもが僕らのレコーディングの半分も狂っちゃないことに気付いてたんだ。それなのになんで僕らはいつもこんなに敵対し合ってるんだ？　と。でもね、僕のこの性格がそれを助長してたのも事実。すべてローウェルのせいじゃないんだ。当時の僕はあいつのせいにしてた。というか、もともとそれが僕らの姿だったというのが真実なのさ」

ローウェル・ジョージに相手にされていないような気がしたペインは、ポール・バレアと曲を書き始める。『ディキシー・チキン』の「ウォーキン・オール・ナイト」以降ゼロだった二人の合作曲は3曲になった。先行シングルとなる「ロマンス・ダンス」「ワン・ラヴ・スタンド」、それと「オール・ザット・ユー・ドリーム」だ。中でも、ペイン／バレア作曲、バレア作詞の「オール・ザット・ユー・ドリーム」はペインいわく「あいつ［ポール・バレア］の最高点を叩き出した曲」だった。アルバムにとってだけでなく、リトル・フィートの全ディスコグラフィーにおいてもそう言える、憂うつとメロディがゴージャスに溶け合う1曲だ。

前にも落ち込んだことはあった　でもこんなのは初めてだ
こんなショーにはもう付き合っていられない……

曲の生い立ちをバレアはこう説明する。「僕はローレル・キャニオンでサム・クレイトンの隣に住んでて、向かいには、ゴードン・デウィッティという天才盲目オルガン奏者が住んでいた。その日、僕らはジャム演奏を楽しんでたんだ。〈オール・ザット・ユー・ドリーム〉のコード進行を思い付いたのはその時さ」

「ローウェルは曲を大いに気に入り、歌いたがった。その一方で彼はますますバンドから離れ始めていた。娘がいたからツアーにも出たがらず、多くのことを僕らに丸投げにしていた。変な時期だった。僕らは僕らで意識の流れに沿ってどんなことも行なっていたから、それも役には立たなかったね」

ローウェルは自分がバンドからはぐれ始めていることに気付いていた。しかしその理由にドラッグを挙げることはなかった。ニュー・ミュージカル・エクスプレス（NME）誌にこう語っている。「今日はここの空港、明日はあそこの空港、そして時間通りに会場に入る。そんなことに人生が追われてしまい、曲を書く時間は残ってない。最近じゃ、1ページ分の歌詞を書くだけでひと苦労するほど自分がだめになってて、楽しくないんだ」

書ける曲が減っていたことはクレジットからも明らかだ。『ラスト・レコード・アルバム』収録曲8曲のうち、彼の作曲／共作曲は「ダウン・ビロウ・ザ・ボーダーライン」「マーシナリィ・テリトリィ」と「ロング・ディスタンス・ラヴ」のわずか3曲だ。しかも「ロング・ディスタンス・ラブ」はもともと前作『アメイジング！』に予定されていた曲だ。それに比べ、残り5曲にペインとバレアはかかわっている。最もラジオ受けしたのが「オール・ザット・ユー・ドリーム」だったが、ビル・ペイン作「サムバディズ・リーヴィン」とローウェルの「ロング・ディスタンス・ラヴ」もチャート上位まで上がった。バレアはもう1曲「ハイ・ローラー」という曲を書いていたが、裏ジャケットの歌詞の印刷も終わったあとでボツになったことが分かる。歌詞の上には手書きで「もしかしたら次回にね」のメッセージ。

初期のローウェルのソングライティング・パートナーだったマーティン・キビーの姿は完全に消えた。その理由がドラッグだったことを本人は認めている。「曲を書くより他のことをやってたり、体調も悪く、約束をすっぽかすわで二人で会う時間が減ったんだ」。しかし、ソングライティング・チームが足手まといだったわけではなく、ただ「ローウェルが曲を昔みたいに書かなくなったんだ」とキビーは言う。

サム・クレイトンもそれを認める。ソングライティングがバレア／ペインに移行したのは「二人の権限が大きくなったとかじゃなく、ローウェルがいつしか退いたからだ。新曲がなかったんだよ。もちろんいろんな曲があるにはあったんだが、〝今回はあいつらにやらせてみよう〟と言ったのはローウェルだった。そして二人にそのまま書かせたんだ」

ビル・ペインは、たとえばファースト・シングルになった「ロング・ディスタンス・ラヴ」を含め、ローウェルが書いた楽曲の功績を認める。「あれは最高のバラードだったよ」。ところがローウェルはビルのアイディアを歓迎すると言いながら、実際に出すと拒むという複雑なシグナルを送ったのだ。「毎日が言い争いだった」とペインは言う。「僕も頭に来てたし、苛立ってた。ローウェルは常にハイになってたし、集中力がまったく続かなくなっていたんだ」

ドラッグ使用がミュージシャンに与える影響は否定しようがない。そこにいた全員ではないにせよ、ある程度の者がその影響を受けることで、ローウェルも言うように1曲が書けるのに何年もかかってしまうことだってあるのだ。

ポール・バレアは自らの悪癖を素直に認める。「ローウェルと僕とリッチーが主犯格だったよ。自分たちは『マクヘイルズ・ネイビー』〔第二次世界大戦中の海軍が舞台の60年代コメディ番組〕だと言ってバカをやってた。ダイムバッグ〔袋詰めにした10ドル分の麻薬〕の誘惑の前ではすぐに心が負けた。大抵はコカインとマリファナ、そしてアルコールだったね」

ビル・ペインがそのドタバタ海軍の一人になることはなかったが、1973年頃まで定期的にドラッグでハイになっていたと言う。ただし彼が他のメンバーと違っていたのは「自分はドラッグをやると機能しない。彼らと違う。生き続けるにはやるべきことをやらなきゃ、心配するまでもなくこの世からいなくなる」と思ったことだ。

サム・クレイトンは、オフでの〝パフォーマンス〟のことを考え、ドラッグにのめり込むことはなかったと言う。「一度だけ、あいつらと一緒になってコカインを試したことがあったんだ。他にもね。その時がまったく初めての経験でくしゃみが止まらなくなった。その頃、付き合いたいとアプローチしてた女の子がいたんだが、コークをやるとやれなくなるんだ。立たないんだよ。それでやめた。〝こんなことになっちゃうのかよ？　俺はやめておく〟とね。みっともないなんてもんじゃない。それ以来、手は出さなかった」

それにひきかえローウェルはどんな時も手を出していた。彼の右腕的存在だったエンジニアのジョージ・マッセンバーグはローウェルからの誘いで拠点をボルチモアからロスに移し、レコーディング・スタジオを建てた。リンダ・ロンシュタットも言っていたように二人は大親友だった。「ま、ドラッグを一緒にやってたというのは否定しようのないことだ」とマッセンバーグは言う。音楽とレコーディングに関してはどうだったのだろう。「いろいろと二人で実験をした。俺があまり構わず、あいつを一人で放っておくのが好きだったみたいだ。夜、何日間か一人でこもって作業をしてたよ。俺はコンソールの前にマイクをセッティングしてやり、知っていることはなんでも教えた。自分ならどうするか。なぜこうするか。ローウェルにはマイクと何錠かのＬＳＤとかなんでもいいんで用意しておけば、聴いたこともないようなぶっ飛んだものを作り出してみせたんだ」

そんなローウェルの徹夜の実験旅行は、めったにリトル・フィートの役には立たなかった。ごくたまにそうなる時以外は。「でも」とマッセンバーグ。「それが曲にまでなったかと言われると、難しいところだね」

ローウェルの持久走並みのセッションに伴う様々なプロセスと予算が、どう残りのメンバーたちに影響を与えたか。マッセンバーグの意見は率直だ。「到底、いいわけなかったよ。しこたまコカインを吸うと気持ちが別のどこかへ行ってしまい、数日間戻って来れないこともある。そうなると一人でこもって作業をする。そして出来たテープを持って来て全員に聴かせ、一緒に実験させたがるんだ」。メンバーが口々にこぼす「ファック・ユー」の声が聞こえてきそうである。

*

仕事、そしてレコーディング機材やスタジオ作業の中毒だったローウェルだが、そんな合間にも家族との時間を作り、子供の頃からの趣味である魚釣りをよくしていたという。エリザベスはこんなことを覚えていた。「マリブで魚を釣り上げたことがあったわ。レッドスナッパー〔鯛〕よ。それを中華風に料理してくれた。彼は中華料理が大好きで作るのも得意だったから、家族全員で食べられる食事を作ってくれることもあったわ。私たちには一緒に住んでいたイナラ以外にもそこら中に子供がいたから、週末はみんなが集まれるようにしたの。私かローウェルのどちらかがハリウッド、スタジオシティ、サンランドと車で子供たちを順番にピックアップしてトパンガの家に連れてくる。帰りは交替して、逆ルートで送り届けるのよ。マリブ桟橋から出る釣り船のアクアリアス号で沖に出たこともあったわ。あれは全員忘れられない楽しい思い出よ」

「でも基本、彼はやり始めたらのめり込む人だった。ワーカホリックと呼んで構わないくらい。それがなんであれ、その時取り組んでいることを何時間でも平気でやっていられた。生活とのバランスということを考えると、大変なこともあったけれど」

7月はじめのある午後、リッチー・ヘイワードがバイクから転倒する事故に遭い、レコーディングは中断を余儀なくされた。本人の口から詳細が語られることはなかったが、ワーナー・ブラザース宣伝部が発行したニュースレター、サーキュラーによればこういうことだった。「ローレル・キャニオンを走行中のリッチー・ヘイワードのバイクの車輪止めに1匹の雑種犬が突撃。リトル・フィートのドラマーはハンドルを飛び越えて落下。顔に大怪我を負った」

ロードマネージャーのリック・ハーパーもこう語る。「バイクから放り投げられたリッチーは、顔から落下し、そのまま30~40メートルくらい地面をスリップしたんだ」。ローウェルも言う。「見るからに痛々しかったよ、あの時は」。ノース・ハリウッドのリヴァーサイド病院に入院中のヘイワードを見舞ったローウェルは、あとになってこんなことを言っていた。「あいつの病室に行ってさ、お前のでっかい足の指を額に移植すべきだと言ってやったんだ。そうすればドラムを叩くたびにそれが揺れるだろって。それがあいつが入院して初めて聞いたジョークだったらしく、おかげでちょっぴり元気になったと言っていた。形成外科の医師はまるで笑ってなかったけどな。その事故が起きたのがレコーディングのちょうど途中だったので、予定は大幅に狂った。あのアルバムの時は散発的な出来事があっちでもこっちでも起こってばかりで、ついに〝中止だ!〟ってことになったのさ」

幸い、中断がそう長くなかったことは、バンドのブラックユーモアで裏ジャケットに載せられた病院からの請求書で分かる。病院に担ぎ込まれたのが7月7日、退院したのが7月12日午後。それから間もなくしてドラムを叩き始めたヘイワードは、数ヶ月後にはアレイ・スタジオでのリハーサルに参加していた。「早く治さなきゃならなかったんだ」と前述のニュースレターにヘイワードは語っていた。「他にやれることはない気がしたからさ」

バンド内の様々な騒動があったにもかかわらず、1975年のリトル・フィートは仕事への意欲もだが、ゴタゴタを正そうとする意欲を見せていた。アルバムのセールスがまずまずの数字に達したことでワーナー・ブラザースはバンドに褒美を与えることもやぶさかではなかった。ただし、いくつかの条件付きで。

リトル・フィートとの新たな契約の交渉中、ワーナー・ブラザースはそこにローウェルのソロ・アルバムを含む条件を出した。一説によれば、バンドが解散した場合を考えたレーベルが〝緩衝材〟を望んだからだとされている。ソロ契約に同意する見返りとして、ローウェルとバンドのマネージメントには100万ドルのアドバンス〔前渡金〕が支払われた。ローウェルは契約条件と引き換えに、レーベルにプロモーションとマーケティングでの一層の協力を約束させたとポール・バレアは信じている。「彼の口癖だった〝このくだらない障壁をぶち破る〟ためにね」

70年代半ばのメジャーと呼ばれるレコード・レーベルはやることも大がかりだった。新譜が出れば、その宣伝のための派手なパーティを開き、ヨーロッパ中を回ったワーナー・ブラザース・ミュージック・ショーのようなツアーでアルバムをサポートするのが常だった。リトル・フィートの再契約を祝いレーベルが催したのは、イングルウッドのザ・フォーラムでの記念セレモニーだ。12月にもバンドはそこに出ていた。バレアは言う。「業界の大物たちがみんな出席していたよ。そして僕らにエバーラスト社のボクシング・ガウンを贈呈してくれたんだ。背中にはTHE BIG DEAL［大口の取引］の文字。みんな大満足さ」。最初の契約で彼らがサインしたのは1万5000ドル。それが今や、100万ドルに跳ね上がったのだ。

大したレコードを売ったわけでもなく、4枚のアルバムで1曲のヒットも出ていないバンドに支払われる金額としては破格な額である。しかしワーナー・ブラザースは音楽業界の中でも、アーティストとの関係において、他社とは違う独自のスタンスを取ってきた。彼らはメジャーと呼ばれるスターたちを数多く発掘し育ててきた。ジェイムス・テイラー、ジョニ・ミッチェル、ジミ・ヘンドリックス、キンクスなどはその一例だ。そしてそれと同時に、キャプテン・ビーフハート、フランク・ザッパ、ランディ・ニューマン、ボニー・レイット、ライ・クーダー、そしてリトル・フィートを抱えていた。「それが彼らにとっての一種の誇りなのさ」とリッチー・ヘイワードはかつて言っていた。

「そこが高く評価されていたんだ」とジョー・スミスも言う。「ライ・クーダーやヴァン・ダイク・パークスがいることで、他のアーティストには魅力的なレーベルに映る。ここは他よりも自由な会社なんだ、こんなこともあんなこともやっている、とね」

さらには、もしワーナーがリトル・フィートを切ればキャピトルとコロムビア・レコードが彼らの確保に乗り出すだろうという噂もあった。理由はともあれ、ローウェルがソロ契約に同意したことでメンバーたちには初めて大金がもたらされたのだ。「全員が10万ドルずつ手にしたよ」とバレアは言う。「マネージャーたちもだ。しかしあっという間に使い尽くし、金はなくなった。みんながそれぞれに家やらなんやら買ったんだ」

しかしながら、ローウェルがこの契約の一方の当事者としての責任を果たすまでにはかなりの時間を要することになる。何度となく計画は変更され、ソロ・アルバムがようやくリリースされたのは1979年のことだ。それを待つまでもなく、ワーナー・ブラザースは新たな契約の〝もとを取る〟ことになる。1975年秋にリリースされた『ラスト・レコード・アルバム』の売り上げは推定30万枚。『アメイジング！』の推定20万枚を大きく上回ったのだ。ビルボード誌アルバム・チャートは36位と前作と一緒だったが、初めてイギリスのチャート入りを果たした。だが悲しいかな、シングルカットされた「ロング・ディスタンス・ラヴ」と「オール・ザット・ユー・ドリーム」はどちらもチャートに食い込むことはなかった。

予想通り、音楽評論家の評価はまちまちだった。リトル・フィートの第二の故郷イギリスではタイム・アウト誌のマイルズ・パーマーが絶賛した。「それはこれまで聴いたことがなかったリトル・フィートだ。多くのバンドがお気に入りのこのバンドが今回作ったのは、メンバー全員が作曲クレジットを分け合う、これまで以上にバンド的なアルバムだ。『アメイジング！』は体で聴く音楽だったが、今回は夜遅くに頭で聴きたい、6人の男たちが最高にハイな関係で展開するゆるくレイドバックしたジャム演奏だ」

バンドが機能不全？　一体なんの話だと言わんばかりだ。

前年、ロンドンのレインボウ・シアターでリトル・フィートを体験したパーマーはさらにこう続ける。「レインボウでのあの圧巻のパフォーマンス以降、僕が口を酸っぱくして言い続けている〝彼らこそ現存する世界一のバンド〟という意見は覆されていない。次の5枚のアルバムがすぐにでも出てくれることを楽しみにしている」

おい、おい。

NME誌は、1975年のベスト・アルバム第4位に選出した。その上に来るのは、ボブ・ディランの『血の轍（Blood on the Tracks）』とボブ・マーリー＆ザ・ウェイラーズの2枚――1974年の『ナッティ・ドレッド』と1975年12月に出た『ライヴ！』――だけという快挙だ。

ローリング・ストーン誌ではジーン・チャールズ・コスタが文章を寄せていたが、アルバムを気に入っていることを認めたくなかったのだろうか。ときおり、口調は批判めいているが、実は批判していない。例えば「リトル・フィートはあまりに熟練しすぎ、それがあだとなる瀬戸際にいる」とか「ペインは才能ある多彩なプレイヤーだが、すでに明確なバンドのスタイルにジョージ・デュークやハービー・ハンコックのキーボードを加えたところで、それはうまく行っても危険な冒険だ」というように。しかも「これ以上、キュートに〝内側に成長していく〟傾向を強めていくと、彼らのお膝元であるハリウッドと同じくらいのセルフ・パロディになってしまう恐れがある」との批評には多くの読者が首を傾げたはずだ。

一方、バレアの「オール・ザット・ユー・ドリーム」に対しては「ハイライトは目も覚めるようなペインのエレクトリック・ピアノと、フェイザーがかかったファンク風ピッキングのジョン・ホールのストラトキャスターだ。まさにクラシック・ヒットの可能性を大いに秘めた1曲」と手放しの大絶賛を送っている。最後は「総じて、リトル・フィートはどんな大方のアメリカのバンドよりもずっと高い打率を誇っている」とまとめられていた。

これは「現在、世界で最も優れたバンドの一つ」と言っているも同然だ。

さらにもう一人、オールミュージック［音楽系データサイトの書き手の一人］のスティーヴン・トーマス・アールワインもプロダクションにメリハリと精彩を欠くとしながらも「オール・ザット・ユー・ドリーム」「ロング・ディスタンス・ラヴ」「マーシナリィ・テリトリィ」の3曲を挙げ「気高いほどに素晴らしい」と褒めあげた。その「マーシナリィ・テリトリィ」のインスピレーションになったのが自分だとエリザベス・ジョージは言う。「あることで彼にすごく頭が来て、強い口調で手紙を書いたの。それが曲になったのよ」。確かに歌詞は頭に来ている恋人、もしくはリトル・フィートに宛てられているように聴こえる。

スタイルの違い？
いくつもの嘘？
昼から夜へ　今日も続くこと？

それとも　何度も繰り返される〝ごめん〟と喧嘩のせいだろうか？

アルバムとCDで、この曲の作曲クレジットはローウェル・ジョージとリッチー・ヘイワード（「彼が書いたのはドラム・フィルの部分だけ」とリズは言う）になっているが、2000年に出たベスト盤『ホットケークス・アンド・アウトテイクス』ではリズもクレジットに名を連ねている。そのリズはネイキッド・スネーク・ミュージック音楽出版の代表であり、最終決定権を持っている。

いろいろと総合すると、『ラスト・レコード・アルバム』への最も辛口な批評家は、他ならぬバレアのようだ。「僕からすると」とバレアは言う。「あのレコードはきっちりしてて、クリーンで、全然混じりっけがなくて、息苦しいように聴こえてた。ずっとね」

しかしそんなバレアもネオン・パークのアートワークには賞賛を惜しまない。描かれているのはハリウッドの街並みだ。ただし本来あるべき車道や歩道はなくそこは荒地だ。一番手前には神話の動物ツノウサギが座っており、サボテンや木がポツポツと植わっている。実在するフレデリックス・オブ・ハリウッドはセクシーな（そしてセクシーすぎる）ランジェリー中心のコスチューム専門店だ。プッシーキャット・シアターもはっきり確認出来る。遠くにそびえるジェロー〔型抜きゼラチン菓子〕の山の中腹にはハリウッドサイン、頭には絞ったホイップクリームの帽子がのっている。

「『ラスト・ショー』への一種のオマージュだったのさ」とペインが言うのは、テキサスの小さな街並みと、ジェローの山の代わりにシビル・シェパードとジェフ・ブリッジズを配した映画のポスターのことだ。「それはともかく」とペイン。「ポールに言わせりゃ、ハリウッドは〝ブルーツにクールホイップ［ホイップクリームの銘柄］を乗せたデザート〟に過ぎないってことだね」

アルバム発売から数ヶ月後、フレデリックス・オブ・ハリウッドでクールホイップ並みにクールなフィート・イベントが開催された。店の真ん前のハリウッド・ウォーク・オブ・フェイム［エンタテインメント業界で偉業を認められた人物の名前と手形を配した星が埋め込まれた約5キロの歩道］はすでに先客がいた。大スター、チャーリー・チャップリンの手形とサインだ。ネグリジェやパッド入りブラジャー、シースルーのパンティが飾られたショーウィンドウの前に立ったリトル・フィート。その周りをファン、ワーナー・ブラザースのスタッフ、そして好奇心いっぱいの通りすがりの人たちが取り囲んだ。

バンドもその場を大いに楽しんだ。フレデリックスの店内に入っていくと、店長のティーンエイジャーになる息子がローウェルにサインをせがんだ。リトル・フィートのアーティスト写真に、ローウェルは誇らしげに〝全力応援中〟とサインをした。

この特別な日のためにボニー・レイットもやって来ていた。DJからコメントを求められたボニーは言った。「リトル・フィートは世界で一番のロックンロール・バンドよ」

サンセット・ブルヴァードのロキシーで4日間のライヴが行なわれ、ボニー・レイットの他、ジャクソン・ブラウン、もう何人かの友人たちも出演し、その場に居合わせたラッキーな客には、他でもないフレデリックスの商品券25ドル相当がプレゼントで渡された。

そしてあとでわかったのは、リトル・フィートはウォーク・オブ・フェイムの星をもらっていなかったということだ。それは『ラスト・レコード・アルバム』宣伝のためのハイプ〔誇大宣伝〕だった。

「すべてはプロモーションのためだったということさ」とペイン。「ハリウッドへようこそ！」

❖『ラスト・レコード・アルバム』

第10章 なんだこれは? ウェザー・リポートか?

"What Is This? Weather Report?"

それはある種のシーソー、もしくはジェットコースター。1977年春から夏にかけてのリトル・フィートの状態のことだ。

4月にリリースされた『タイム・ラヴズ・ア・ヒーロー』は、バンドにとって1年半ぶりの新作だった。セールスを伸ばし、ワーナー・ブラザースとの契約を更新した彼らだったが、常に解散の危機を迎えているかのようなこのバンドに対し、ロック・メディアの中には疑いの目を向ける者もいた。

サーカス誌6月号でのビル・ペインはいかにもプレス用の体裁を保ちつつ、解散の噂に関する質問をするピーター・クレセンティにこう答えた。「バンドはいろんなことをしたけど、唯一してないのは解散だよ。こんなに気分がいいのは久しぶりさ」

インタビューに同席したバレアはそれよりは少しばかり現実的だった。「解散はしないよ。それはあり得ない。コストがかかりすぎる……契約を考えると」

そもそも、とペイン。「メリーランド州ハントバレーで録音した『アメイジング!』を除けば、これは一番すんなりと完成したアルバムだ。スタジオ内でのゴタゴタは一切なかった」

バレアによれば「それもごく当然のこと」なのだ。「全員の心の持ち方は前よりもずっといい。これまでにないくらいすべてはポジティヴさ」

リトル・フィートのバンドとしての団結は、NBCの音楽番組『ミッドナイト・スペシャル』への出演でも証明された。6月の金曜深夜、普段はポップス、ロック、R&B系アクトが観客を前にスタジオ・ライヴを繰り広げるこの番組にリトル・フィートは出演。エミルー・ハリスと番組の進行役を務め（しゃべったのはローウェルとバレア）、ニール・ヤング、ジェシ・ウィンチェスター、ボニー・レイットといった豪華な顔ぶれに加え、ジャズ・ロック・グループ、ウェザー・リポートを紹介した。エミルー・ハリスとボニー・レイットという〝テレビ向き〟なきれいどころ二人をバック・ヴォーカルに従えたリトル・フィートは「ディキシー・チキン」、「オールド・フォークス・ブギー」（リード・ヴォーカルはバレア）、「ロケット・イン・マイ・ポケット」そして「ロックンロール・ドクター」を演奏。全米にリトル・フィートの強みである力強く安定したパフォーマンスを知らせると同時に、その弱さも露呈することになった。それはカリスマ性の乏しさだ。ローウェルの歌と演奏からはあまり精悍さは感じられず、観客に阿《おもね》る様子もない。しかし、それがリトル・フィートのやり方なのだとも言える。つまり、おしゃべりは音楽にさせればいいのだ。音楽は十分なほど雄弁だった。新作からもう2曲が演奏され、彼らは任務を完了した。

この少し前に出演した、別の番組よりは上出来だったとバレアは言う。「リッチー、サム、僕で『ハリウッド・スクエア』［ゲーム番組。3×3の格子の席《スクエア》に9人の芸能人解答者が座り、クイズに解答。それが嘘か誠かを3目並べの要領で競う］の〝秘密のゲスト席〟に座ったんだ」。バレアは詳しいことは忘れていたが、3人で一つの席だったことは覚えていた。そして中央席の常連コメディアン、ポール・リンドが「僕らの回答のつまらなさに飽きて出てってしまった」ことも。『ミッドナイト・スペシャル』に出演した数日後、ローリング・ストーン誌がこんな見出しの記事を掲載した。「ローウェルがリトル・フィートから引退する時」。ライターのジョン・スウェンソンは、フィートのファンが二つの派に分かれ始めていることに触れていた。一つはローウェル・ジョージの独創的なソングライティングとエレクトリック・ルーツ・ロック寄りなプレイを支持する派、もう一つはビル・ペイン、ポール・バレアが向かおうとしていたジャズ・フュージョンとファンク路線を支持する派だ。また『タイム・ラヴズ・ア・ヒーロー』はバンドにとっては突破口となったが、ローウェルの出番は最も少ない一枚だとした。

スウェンソンはローウェルとは話はしていないがバンドの関係者に話を聞き、もしソロ・アルバムの制作に取りかかり始めたローウェルがバンドを抜けるようなことがあっても、リトル・フィートは存続するという証言をとっていた。「別の誰か〝黄金の喉〟を持った人間を探さなきゃならないね」とバレア。「それもありだろうけど、彼は辞めたりしないよ。それは絶対ないよ」

実際、その翌月の8月、ローウェル率いるバンドはかつてリトル・フィートが大盛況のライヴを行なった2会場のステージに立っていた。一つはロンドンのレインボウ・シアター、そしてこれまでのベストと呼べるショウを繰り広げたワシントン州ライスナー・オーディトリアム。ここでのライヴ音源はいずれバンド最大のベストセラー・アルバム『ウェイティング・フォー・コロンブス』を生み出すことになる。

だが、まだ季節は春から夏。ジェットコースターのような日々は続いていた。周囲には——少なくともメディアには——すべては順調、〝どうか僕らのレコードを買ってね〟とにこやかに言っているように見えた。だが内情は違っていた。実際の『タイム・ラヴズ・ア・ヒーロー』

のレコーディング中がどうだったのか、そしてそのローウェル・ジョージとのバトルはあとどれほど続くのか、その危惧は深刻さを増していた。

リトル・フィートの将来に大きな投資をしたワーナー・ブラザース・レコードもバンド内の亀裂を十分承知していた。そこでローウェルをプロデューサーの席から外すように仕組んだのだ。エンジニアでローウェルのよき相棒、ジョージ・マッセンバーグはこう覚えていた。「レニー（ワロンカー）とモー（オースティン）は『ラスト・レコード・アルバム』を境にローウェルへの信頼を失ってしまった。たった8曲入りのアルバムにとんでもない巨額を費やしたからさ。それでテッド・テンプルマンが『タイム・ラヴズ・ア・ヒーロー』をプロデュースする条件で、ローウェルがソロ・レコードを作れる契約を結んだんだよ」

その頃にはドゥービー・ブラザーズ、ヴァン・モリソンを始めとしたワーナー・ブラザース所属アーティストで大成功を収めていたテンプルマンは復帰を喜んだ。『セイリン・シューズ』でオリジナル・リトル・フィートと仕事をしたのは5年前。ところがその時とはまったく力関係が変わっていたことにテンプルマンは気付いた。一つにはローウェルの不在だ。「あいつがどこにいるのかまったく分かんないんだよ。あのアルバムでは多くの時間はあいつ抜きだった」

バンド仲間と開きつつあった距離、向き始めたソロ・プロジェクトへの関心、それに加え、ローウェルは実は病気を患っていた。ウイルス感染によるC型肝炎を発症していたのだ。慢性的なドラッグ使用との関連性を指摘されるこの疾患に罹っていることをローウェルは『ラスト・レコード・アルバム』制作中に知った。「みんな心配していたよ、もちろん俺もさ」とリック・ハーパーは言う。「いつもなんだかんだ言って医者に行かないんだ、手遅れになる寸前まで」。自らもドラッグ問題を抱えていたことを認めるマーティン・キビーには、旧友の様子は普通通りに見えたと言う。「あいつがC型肝炎だったとは気付いてなかった。鼻の調子がいつも悪かったんだよ。いつも機嫌悪そうで、乾いた咳をしていた。〝くだらないことは蹴り散らす〟タイプだ。明らかに太り過ぎだったが、身体は誰よりも頑強だったよ」。実際、キビーが言うには「ローウェルは病状の深刻さに気付くことなく、余裕で楽しんでいた」ように見えたと言う。

しかし、どれほどコンサートやテレビ出演ではこれまで通り、〝バンドの顔〟であり続けていたとしても、ローウェルの作る音楽やバンドでの位置には明らかにその影響が出ていた。ペインが「すんなりとゴタゴタ一切なし」と表現したセッションも、バレアによれば、その前年10月からだらだらとスタートしていたのだと言う。「その時点で僕らがやったことといえば、〈オール・ザット・ユー・ドリーム〉の録り直しと、シンガーのヴァレリー・カーター用デモ数曲、それと結局はアルバムに入らなかったペインの〈フロント・ページ・ニュース〉だけだったよ」。（マッセンバーグがプロデュースしたヴァレリー・カーターのアルバムにはローウェルも参加。そのうちの1曲は、ローウェル／ペイン／カーターで書いた「バック・トゥ・ブルー・サム・モア」だ）

ポール・バレアは1977年、プレスに対して誇らしげに、バンドはスタジオで正午から夜

6時まで職人のようなスケジュールで仕事をしていると語っていた。「とにかくやるという考えのもとにスタジオに入った。曲をダメにしない程度にしか、リハーサルもしなかった。おかげで最高のエネルギーを伝えられたと思う」

そのエネルギーにローウェルが果たした役割がほとんどなかったことを、バレアとペインは何年も経ったあとで認めている。収録曲9曲のうちポール・バレアが書いたのは共作も含め、シングルとなったタイトル曲を含む6曲。それに対して2曲のローウェルは「ロケット・イン・マイ・ポケット」を書き下ろしただけで、ブルージーな「キーピン・アップ・ウィズ・ザ・ジョーンジズ」はバレアとの共作である。リード・ヴォーカルでは「ロケット」、バレアの曲「ハイ・ローラー」、ローウェルの友人テリー・アレン作曲「ニュー・デリー・フレイト・トレイン」の3曲で素晴らしい喉を聴かせてくれる。

ベーシスト、ケニー・グラッドニーはローウェルがメンバーに曲を書くように勧めたことを覚えている。「ローウェルが言ったんだよ。〝自分一人が全部の曲を書く人間になりたくない。お前らも少しずつ書いてくれ〟って。『タイム・ラヴズ・ア・ヒーロー』の時は〝アルバムを作ってくれ〟ってそれだけさ。ワーナー・ブラザースはあいつにソロ・アルバムを作らせようとしてた。レーベルが推してたのはローウェルだったからね。でもあいつはみんなに書かせたがったんだ」

そこで中心勢力が移行したのだ。ペインとバレアに対し、ローウェルが「僕に代わってやってくれ。少なくとも、舵を取り始めてくれ」と言ったことをペイン自身は覚えている。「言ってみりゃ、ジェリー・ガルシアと同じ立場にいたんだよ。（グレイトフル・デッドに）いながら、ジェリーは1週間とか2週間、平気で姿を消すことがあった。帰ってくると周りは〝戻ってきたか、それならいい〟という感じだったのさ。僕らも状況は似たようなもんだった」

ロック・ジャーナリストのバーニー・ホスキンスはローウェルが「うまい具合にバンドの主導権をポール・バレアに譲り渡した」と考えたが、バレア本人の考えはちょっと違う。バンド内に常にあったのはいわばシーソー効果だ。「確かにローウェルは僕らにもっとやらせたがった」とバレアは言う。「でもコントロールはしたかったんだ」

＊

テッド・テンプルマンをプロデューサーに迎え、ローウェルとペインは〝どちらがクリエイティヴな口出しをするか〟をめぐり、火花を散らすことになった。「ビリー［ペイン］はプロデュースの部分でもっとかかわりたい、責任を持ちたいと思っていたんだ」とバレアは言う。「だがローウェルはその部分は譲りたがらなかった。口では僕らに〝もっとおまえらも前に出てこい。参加してくれ〟と言っておきながら、実際にそうしたらショックだったみたいだった」

それよりもっとローウェルがショックを受けたのは、メンバーたちが持ってきたジャジーなナンバー「デイ・アット・ザ・ドッグ・レース」だったように思える。「どういうわけか、ローウェルはあの曲を嫌ってね」とペインは言う。「あまりにフュージョンみたいだと言って、僕らが演奏する時はステージ袖に引っ込んでたほどだよ」。その態度はメンバーを驚かせた。ローウェルがかつてはフルートを吹いていたことを考えればなおのことだ。キビーもローウェルがハービー・マンやローランド・カークなどを聴いていたことを覚えている。「僕らがある部分、ウェザー・リポートを真似てるように思えたのさ」とバレアは言う。「僕自身はそんな風にはまるで感じなかった。ただ音楽的に面白いことをしようと踏み出した一歩だと思ってたよ」

「デイ・アット・ザ・ドッグ・レース」はリハーサルから生まれた曲だったが、リハーサルにローウェルが来ることはあまりなかった。バレアによれば、練習がそのままジャム・セッションになることは多かったと言う。「サムとケニーとリッチーの息はリズムの部分でぴったりだったし、ビリーと僕はメロディの部分でぴったりだった。だからああいう曲はやってて最高に楽しめた。そのことにローウェルが焦ったのかどうかは分からないが、納得してない様子だった。ああいう曲は絶対にラジオじゃかからないって、彼は分かってたんだろう」

ペインは何度かのジャム・セッションを録音し、それを緻密に構築して曲にした。出だしはシンセサイザーで奏でるフラメンコ風サウンドが数小節、そこから一気にジャズになる。『セイリン・シューズ』と『ディキシー・チキン』ですでに使っていたとは言え、当時まだ目新しかったテクノロジーに対する不安はあったとペインは言う。「初めてシンセサイザーを目の前にした時、〝自分はディスコの連中みたいなサウンドになってしまうのか？〟と思ったよ。でも違った。ピアノの観点から見たんだ。僕にはそれなりに〝オーケストラ的な耳〟がある。そういうレベルで使いこなそうとしたんだと思うよ」

「その手本にしていたのがウェザー・リポートのジョー・ザヴィヌルだった」とペインは言う。「ほら、僕らってこれまでもずっと人様のものを勝手に自分たちのものにして来ただろ。リトル・フィートのやって来たことで、真にオリジナルって呼べるものはほとんどない。でもそれをリトル・フィートたらしめるのがあの声さ。いろんなところから要素を引っ張ってきて混ぜる。それを恐れたことは一度もなかったよ」

　しかしローウェルは最新と呼ばれる〝要素〟に興味がなかった。テープを聴き、不機嫌そうだったとテンプルマンは言う。「こう言ってたよ。〝なんだこれは？　くそったれ《ファッキン》ウェザー・リポートか？〟」。この逸話はテンプルマンからライターのバッド・スコッパへと語られ、２０００年のアンソロジーＣＤ『リトル・フィート30イヤーズ・ボックス！　ホットケークス・アンド・アウトテイクス』で引用されている。しかしごく最近、僕がテンプルマンから聞いた話では、曲をめぐって揉めたことはなかったのだと言う。「ローウェルはあまり気にしてなかったよ。別に〝おまえら、何をする気だ？　ウェザー・リポートになろうとしてるのか？〟とは言われなかった。僕は気に入ってたし、反対意見は一つも上がらなかったよ」

　１９７９年６月、亡くなるわずか11日前に行なわれたビル・フラナガンとのインタビューでもローウェルはこの曲に難色を示す主張を展開したが、その口調はもっともらしく聞こえた。まず第一に、ウェザー・リポートがリトル・フィート、エミルー・ハリスらと『ミッドナイト・スペシャル』に出た時が、初めてあの凄腕バンドを知った時だったとローウェルは言った。リハーサルの段階から、ジャコ・パストリアスを始めとするミュージシャンたちに〝ぶちのめされた〟と言う。ビルの演奏など比べものにならないとローウェルは思った。「ああいうコード進行で、ああいう質感で、あの楽器［キーボード］を弾ける人間は数える程しかいなかった。その頂点がハービー・ハンコックとウェザー・リポートだ。でもそれを僕らが狙っても勝てっこないんだったら、やっても意味ないじゃないか？　なによりも俺たちに合わなかった。気が変になりそうだったよ。リトル・フィートがやってる他のどんな曲とも真逆だったからね。退屈すぎてその場にいられず、ステージから引っ込んでたんだ」

だが毎回そうだったわけではない。「時にうまく行くこともあったんだよ」とローウェルは言う。「少し経ってからだ。6回に1回くらいかな。めちゃくちゃ熱い曲になることがあった。でも残りの5回は曲が終わるのを待つしかなかったよ」

残念なことに、この頃にはローウェルは数で負けていた。最初にバンドを契約したレニー・ワロンカーはバンドの新たな方向性に反し、ローウェルの側に付いていた。そのことを分かった上でテンプルマンはペインたちの側に付いた。「僕はそもそもジャズ奏者だったし、ジャズが大好きだ。彼らの好きにやらせたよ。特に〈デイ・アット・ザ・ドッグ・レース〉みたいな曲での彼らは最高だった。あのイカしたイントロを考えたのはビル・ペインだ。確か弾いたのはオーバーハイム［シンセ］じゃなかったかな。当時としては時代の先を行くやつだ。クリエイティヴな意味でもビルの独壇場だったし、ポール・バレアもそうだった。こちらはただ深々と椅子に座り、ビルの勢いに任せてただけさ」

ステージでこの曲が演奏されるとローウェルが楽屋に戻ってしまうことを、ペインは無視し続けた。「はっきりしない時は何もするなと言うじゃないか」とペイン。「気に入らなければ弾かなきゃいい。そう思っていた。というのも、あいつの〝2歩進んだと思ったら1歩下がり、さらに2歩下がってまた1歩進むやり方〟にほとほと嫌気がさしてしまってたんだ」。さらに不幸なことに、バンドにより大きな会場でのコンサートが入るようになったあとも、両者の距離は埋まらなかったのだ。しかしマネージメントやレコード会社と最も近かったのは、やはりローウェルだ。意思疎通が取れなくなっていたペインとローウェルの間に入り、仲介をするのはバレアの責任になった。「今思うと、もう少し連絡を取り合っておくべきだったよ」とバレアも認める。「話し合うべきだった。問題の原因がなんなのかとか、そういうことを」。〝そういうこと〟の中にはローウェルの健康も含まれていたとバレアは言う。「でも話さなかったんだ。ビルとローウェルはいっぱい話していたのかもしれない。残りの僕らは〝ツアーに出るからリハーサルに来い〟と電話がかかってくるのを待つだけだったんだ」。ビジネスの細かいことはペインとローウェルに任せておけばいい。他のメンバー同様、バレアもそう思っていたのだ。「当時はあまり深く物事を考えてなかった。ただ演奏し、楽しみ、飲んで、［口から］吸って、［鼻から］吸って、また弾く。それでよかったんだ」

自分が書いた「ロケット・イン・マイ・ポケット」でさえ犠牲にしかねないほどローウェルのやる気は失われかけていた。テンプルマンはそんなローウェルに発破をかけるようなことをあえて言ったという。「〈ロケット・イン・マイ・ポケット〉を歌うあいつに僕は言い続けた。〝ローウェル、なんの魂もこもってないよ〟と。あいつは機嫌を損ね、歌うのを止めた。するとあの巨体で――あいつはマジで巨漢だからね――ジャンプしたんだ、宙に。そのあとは別人みたいになったよ。歌ってる最中にみるみると」

レコーディングは続き、ローウェルの曲にスライドギターのソロを入れることになった。ところがテンプルマンの記憶によると「どうしてもローウェルがベッドから出てこなかった」のだ。「単なる二日酔いだったのか、ペルー産インフルなのか、ただのぐうたらだったのか」テンプルマンには分からなかったと言う。

「他の日にはちゃんと来てたんだよ」。しかしその日は特に重要な日だったのだ。「それでボニー・レイットに連絡したんだ。彼女はすぐに来て、最高のスライドを弾いてくれた。僕はローウェルに電話して言ったんだ。〝これを聴け。どう思う？〟。あいつはベッドからすっ飛んできたよ、パジャマのまんまで。そしてブースに直行し、弾いたんだ。テクニック的には互角のいい勝負だったが、当時はやはりローウェルの方が一枚上手だったかな。彼女はローウェルを神のように崇拝してたからね」

ローウェルを愛し、リスペクトしすぎるがあまり、テンプルマンからの誘いを一度は断ったとレイットは言う。「本当はやりたくなかったのだけど、タイムリミットぎりぎりなのでやってほしいとせがまれたのよ。なぜ彼が来てなかったのか、そこには何か裏があったんだと思うわ。その頃、彼は遅刻の常習者になってて残りのメンバーは腹を立てていた。それで私に弾かせることで彼をスタジオに呼ぼうとしたわけ。あまりうれしくなかったわ。当時、彼らに言った記憶もあるの。問題があるんだったらちゃんと対処すべきよってね」

ボニー・レイットのギターは最終的には使われなかったが、タワー・オブ・パワーのホーン隊とフレッド・タケットがフィート援軍を代表して参加している。タケットはタイトル曲で、8弦楽器マンドチェロとギターを弾いた。ペインがツアー、スタジオで参加していたドゥービー・ブラザーズからは3人が駆り出された。「ニュー・デリー・フレイト・トレイン」でドブロを弾いたスカンクことジェフ・バクスターと、アコースティック・ギターを弾いたパット・シモンズ、そして「レッド・ストリームライナー」ではシモンズとマイケル・マクドナルドの艶やなヴォーカルが加わった。

他のアーティストで数多くのヒット・アルバムを生んでいたテンプルマンにとっても、それは満足いく結果だった。苦労はいろいろあったかもしれないが、ローウェル・ジョージを含むリトル・フィートは姿を現し、やるべきことをやったのだ。テンプルマンがスコッパにこう語ったように。「僕はそれこそいろんなタイプのプロデュースをして、ヒットにも恵まれて来た。でもアーティストから学び、その才能にこちらが楽しませてもらうという意味ではリトル・フィートが間違いなく最高峰だ。互いを尊敬していたよ。気もとても合った。ロック史上に残る、真に音楽的と呼べるグループの一つだったね」

たとえそうだったとしてもだ。完成した商品は評論家たちの批判に晒《さら》されることになる。ウェブ・マガジン、パーフェクト・サウンド・フォーエヴァーのJ・P・ジェリナスは「20

08年の記事で」『タイム・ラヴズ・ア・ヒーロー』は「プレスからも大衆からも同様にガッカリな1枚だと見なされた」と書いている。

しかしこれはあまりに大雑把な見解だ。リトル・フィートの未だ控えめな〝標準〟からすれば、アルバムは成功したと言っていい。前作2枚同様、チャートでは最高34位まで上がり、ビルボード誌の週ごとに集計されるLPとテープの売り上げTOP200に4週間とどまった。最終的に50万枚のセールスを上げ、バンドに2枚目となるゴールド・アルバムをもたらした。

前作には失望を表していたローリング・ストーン誌も、今回はバンドの進化を認めているようだった。ピーター・ハーブストはリトル・フィートのこれまでの作品群を、〝ローウェル・ジョージがメインの3枚〟と〝そうではない3枚〟の二つのカテゴリーに分類した。後者から消えていたのは、変則シンコペーションや変わった漫画的な歌詞、ローウェルのヴォーカルとギターのスタイルだった。

そんなペインとバレアが主導する新たなバンドの方向性をハーブストは好意的に受け止めた。「ロックとファンクの融合という点で、リトル・フィートは同じ傾向を持つ他のバンドよりも秀でている。というか少なくともずっと自然にそれを行なっている。新作を満たすのは、強力で柔軟性あるリズムセクションを十分に活かしつつ、前の2枚のアルバム以上よりも優れたメロディを誇る楽曲の数々だ」

問題の「デイ・アット・ザ・ドッグ・レース」については、バンドがウェザー・リポートやマハヴィシュヌ・オーケストラ［マイルス・デイヴィス・バンドで一緒だったジョン・マクラフリンとビリー・コブハムが立ち上げたジャズロック・バンド」、ジェフ・ベックなどから収集したものを見せることに「ある部分では成功した」曲だとするに留まった。それよりもハーブストが気に入っていたのは、スティーリー・ダンとの類似点も認めた上で、ペインの「レッド・ストリームライナー」だった。

音楽ライター、ドン・スノウデンはロック・アラウンド・ザ・ワールド誌で1977年半ばにアルバムを取り上げた。統一感ある『ラスト・レコード・アルバム』に比べると「さまざまなスタイルを取り込みすぎている」とした上で「彼らは彼ら自身の音楽を作り上げる多様な要素ゆえ、まとまりのあるバンド・サウンド」へと昇華させることに失敗したとスノウデンは指摘。そう言いながらも、アルバムは「非常に素晴らしい」と評価し、フィートの音楽ルーツの幅広さを証明する2曲を例にあげた。一つは「進行形という観点から」フィートの音楽性をよく示す「デイ・アット・ザ・ドッグ・レース」、もう一つは最高のドラミングと「人生の盛りをすぎると／心は約束するが　肉体は追いつかない」という最高の歌詞を持つ「オールド・フォークス・ブギー」だ。

（ポール・バレアはこの歌詞の元ネタは父親だったと認めている。ニューヨークのヴォードヴィル劇場で係員をしていたバレアの父は、職場で耳にした面白いジョークを持ち帰っては家の中で言っていたのだ。「髪が白髪になったってまだ歳は取っちゃいない、髪が落ちてきたってまだ歳は取っちゃいない」……。作曲者クレジットに父親の名前ゲイブリエル・ポール・バ

レアが入っているのはそのせいだ)

アルバム評の中でスノウデンはリトル・フィートの〝与えられて然るべき〟功績にあえて触れる。それは大勢いる世のフィート・ファンの心の声だと言っていい。彼らはミュージシャン仲間(例えば、レッド・ツェッペリンやマーシャル・タッカー・バンド)や評論家からは絶大な支持を集める。一方でジャクソン・ブラウンやリンダ・ロンシュタット、そしてイーグルスはロサンゼルスの代表として聖別されている。なのになぜ、リトル・フィートは「〝自国では名誉のない預言者〟のような」不当な扱いを受けるのだ? スノウデンに言わせれば、ロサンゼルスを音楽的に代表するのは、ロスの町並みやキャニオンの上空高く――時に高すぎるくらいに――舞い飛ぶイーグルスではない。映画スターと〝クールホイップがけのジェローの山〟に象徴される彼の地に生きる、トラック運転手や低賃金層のストーリーを語るリトル・フィートであるべきなのだ。

プレスは大方、あいかわらずリトル・フィートへの愛を貫いていたが、一歩間違っていたらそうはならなかったのだ。『タイム・ラヴズ・ア・ヒーロー』の制作中、ローウェルはインタビューに応じた。波紋を呼びそうなタイトルが考えられているという噂に答えてのことだ。その噂の発端は、ジグザグ誌1976年8月号のポール・ケンダルに語ったこんなローウェルの言葉だ。「僕としては〝ニガー・リッチ〟と呼びたいんだが、きっと抗議の手紙が殺到するだろうね」。それはアルバムのジャケットに関してのアイディアに基づいているんだとローウェルは語った。今回も手がけるのはネオン・パーク。「僕からネオンにコンセプトを持ちかけたのはこれが初めてだった。それは黒人連中のことというよりは、巨大なミドルクラスのことを指してたんだ。彼らは自分たちは〝うまくやってる〟と思ってるが、実際は環境を破壊している。もっと道を作れ！　もっと鉄塔を建てろ！　もっとアスファルトを流せ！　ここにスキー・リゾートを建設しろ！　そういった態度のことさ。レクリエーション［娯楽］は素晴らしいかもしれないが、アメリカじゃ、recreation［〝娯楽〟の他に〝物を新たに作る〟という意味］じゃなく、de-creation［破壊する］になっちまっている。しかもバカみたいに金がかかる。くだらないことがたくさんさ。ニガー・リッチと呼ぶことの目的はそこなんだ」

ローウェルはネオン・パークにイメージを伝えた。「キャンピングカーに年寄りが乗っているんだ。そのじいさまはテレビでフットボールの試合を観ている。ばあさまはキャンプ用のスツールに座って、シェールが表紙のナショナル・エンクワイアラー紙［ゴシップ中心のタブロイド紙］を読んでいるんだ。二人は月を越えた軌道を回ってて、そこはビール缶でいっぱいなんだ」。「『ビア・カンズ・オン・ザ・ムーン』のジャケ写みたいに？」とケンダルが尋ねた。「そう。エド・サンダースが提唱したやつさ」と言うローウェルが思い浮かべていたのは、アナーキーなロック・バンド、ファッグス［Fugs］の創始者が［72年に発表したソロ］アルバムだ。「時間枠、成分、僕らの目に見えたものを横に並べて置く。これまでも僕らのアルバム・カヴァーはそういうものだったからね」

幸いと言うべきか。ローウェルの描くビジョンが日の目を見ることはなかった。『タイム・ラヴズ・ア・ヒーロー』でミドルクラスをテーマにしたの曲は、ローウェルとバレアが書いた

「キーピン・アップ・ウィズ・ザ・ジョーンジズ」一曲にとどまった。それはこんな風に始まる。

お隣に負けじと見栄を張るのは本当に疲れる
人生の最高のものはタダで手に入る
などと言うあの男を縛り首にしてやれ

しかしこの曲にはエコロジーのかけらもなく、どこにも月もビール缶も出てこない。一つ、多くの評論家たちが口を揃えて指摘したのは、ニュー・アルバムにおけるローウェルの影の薄さだろう。ドン・スノウデンは「おそらくソロ・アルバムに取り組んでいるせいだろう。ここでのローウェル・ジョージは不思議なくらい場違いに感じられる」と踏み込んだ。ペインとバレアがもしかすると他のメンバーと共謀し、ローウェルからクリエイティヴ・コントロールを〝ハイジャック〟して彼の曲を入れさせないようにしたのではないかと書く者もいた。「くだらない濡れ衣を着せられたよ」とペインは言う。「僕らがローウェルを曲作りから締め出したのではないかと。でもそれは違う。あいつが曲を書けずにいただけなんだ」

当初ペインは、もしかするとローウェルが密かにソロ用の曲を貯め込んでいるかもしれないと思っていた。リトル・フィートから奪われるものを考えると、ソロ・プロジェクトには疑いしか持てなかったのだ。「でもね、ローウェルのソロ・プロジェクトにまつわる行動を注意深く見る限り、そこで導かれる結論はこういうことだった。〝こいつはソロ・アルバムを1枚作るのに5年もかかっている。しかもそのアルバムにはオリジナル曲がほとんど入ってない。どう僕らがあいつに曲を書かせなかったって言うんだ？〟。ローウェルを遮っていたのはローウェル自身だったんだよ」

その年はじめのインタビューで楽しげに語っていたペインとは天と地の差だ。ドン・スノウデンや多くの音楽評論家が愛してやまない〝音楽の無法者たちのバンド〟は姿を消しつつあった。それでも、何度もフィートのステージを観ていたスノウデンは信じ続けた。チャートにも顔を出すようになり、まずまず売れるバンドになった彼らだったが、評論家たちは信じていたのだ。彼らならもっと行けるはずだと。そんなフィートが「あと一歩行くのに必要なのは」とスノウデンは言う。「2枚組のライヴ・アルバム。それとそれに見合うワーナー・ブラザースからの一押しだ」

もしかするとスノウデンはどこかでバンドの内部事情に通じていたのかもしれないが、その8月に行なわれたコンサートはライヴ録音され、彼らをあと一歩には及ばなかったかもしれないながらも、それに果てしなく近付けることになったのだった。

❖『タイム・ラヴズ・ア・ヒーロー』

第11章 ウェイティング・フォー・コロンブス

Waiting For Columbus

口論や揉め事の絶えないレコーディングだったにせよ、『タイム・ラヴズ・ア・ヒーロー』でリトル・フィートはささやかながらも三連覇を達成した。ビルボード誌アルバム・チャートで3週連続TOP40入りを果たしたのだ。とはいえ、内部の者は知っていた。終わりが始まりかけていることを。

1977年はじめ、またすぐにレコーディング・スタジオに戻ることを嫌ったローウェル・ジョージが提案したのは、夏に行なわれるコンサートの何日かを録音してライヴ・アルバムを作ることだった。長くダラダラと、それでいて常にピリピリとしたスタジオに戻りたくない気持ちは他のメンバーとて同じだ。ローウェルの提案は即座に受け入れられる。ローウェルの理由がなんであったにせよ――ペインはもしかすると「そうすることでバンド内の地位を取り戻したかったのかもしれない」と推測するが――ローウェルがそれを自分から言い出したことをバンドは歓迎した。状況を考えると、なんとも皮肉な話だったとしてもだ。というのも、ローウェルが思うように曲が書けなくなり、バンド内での力が弱まるにつれ、リトル・フィートの人気は逆に高まっていたからだ（イギリスで『タイム・ラヴズ・ア・ヒーロー』は大絶賛をあび、TOP10入りした）。

バンドもそれは分かっていた。彼らの強みはなんといってもライヴなのだ。何年もあとになるが、リッチー・ヘイワードはお気に入りのフィートのアルバムとして『ウェイティング・フォー・コロンブス』を選んでいる。「スタジオ・レコードの曲が僕らの手にかかればどうなるか、それを示したアルバムだったから」だ。

彼らの手にかかれば曲は常に新しい場所へと連れて行かれたが、必ずしも新しい高みだったとは限らない。リトル・フィートを含め、既存のものを変えることを糧にし、自分たち自身にもオーディエンスにも挑み続けるバンドには、常にうまくいく保証など何もないのだ。出来のいい日もあれば悪い日もある。彼ら自身が気付かなかったとしても、日によっては緊張と衝突と、時には暴力すれすれのことが一気にステージに集結してしまうことだってあるのだ。

このライヴ・レコーディングではタワー・オブ・パワー・ホーンズが数曲で迎えられた。スペシャル・ゲストも何人かいた。ロンドンではミック・テイラー、ドゥービー・ブラザーズのマイケル・マクドナルドとパトリック・シモンズもいた。ノリのいい連中とは彼らのことだ。レコーディングは8月、リトル・フィート・ファンが特に熱狂的なことで知られるロンドンとワシントンDCが選ばれたのはバンドの賢明さゆえだろう。マンチェスターでの軽い腕ならしののち、ワーナー・ブラザース・ミュージック・ショーでの大成功から2年ぶりのレインボウ・シアターに凱旋した彼らは手堅く初日を終えた。さあ、パーティだ。とことん盛り上がってやる。

少なくとも何人かがそれを実践した。

2009年、タワー・オブ・パワーのサックス奏者エミリオ・カスティーヨは、音楽サイト、ジャムバンズとのインタビューでその顛末を記憶をたどりながらこう語っている。「リトル・フィートはイギリスとヨーロッパじゃ超セレブ扱いされてたもんだから、楽屋は有名人が大勢やって来て、ドラッグやら何やらが入り乱れてたよ」

おやおや。

「その晩のことは暗黒の水曜日《ブラック・ウェンズデー》として語り草になっている。火曜のライヴを終えた連中は、徹夜で大パーティを始めた。ミック・ジレット（トランペット、トロンボーン）、ポール・バレア、リッチー・ヘイワード、ローウェル・ジョージ……。そして一睡もしないまま、翌日のサウンド・チェックに現れたんだよ。〝4人よりまともだった連中〟がいい顔をしなかったのは当然だ」

それはおそらく、ビル・ペイン、サム・クレイトン、ケニー・グラッドニーのことだろう。カスティーヨは続ける。「ステージに上がる直前、リッチー・ヘイワードとローウェルの間で大げんかが始まった。散々っぱら罵り合って、リッチーがその場を去ろうとした時だ。ローウェルがリッチーの背後から突然殴りかかったんだよ。かなりのパンチで。僕らのツアマネだったダグ・ザーンが慌ててててリッチーを取り押さえた。だって殴られ、振り向いたリッチーは今にもローウェルをぶっ殺すんじゃないかという剣幕だったからさ。そのまま僕らはステージに上がった。ポールは完璧意識がぶっ飛んでて、話すことも、立ってるのもようやくだった。リッチーとローウェルは今にも殺し合いを始める寸前。残りの連中の怒りは頂点だ。そんな状態で俺たちはステージに出ていったのさ」

リトル・フィート・ファンはご存知だろうが、バンドにはステージに向かう途中、全員が身を寄せ合い、古い霊歌の「ジョイン・ザ・バンド」の一節を歌う慣わしがある。実際、それは『ウェイティング・フォー・コロンブス』の1曲目に収録されている。

その日はそんな和気あいあいとした雰囲気であるわけもなく、ローウェルはステージのツアマネに〝バレアのアンプを切れ〟と指示を出した。「そのたびにポールは振り返って、アンプの電源を入れるんだが、演奏を始めるとまたすぐにローディが切る。ずっとそんなだったよ。やばかったね」

ところが怒りはむしろヘイワードとローウェルから最高の演奏を引き出させた。「二人は演奏で相手への恨みを晴らしてたんだ。俺たちも言っちゃなんだが、プレイは一流だ。ミック・ジレットは一晩中パーティをしてたにもかかわらず、ど肝を抜くような演奏をしてみせた。あの晩のあいつはすべてがいつもより1レベル上だったね。そしてそれがレコードに使われたんだ」。カスティーヨは笑い、こう付け加えた。「その部分以外を連中はすべてレコーディングし直したんだ。そう聞いた時は驚いた。信じられなかったよ。でも今思えば、あそこまで感情をぶつけ合った時っていうのは、すべて出し尽くされるものだ。あの晩もそうだったんだと思う」

もしくはそうではなかったのか。というのも、2002年にリリースされた『ウェイティング・フォー・コロンブス』のデラックス・エディションのブックレットによれば、〝暗黒の水曜日〟の音源は、何一つアルバムに使われなかったのだ。唯一使われたのは「ディキシー・チキン」の一部とミック・テイラーがゲスト参加した「アポリティカル・ブルース」。そこでローリング・ストーンズのギタリストは熱い対位旋律《カウンターポイント》でローウェルのギターに絡み、友好的ギター・バトルを繰り広げた。

ビル・ペインは当然そこにいた一人だ。ホーン・プレイヤーと違い、ずっとステージにいて一部始終を見ていたペインは、カスティーヨの話は「かなり真実に近い」と言う。ただ一つ違うのは、バレアのアンプを切れと言ったのはローウェルではなくペイン自身だったという点だ。1曲目からそうせざるを得なかったのだと彼は言う。「〈ウォーキン・オール・ナイト〉（バレアとペイン共作）をポールが弾き出したら、全然リズムが狂ってるんだ。〝何やってんだよ、あいつは〟。すぐにギターテクのポール・ブルーノに合図を送り叫んだ。〝あいつのアンプを消せ。あのクソったれアンプを今すぐ消すんだ！〟。だからあの晩の大半をポール［バレア］はアンプを見ては、弾き、弾いては頭を横に振ってたのさ……とにかくこれであいつは片づいた。もうこれ以上めちゃめちゃにされることはない……。ローウェルはというと――そもそもあいつらをあんなにしたドラッグが鎮静剤《ダウナー》だったのかなんなのかは分からないが――ローウェルにはそういったことに対処出来る度量があったんだ。リッチー・ヘイワードはダウナーはやってなかった。サム・クレイトンとケニー・グラッドニーもだ。僕らは顔を見回し、言った。〝この船をなんとか操縦し直すんだ。そうじゃないと、全員ステージから転覆するぞ〟」

「なんとかやり遂げライヴを終えた。すると再び喧嘩が始まったんだ。楽屋に戻る階段を上がっている時にリッチーがローウェルに何かを言い、ポンポンと素早く殴る音が聞こえ、見るとリッチーの後頭部にラビットパンチが落とされていた。怒鳴り声と罵声が行き交う楽屋で僕は叫んだ。〝ステージに戻ってアンコールをやるまで客は帰らないぜ〟」

「僕らは階下のステージに降りて行くと演奏を始めた。〈ティーンエイジ・ナーヴァス・ブレイクダウン〉だ。リッチーは専用ケースにスペアのスティックを入れていた。演奏中に折れた時、すぐに取り出せるようにだ。ローウェルがフロントに立ち、普段の倍、ほとんど3倍近いものすごい速さで〈ティーンエイジ～〉を歌ってた。するとリッチーがケースに手を伸ばし、スティックを摑み、マイクの前のローウェルの頭を目がけて投げ始めたんだ。言っとくが、ローウェルは黒帯だか茶帯だからね。飛んでくるスティックを見事躱《かわ》してみせ、客席に落ちたスティックは客の格好のおみやげになるってわけさ。ある意味じゃ笑える光景だったが、実際のところはすべてがヒヤヒヤの綱渡りだったという、そんな夜だったのさ」

エンジニアのジョージ・マッセンバーグはその晩を「悲劇だった」と呼んだ。「リッチーは疲れ切ってたし、ケニーとサムとビルはなんとか演奏を続けようと頑張ってた。リズはローウェルを立ち直らせようとしていた。ローウェルがドラッグに手を出さないよう、金を持たせないようにしてたんだ。月曜日のライヴの前、ローウェルの姿が見当たらないなと思ったら、楽屋にあった売り物のTシャツをこっそり持ち出して客に売りさばいていたんだよ。コカインを買う金欲しさにね」

「暗黒はその水曜日の夜中ずっと続いた。ポールは左手を見て、右手を見て、なぜギターが鳴らないのかわけが分からない。バンド全員がずっと怒りまくってた。ローウェルが振り返ってリッチーを睨みつける。リッチーが勝手に曲の途中でテンポを速めたり、遅くしたりするからだ。これらのことがすべてステージ上で起きてたんだ。ステージの去り際、ローウェルは空手のポーズを取ってたよ」

そのことについてハイになってたポール・バレアの言い分は？　驚くべきことに、少しばかりは記憶があるらしい。バレアが言うには〝暗黒の水曜日〟の前夜、パーティが開かれたのは彼のホテルの部屋だった。ホーン奏者、ローウェル、ヘイワードがやって来た。部屋に用意されたのは〝悪い白い粉〟、大量のアルコール、錠剤もあった。「トゥイナルだったと思う」とバレア。いわゆるダウナーだ。ルームサービスが追加の酒を届けに来たのを受け取ろうとドアに向かい、ひっくり返ったのを覚えていた。意識を失っている間に「ローウェルのやつが、足を燃やし《hot foot》「マッチを指に挟み火をつける遊び」やがったんだ」。その時のやけどの痕は〝そんなに小さくないバレアの足〟にしばらく残ったという。

　翌日のステージでは「救いようのない状態だった。完璧にイッってしまってた」とバレアは認める。ライヴ中の記憶は何もないそうだ。ただ一つ分かるのは「二度とあんなことはしないと思い知った」ということだけ。

　〝暗黒の水曜日〟は最も波乱万丈なギグとしてリトル・フィートの歴史にその名をとどめ、客席から見ていた評論家の意見も真っ二つだった。NME誌のピート・アースキンはレインボウ・シアターでの4日間を「拍子抜けだった」とし、こう続けた。「バンドは疲れ切ってて、ウンザリしており、見るからにボロボロ、しかも苛立っていた。ローウェルは奇行を繰り返した末、最後は客席にマラカスを放り投げて盛り上げて見せたが、皮肉なまでにすべては受け狙いのお決まりごとなのだ。それでいて少なくともローウェルとリッチー・ヘイワードは、そんな自らのでっちあげを信じるには、あまりにインテリすぎる人間的な人間なのだ」

音楽ウェブサイト、パーフェクト・サウンド・フォーエヴァーのJ・P・ジェリナスは2008年の『ウェイティング・フォー・コロンブス』評で、バンドは汚名を挽回したと評価した。「リトル・フィートがライヴで最高に輝くのは、即興的プレイのやりとりがステージ上で繰り広げられる時だ。アルバムではそれが見事に捉えられている。特に、新たな活力を得たかのようなローウェルの歌とプレイは目を引くばかりだ」

確かにローウェルはそんなだった。アフロヘアでタンバリンを叩く修道僧（演じるのはタワー・オブ・パワーの〝ドク〟・クプカ）と歌って踊る1曲目から、ミック・テイラーとの流れるようなギターのデュエット、感情ほとばしる解釈で演奏される曲の数々まで。キーボードを操るペインにもスポットライトは当たった。何曲かリード・ヴォーカルを取ったバレアにも、リズム隊のグラッドニー、クレイトン、ヘイワードにもだ。ロンドンとワシントンDCのライスナー・オーディトリアムのどちらでも、「マーシナリィ・テリトリィ」ほか多くの曲をタワー・オブ・パワー・ホーンズが安定感あるバックで支え、パーティの雰囲気を盛り立てた。しかしコンサートはあくまでもコンサート。それをアルバムにするとなると、それはまた別の話だ。

2都市での公演を成功のうちに終え、大量のテープと共にレコーディング・スタジオにこもる時がやって来た。プロデューサーとして編集を監修するのはローウェル・ジョージだ。やることは山ほどある。

＊

ロサンゼルスのダウンタウンにあるウェストレイク・スタジオにローウェル、マッセンバーグ、そしてワシントンDCでのPAエンジニア、ウォーレン・デューイーが集まり、どの日のどの演奏がベストかを選び出し、残りを修正する作業が始まった。「『ウェイティング・フォー・コロンブス』ではかなりのオーバーダブ作業をした」とビル・ペインは言う。「ヴォーカルは歌い直し、ギターも少し、ベースもちょっとやり直した。ドラムとキーボードは一切やり直していないよ」。「ディキシー・チキン」ではわずかばかり「その晩、レコーディングされなかったものが加えられたはずだ」とペインは記憶する。

CDのクレジットがそれを裏付ける。「ディキシー・チキン」は〝暗黒の水曜日〟のテイクに、ホーンのブレイク部分だけが翌日からのテイクだ。「トライプ・フェイス・ブギー」もピアノ・ソロが同様の処理を施された。「マーシナリィ・テリトリィ」はサウンドチェック・ヴァージョンがアルバムに収められることになった。

オーバーダブということに関して、最も顕著だったのはローウェルのリード・ヴォーカルだ。ほぼすべてが新たに歌い直されている。エンジニアのデューイーがバッド・スコッパに語ったところによれば「ローウェルがたいていワンテイクで歌い直し、そのあとでオリジナルがいいか、オーバーダブがいいか、もしくはその両方の組み合わせがいいか決めたんだ」と言う。デューイーによれば、ローウェルはギター・ソロもすべて弾き直したと言う。「ローウェルが好むようなハイレベルの録音テクニックはライヴ現場では不可能。1曲の中のささいなミスを修復するために、リッチー・ヘイワードがわざわざドラムをセットして叩き直したほどさ」

ペイン自身、結果にはよい意味で驚いたと言う。「のっけから歓声と拍手、そしてバンドの歌声が聴こえてくるのを聴き、鳥肌が立った。そして聴き進めるうちに、僕たちはすごいものを作ったんだと実感した。どんなハリウッドのマジックを使ったのかは知らないが、顔面を直撃された気がした。この時ばかりはローウェルの手柄を認めたよ。〝あいつ、いい仕事をしたな。見事だ〟と」

1978年にリリースされた『ウェイティング・フォー・コロンブス』のアルバム評は賛否両論ながらも、バンド史上最高のセールスとビルボード・トップ20入りを達成。年月を経て、どんな辛口評論をもはねのけるロングセラーとなった。最近のローリング・ストーン誌の読者が選ぶ〝史上最も優れた10枚のライヴ・アルバム〟では堂々7位に選ばれている。彼らの上にいたのは、ザ・フー、オールマン・ブラザーズ、ピーター・フランプトン、ストーンズ（『ゲット・ヤー・ヤ・ヤズ・アウト』）、キッス、ディープ・パープル、下に控えていたのはニルヴァーナ、ザ・バンド（『ラスト・ワルツ』）、ボブ・シーガー、そしてそれ以外のすべて――その中にはディラン、スプリングスティーン、デッド、フィッシュ、ジミ、アレサ、レイ・チャールズ、モンタレー・ポップ［1967年、史上初の野外ロックフェス］、ウッドストック［1969年、ヒッピー・ムーヴメントの象徴的野外コンサート］――さらにはアポロ・シアターでのジェームス・ブラウンとフェイマス・フレイムスのライヴ盤まで含まれていたのだ。ローリング・ストーン誌はこう書いた。「リトル・フィートは同僚バンドのように、〝名前を言えば誰もが知っている〟バンドになることはなかったが、このアルバムと少しでも時間を共有した者は、たちまち考えを改めることになるだろう」

　ローウェルは『ウェイティング・フォー・コロンブス』の最終作業にあたる一方で、ソロ・プロジェクトにも不定期的に取りかかり、次のフィートのアルバムの準備も始めていた。その合間には様々なアーティストとの仕事に励んだ。セッション・プレイヤーだったこともあれば、プロデューサーとしてレコーディングの指揮にあたることもあった。そのうち何回かではリトル・フィートのメンバーが一人以上参加した。デビュー・アルバムの時から変わらず、リトル・フィートはセッション・ミュージシャンとして引っ張りだこだったのだ。

　1977年まででローウェルはそういった30以上ものセッションで名前をクレジットされている。以下はその一覧だが、あくまでもラフな年代別順だ。アルバムのリリース日からはそれらがいつ作られたかは不明だからだ。拍手はとっておいていただき、最後まで目を通してほしい。と言っても、これがすべてとは限らない。すでに名前を挙げたものもあるが、中にはほとんど知られてないものもある。

　1972年　カーリー・サイモン『ノー・シークレット』1曲でローウェルとペインが参加。

1973年　バンドほぼ全員が参加。
・チコ・ハミルトン　ビッグ・バンドからビバップまで幅広く活躍するドラマー。
・ジョン・ケイル　ルー・リードと並ぶ、ヴェルヴェット・アンダーグラウンドのオリジナル・メンバー。ローウェル、ペイン、ヘイワードは代役で参加。
・ボニー・ブラムレット『スウィート・ボニー・ブラムレット』の半分にリトル・フィートは参加したが、クレジットされていない。

1974年　ローウェル・ジョージがクレジットされた作品。
・マイク・オールドリッジ『ブルース&ブルーグラス』
・クレディビリティ・ギャップ（コメディ集団）の『ア・グレート・ギフト・アイディアズ』
・ローリング・ストーンズのビル・ワイマン『モンキー・グリップ』
・エタ・ジェイムス『カム・ア・リトル・クローサー』
・マリア・マルダー『ドーナッツ・ショップのウェイトレス（Waitress in a Donut Shop）』
・ミーターズ『リジュヴィネイション』（プロデュースはアラン・トゥーサン。トゥーサンとローウェルは73年、ロバート・パーマー『スニーキン・サリー・スルー・ジ・アリー』で顔を合わせている）
・ハウディ・ムーン　ヴァレリー・カーターが在籍したバンド。

・ジョン・セバスチャン『ターザナ・キッド』　ローウェルはセバスチャンと共作した美しいナンバー「フェイス・オブ・アパラチア」だけでなく、セバスチャンのヴァージョンによる「ディキシー・チキン」で演奏。

1975年　シンガーソングライター、トム・ヤンスのアルバム『ジ・アイズ・オブ・アン・オンリー・チャイルド』でローウェルはエグゼクティブ・プロデューサーとしてクレジットされている。ビル・ペイン、サム・クレイトン、そして忠実なるフィート援軍の一人、フレッド・タケットも駆り出された。ローウェル単独ではイギリス人ソウル・アーティスト、リンダ・ルイスのアルバム『ノット・ア・リトル・ガール・エニモア』に参加。リンダ・ロンシュタットの『哀しみのプリズナー（Prisoner in Disguise）』では、他ならぬ「ロール・アム・イージー」でギターを弾いた。

1976年　矢野顕子『ジャパニーズ・ガール』のほぼ全曲をプロデュース［正しくはA面のみ、リトル・フィートのメンバーと演奏に参加］。サイドマンとしてクレジットされた作品は以下の通り。
・ジャクソン・ブラウン『プリテンダー』
・J・D・サウザー『黒いバラ（Black Rose）』
・カーリー・サイモン『見知らぬ二人（Another Passenger）』

・カナダのフォーク・デュオ、ケイト&アンナ・マクギャリグル『ケイト&アンナ・マクギャリグル』

1976年と1977年、ローウェルは自らの健康問題とバンドの危機を乗り越えながら、友人であるジミー・ウェッブのアルバム『エル・ミラージュ』に参加。バンジョー奏者ハーブ・ペダーセンの『サンドマン』のセッションでは「イフ・アイ・ルーズ」でスライドギターを弾き、この時が初対面だったドリー・パートンと、リンダ・ロンシュタットとの3人でコーラスに参加した。

そしてローウェルが30名近い同僚ミュージシャンと全面協力したのが、人気バック・シンガーだったヴァレリー・カーターのデビュー・アルバム『愛はすぐそばに(Just A Stone's Throw Away)』だ。フィートからはペイン、バレア、クレイトン、他にはハーブ・ペダーセン、リンダ・ロンシュタット、ジャクソン・ブラウン、モーリス&フレッド・ホワイト、トム・ヤンス、ジョン・セバスチャンらが参加。ローウェルは2曲を共同プロデュースし、「フェイス・オブ・アパラチア」を提供しただけでなく、ソングライティングでも「カウボーイ・エンジェル」(ヴァレリーと共作)と「バック・トゥ・ブルー・サム・モア」(ヴァレリー、ペインと共作)に参加した。

どのような状況や役割であれ、ローウェルはかかわっていたミュージシャンの作品を守り、自分がすべてをコントロールしたがった。1976年のその晩、ヴァレリー・カーター、ジョージ・マッセンバーグとスタジオにいた時、リンダ・ロンシュタットがやって来た。ミック・ジャガーと連れ立って。なぜミックと一緒だったのか覚えていないというロンシュタットだが、ローウェルがローリング・ストーンズのヴォーカリストに敵対心をむき出しにしたことを覚えている。「マッセンバーグがプロデュースをしてたところにミックがズカズカと入って行き、その場を仕切ろうとしたのよ。マッセンバーグはタフだけど物静かな人だったから、自分がセッションを乗っ取って好きにやれると思ったんでしょうね。私はヴァレリーと歌おうとしてただけで……。ローウェルは何度も言ってたわ。〝あのティーバッグをつまみ出せ〟って」——つまり英国人ということだ。「ミックは明らかに出過ぎてたわ」とロンシュタットは言う。ヴァレリーは圧倒的な音域を誇る、透き通る美声の持ち主というだけではなかった。「ばかみたいにキレイだったのよ。ミックがそれに気付かないわけがなく、ただ彼女を連れ出して夜の街に消えて行きたかったんだと思う。ローウェルは小声でずっと言っていた。〝ティーバッグをつまみ出せっ!〟。少なくともその晩のミックは一人すごすごと帰って行ったわ」

新人を育てることにかけて高い評価を受けるローウェルはリッキー・リー・ジョーンズのキャリアにも一役買っている。シカゴ出身、23歳のネオ・ビートニク・シンガーソングライターを発掘したのはローウェルだとされている。

初めて彼女に会った日のことをローウェルは覚えていた。ロサンゼルス郊外の澄み渡る青空のようにはっきりと。場所は自宅から近いトパンガ・キャニオン。「ポスト・オフィスという名前の小さな店だ。フェンダーのアンプにマイクがつないであるだけだった。リッキーはおもむろに立ち上がると、〝その曲〟を歌った。ぶったまげたよ。〝なんていい曲なんだ〟とね。それで、数ヶ月後、僕もその曲をレコーディングした。彼女はマネージャーを見つけ、ワーナーの扉を叩いた。彼らは僕が彼女の曲をレコーディングしたことを知ってたから、聴いてみようということになったんだよ」。その結果、レコード契約、アルバム・デビューとトントン拍子に話は進み、ローウェルも驚くように「彼女のアルバムはプラチナになっちまった」というわけだ。

ぶったまげたとはまさにこのことだ。

ところが、実際はちょっと違っていたらしいことが、ジョーンズ自身ともう一人の主役の話から分かってくる。確かに、トパンガ・キャニオンには郵便局《ポストオフィス》があったと彼女は言う。近くにはアイスクリーム・パーラーとナイトクラブがあった。「でもその店で演奏したことはなかったわ。そこではローウェルに会っただけ。私がピンボールで遊んでいるのを彼がしばらく見てて、ちょっと話をしたわ。その時が初めてだったと思う。でもちゃんと会ったのはもっとあと。友人のアイヴァン・アルツが電話口で〈イージー・マネー〉をローウェルに歌って聴かせたからよ。その店ではちらっと会っただけよ」

アルツは1969年にパット・プライスを訪れてやって来たシンガーソングライターだ。その時、ローウェルに会い、その前の晩にトルバドールで「ウィリン」を聴いたと告げ、それが縁でローウェルは『アイヴァン・ジ・アイスクリーム・マン』の制作を手伝ったという過去がある。

それ以外にもアルツとローウェルは、ローウェルのソロ・アルバムに収録されることになる曲を共作していた。「あっという間に書けた曲だよ」とアルツは言う。「ガールフレンドとけんかになり、そのままローウェルの家に行ったんだ。すると入れ替わりにパットが飛び出して来た。彼女もローウェルと大げんかをしたところだったんだよ。それで僕とローウェルとで1時間もかからずに書けたのが〈ハートエイク〉だったというわけさ」。美しすぎるこの哀歌をローウェルは自分で歌うよりも先に、ヴァレリー・カーターのデビュー・アルバムで歌わせたのだった。

アルツ自身のキャリアは芽が出ず、1977年にはサンタモニカのディスコ・ドラッグスというドラッグストアで働いていた。アルツとリッキー・リー・ジョーンズはヴェニスで近所に住んでいたので知り合いだった。「ほんの少し付き合ってたんだ」とアルツは言う。「その時から彼女の才能には驚かされた。なんてすごいシンガーだろうと」。それ以上に驚いたのは、彼女が書いた「イージー・マネー」を聴かされた時だ。「どうすれば21歳とか22歳の女の子に、こんな気の利いた曲が書けるのかわからなかったよ。いかに彼女が多くのことに意識を向けていたかってことだね。僕は大好きでいつも口ずさんでいたんだ」。そんなある日、ディスコ・ドラッグスからアルツはローウェルに電話をかけ、その曲のことを話し、歌って聴かせた。「そして彼女の電話番号を教えた。そこから話が始まったんだ」

その続きをリッキー・リー・ジョーンズはこう語る。「ローウェルがソニーのテープ・レコーダーを持ってすぐにやって来たの。オープン・リールよ。それで〈イージー・マネー〉を録音した。あともう何曲か歌った気がするわ。1週間後に会った時にはインストゥルメンタル・ヴァージョンを持って来たのよ」。それを自分のソロ・アルバムに入れたいのだとローウェルは告げた。カセットの再生ボタンを押し、その場所が来ると指をさした。「ここでソロが入る」。うれしかったと彼女は言う。「そして付き合うようになったのよ」

　ローウェルとは車でドライブをしたとジョーンズはその頃のことを語ってくれた。「よくウチにも来るようになって、（ハリウッド・ヒルズの）ビーチウッド・キャニオンの住人たちにも会うようになったわ。彼はまだリンダ・ロンシュタットに未練があるようだった。ある家の前を通った時、〝あそこがリンダと一緒に住んでた家〟と言ってたわ」。もちろん、その頃もローウェルは既婚者だったわけだが、多くの恋人の一人にジョーンズも加えられた。

「そうね、今思うのは……私もちゃんと確かめておくべきだったんだけど、彼は決して誠実なタイプじゃなかった。なんとなくお互い分かっていて、あえて口にしなかった。彼とベッドに入った女性はきっと……」とそこで口をつぐむと、一瞬止まって言い直した。「彼はとにかく女性を愛してたの。女性がとても好きだった。そして女性たちも彼が好きだったのよ」

　ローウェルの援護を受けたリッキー・リー・ジョーンズはワーナー・ブラザースと契約を結ぶ。ラス・タイトルマンとレニー・ワロンカーがプロデュースしたファースト・アルバムは「イージー・マネー」と「恋するチャック（Chuck E's In Love）」を収める大ヒット作となった。

ジョーンズがデビューを果たした頃、リトル・フィートも『ウェイティング・フォー・コロンブス』が好調だった。リリースされたのは1978年2月だったが、その2ヶ月前、最終ミックスに取りかかっていたローウェルはバイク事故に遭ってしまう。

事故から4ヶ月後、来日していた中野サンプラザで、ローウェルはその時の様子を東京のFENのT・E・マトックスにこう語った。「ちょっと事故っちゃってさ、ヤマハで……バイクの方だよ。ダートで無茶してさ。楽しもうとしてただけなんだけど、度が過ぎてしまったようだ」。後輪走行をしていたローウェルはバイクから放り出され、脊椎の椎間板をいくつか損傷。左手の感覚がなくなってしまったのだ。だが事故当時は『ウェイティング・フォー・コロンブス』のポスト・プロダクションが大詰めだった。「リハビリの電気治療を受けなきゃならないのに、〝そんなもん構うか〟と無視してた。バカだったんだ。それでついにどうにもならなくなったというわけさ。首部の椎間板の一部を切除する手術を受け、病室で寝ていたから10キロ近く太っちまったよ」

手術は6時間にも及ぶ大手術だった。「寝てではなく、座った状態で受けなきゃならない手術なんだ。体を起こされ、固定される。普通の手術以上に時間がかかる。担当してくれた医者は僕がミュージシャンだと気付き、手を動かす神経を回復させようと本当に頑張ってくれた。もうギターが弾けなくなっていたからね。今はものすごく緊張した時はまだつらいが、それ以外は背中にちょっとした痛みがあるだけだ。2週間後には仕事に復帰していたよ」

ローウェルは得意の〝ジャグラー並みのかけもち仕事〟にも復帰した。リトル・フィートとしては春から秋にかけてツアーを行ないながら、次なるスタジオ・アルバムに取りかかり始め、個人としてはソロ・アルバムのレコーディングを続け、面白そうな仕事の声がかかればそれもやる。

*

その一つがグレイトフル・デッドだった。

リトル・フィートの5年先輩にあたるデッドは、60年代のサンフランシスコ・シーンの音楽的象徴だった。ジェファーソン・エアプレインはスターシップになり、ビッグ・ブラザーもクイックシルヴァーもクリーデンスもカントリー・ジョーもそれ以外も、とうの昔にいなくなっていたが、デッドだけは〝フリークの旗を高々と降り続け〟［ジミ・ヘンドリックス「イフ・シックス・ワズ・ナイン」の歌詞が出典］ていたのだ。

ところが70年代半ば頃からその旗はダラリと垂れるようになる。デッドの人気はあいかわらずで、デッドヘッズと呼ばれる熱心なファンは全米各地にいた。何をやっても彼らなら許されるようだった。実際に間違っていた時もだ。当時、新たなレコード会社と契約した彼らの判断は音楽的に間違っていると見なされた。

それ以上に深刻だったのは、音楽同様に壊れつつあった彼らの健康状態だ。バンドのパブリシストでのちに伝記作家となるデニス・マクナリーは1978年、「バンドの演奏は最低の状態にある」と言っていた。その年は彼らにとってアクシデントの連続だった。ドラマーのミッキー・ハートは交通事故に遭い、夏を棒に振った。ボブ・ウィアーは間違って肩を銃で撃たれ負傷した。そして最も恐ろしかったのはその前年、ジェリー・ガルシアがヘロインを知ってしまったことだろう。ガルシアも二つのプロジェクトから疲労困憊していたのだ。編集に深くかかわっていたドキュメンタリー映画『グレイトフル・デッド・ムーヴィー』と、失敗に終わったソロ・プロジェクト『キャッツ・アンダー・ザ・スターズ』だ。

自身のレーベルから何枚かアルバムを出したあと、グレイトフル・デッドは音楽業界の大物クライヴ・デイヴィスのアリスタ・レコードと契約。第1弾はフリートウッド・マックで知られるキース・オルセンをプロデューサーに迎えた『テラピン・ステーション』だったが、結果は期待はずれ。ストリングスやホーンの起用はバンド自身をも驚かせた。そこで結成から12年目、12枚目のアルバムでデッドは原点回帰を決意した。古くからの仲間で、一時バンドのマネージャーでもあったロック・スカリーは［デッドの評伝の中で］こう書いていた。「全自動化されたスタジオで、クールにプロフェッショナルな態度で臨むレコーディングは今回はなしだ。そうではなく、正真正銘ファンキーなやつ――リトル・フィートのローウェル・ジョージ――にプロデュースを頼むことにする」

話は決まりだ。そこでギタリストのボブ・ウィアーがローウェルとの連絡係になった。「たいていそういう役は僕に回ってきた。向いてたんだね。外部との交渉ごとは僕がやっていたよ。プロデューサー候補の人間に会って話をするのもその一つだ。ローウェルに電話をすると、スタジオや機材を見たいと言われた。もっともな話だと思ったよ」

その秋の夕方、サンフランシスコにやって来たローウェルをウィアーは空港まで迎えに行く。「二人でチャイナタウンへ向かった。その少し前に中国ギャングの抗争で銃撃事件があったばかりのゴールデン・ドラゴンに行ったんだ」。そこは1977年9月の早朝、ある若者のギャングが狙われたレストラン。たまたま店にいた5人の一般市民が巻き添えとなった。マスコミは〝ゴールデン・ドラゴン虐殺事件〟と呼んで騒ぎ立てていたが、そんなことにビビるような二人ではない。「僕らは壁に残った銃弾の穴に指を突っ込んだりしてたよ」とウィアーはいう。

「その状況の雰囲気っていうのかな。それを吸収してたんだ」

状況のせいだったのか、料理だったのか、それとも音楽的な絆だったのか。ウィアーはローウェルと「とても楽しい時間を過ごし、本当にいい友だちになった」と言う。「バンドの他の連中は僕ほどいい印象は持ってないと思うが、僕に言わせればあいつは天才だった。カリフォルニア的な音楽の感性を持つカリフォルニア・ボーイさ」。そう言うウィアー自身、サンフランシスコから南下したペニンシュラ地区の裕福な家庭出身だ。50年代、60年代には「知性あるカリフォルニア人が大勢いた」のだと言う。「ほとんどすべての音楽はラジオから流れてきて、それを自分で探し出したカリフォルニアのキッズたちのカルチャーがあったんだ。それは異なるものを含み、あらゆるところまで広がっていた。子供たちはラジオのボタンを押すだけですべての音楽を聴くことが出来た。ジェリー・ガルシアはそんな子供の一人。僕もそう。そしてローウェル・ジョージもそうだった。僕らは同じ言語を共有してたんだ」

スカリーによれば、ガルシアとメンバーたちがローウェルを気に入ったのにはもう一つ別の理由があったのだという。「ローウェルはピッグペンを、そしてデッドのルーツを思い出させたんだよ。ジェリーがあいつを大好きだった理由はそこさ」。ピッグペンとはもちろん、バンド創設時のキーボード奏者／シンガー、ロン・マッカーナンのことだ。R&Bとブルースとジャズをこよなく愛した彼もウィアーが言う所のカリフォルニア・ボーイだったが、1973年に肝炎、すなわちアルコールの過剰摂取で命を落とした。

サンラファエルの工業地区のフロント・ストリートに建つおんぼろガレージ、クラブ・フロントがデッドの倉庫兼リハーサル・スペースだった。一目見て、ローウェルは言い放った。「僕は昔のデッドが好きだ。あのサウンドを取り戻そう。〈グッド・ラヴィン〉はどうやって演奏してた？　ピッグペンだったらどうやってた？　さあやろうぜ」

ローウェルは採用となり、さっそくその音を捉えるべく作業が開始した。まずバンドに伝えられた。「スタジオには入らない。リハーサルはいつもここでやってるんだよね？　だったらここでやろう。バッフル板で防音すればいい。カーテンを貼って、天井からも吊るす。そうすればここで十分出来る」。1979年、コネチカット州ウエストハートフォードのラジオ番組でローウェルはこんな風に語っていた。「コントロール・ルームはなかった。レコーディング機材はすべてそこにあった。ミュージシャンたちと同じ場所にね」

昔ながらのやり方でローウェルはまずベーシック・トラックをライヴ録音した。ドラマーをブースに入れて隔離したり、ガルシアのギターのパートをあとから録るようなこともしない。同業ミュージシャンにセッションを任せたデッドの判断は正しかった。「どっちかというとローウェルはメンバーの一人という感じだった」とドラマーのビル・クレイツマンは言う。「たとえば録音中、何かがちょっと違うなと感じたら、あいつはギターをつかんで僕らの所へやって来て自分の思っていることを弾いて見せた。それが彼のコミュニケーションの取り方なんだ。そしてすごく的確だった。彼のことはとても尊敬してる。ただ基本、グレイトフル・デッドは誰がやるより自分たちが一番のプロデューサーだとは思うがね」

ローウェル自身もそれを認める。ハートフォードのラジオでのインタビューで、ジェリー・ガルシアをどう〝扱ったのか〟とDJのエド・オコーネルに尋ねられた時だ。「教えてやるよ、本当のことを。ジェリー・ガルシアには100%バンドをプロデュースする能力があるが、頭を悩ますのが面倒なんだよ。そして正直、僕も頭を悩ますのはもうごめんだね」。そう言いながらも、デッドとの仕事は「最高に楽しく、本当に優れたミュージシャンで、ぶっ飛びすぎておかしいくらいだった」と語っていた。

申し分ない組み合わせと思われたローウェルとデッドだったが、いろんな意味で似すぎていたことが、最高の楽曲とパフォーマンスとアルバムにつながらなかった原因かもしれない。ローウェルもバンドもドラッグが好きで、規律を失うこともしばしばだった。ローウェルとウィアーの仕事はプロデューサーというよりは交差点で交通整理する警官のようになり、ローウェルは長引く作業を終わらせられぬままになっていた。デッドには、エジプトのピラミッドの前でのコンサートという大イベントが迫っており、ローウェルにしてもフィートのツアーが始まる。結局、ガルシアが最終ミックスに立ち会う形でアルバムは完成。11月にリリースされたが、各誌レビューはどちらかといえば生ぬるいものだった。

バンドも自分も、あとで聴いた『ウェイティング・フォー・コロンブス』が大好きになったよと言うウィアーは、完成したアルバムを気に入っていた。「僕はとても楽しめた。メンバーの中にはローウェルにプロデュースされることに不服だったやつもいたが、僕は全然かまわなかったさ」

ドラマーのミッキー・ハートはローウェルとぶつかったことを認める。「ローウェル・ジョージは狂ってた。その晩、二人で〈マイ・ドラム・イズ・ア・ウーマン〉という曲を書いたんだよ。すごくいい曲だ。僕がいろんな打楽器のことをどう思っているか、なんと呼んでいるか、そんなことを歌った曲だ。ローウェルもイカしたギターを弾いてくれたが、あいつはプロデューサーじゃない。少なくともグレイトフル・デッドのプロデューサーじゃない。コカインをやり過ぎてて、あれじゃ物事を正しく判断しろったって無理さ」

なぜハートがそこまで言うのか。デッドの広報官で歴史の証言者、マクナリーの記述によるとそれはこんなだったようだ。「その夜、フロント・ストリートのリハ室でローウェルとミッキーはコークを吸い、曲を書いていた。〈ザ・ドラム・イズ・マイ・ウーマン〉という幻の曲だ。本来はオーバーダブ作業をやってなければならない時にだ。明け方そこを出る時、ローウェルがハートの方を振り向いて言ったんだ。〝『ディガ』でのコンガの音あるじゃないか？あれは嫌いだ。あれは最低だな〟」。『ディガ』とはハートが力を入れて作ったソロ作『ディガ・リズム・バンド』』で、1975年にデッドのレーベルからリリースされたが、跡形もなく消えた失敗作だ。マクナリーの描写は続く。「それまでどんな批判も広い心で受け止めてきたハートが、突然摑みかかるようにしてローウェルの喉元を締め上げた。しまいに過呼吸になって息が出来なくなりかけるまでね」

それをもって、ローウェルの短くも奇妙なデッドとの旅は終わったのだった。

❖『ウェイティング・フォー・コロンブス』

第12章　雨に歪んで

Warped By The Rain

その曲は彼のテーマ曲というほどでもないが、めぐりめぐって彼につきまとっていたようだ。メンバーと友人たちは死までの数ヶ月、ローウェル・ジョージが様々な〝雨に歪み、雪（やその他のドラッグ）に駆られ、酔っ払った〟のを見た。〝泥まみれ〟にはなってなかったかもしれないが。

その上、まだ喜《ウィリン》んで彼もそうしていたのだ。

1979年春、ローウェルにはやりたいことが山ほどあった。体重113キロの巨漢ではあったが闘志は満々だった。自分のやり方で音楽を作り続けた。いくつものプロジェクトを掛け持ちするのもあいかわらず。ソロ・アルバムはついに完成し、リトル・フィートの『ダウン・オン・ザ・ファーム』とタイトルがつくことになるアルバムのミキシングを行なっていた。それと並行して、ソロ・アルバムを引っさげての東海岸ツアーの準備にも入っていた。そのソロのタイトルは『特別料理（Thanks I'll Eat It Here）』。かつて『セイリン・シューズ』になる前に呼ばれていたタイトル案［！が二つも入っている分］少しだけ熱心さが感じられる『Thank You! I'll Eat It Here!』からとられていた。

しかし少なくとも彼は〝家に〟いた。どういうことかと言うと、『ウェイティング・フォー・コロンブス』が成功してからというもの、リトル・フィートは1978年のほとんどをツアーで回る生活を送るようになっていた。リムジン数台を含む彼らの派手な移動手段が人目に付かないわけはなく、バーニー・ホスキンスいわく「今や彼らは、パンク・ロッカーたちが忌み嫌うすべてのことの縮図」になり、ローウェルは「一人だけバンドとは別のバスで回るようになっていた」と言う。

しかし決してイーグルスやフリートウッド・マックの真似をしてそうしていたわけではない。フィートのツアー・マネージャーだったジーン・ヴァノは、確かにローウェル一人だけをエレガンザというジェネラル・モーターズ社の流線型のトレイラーハウスで運んだと言う。ただ、それはローウェルの健康への配慮、そして休みなしで仕事をする彼のスケジュールに合わせてのことだったのだ。車にはテープレコーダー等の録音機材が積まれていた。「僕の運転で国中を移動しながら、ずっと録音したり、作曲していた。気圧に耳が弱くて飛行機に乗れなかったんだ」

そうやってローウェルが仕事に没頭する間にもリトル・フィートはバラバラになっていった。実際のところは分からない。何が起きたのか、誰がそうさせたのか。ただ、ローウェルは自分がクビにされたと声明を出し、キビーはローウェルがバンドをクビにしたと言い、ビル・ペインは自分からバンドを辞めたのだと言う。

この内紛劇の主役二人はローウェルとペインだ。きっかけは『ウェイティング・フォー・コロンブス』ツアーの終盤、正確に言えば、1978年11月6日ニューヨーク州バッファローでの極寒ライヴの日だった可能性が高い。「その時点でバンドはもう破綻してたんだ」と言うペインは、ローウェルと何度か話し合っていた。「ワーナー・ブラザースからはあと1枚『ダウン・オン・ザ・ファーム』を出さなきゃならなかった。それで共同プロデュースさせてくれと言ったんだ。ところがきっぱりと〃だめだ〃と断られ、こっちも言い返したのさ。〃それなら勝手にやれ。僕はこんなもんやりたくない〟。腹が立ったよ」

その怒りのせいなのか、それともこれまでもオフの時期にやっていたギグの一つに過ぎなかったのかは分からないが、ペインとバレアはワーナー・ブラザース契約のシンガーで、テッド・テンプルマンの秘蔵っ子だったニコレット・ラーソンのツアーに参加。のちにペインと結婚するフラン・テイトもツアーバンドの一員だった。NME誌との取材に応え、ローウェルは悔しそうに、ニコレットのバンドが「絶賛を浴びるようになったと思ったら、ビルが俺のところに来て、リトル・フィートは正式に解散だと言ったんだ」と語っている。ローウェルによれば、それはスタジオで『ダウン・オン・ザ・ファーム』のミックスダウンを行なっていた3月か4月のことだと言う。NMEのピート・アースキンに対してローウェルは「正直もう疲れちまったんだ。怪物《オーガ》か何かみたいな目で見られることに。もう何年も前から、あいつらは僕のことをそう思ってたんだ」。そして「ビルとポールがレコード会社の人間に対して、僕の行為が〝行き過ぎている〟と悪口を言っていたのを知っている」と語った。

ビル・ペインはローウェルのふるまいを批判したことは認めるが、怪物呼ばわりしたことはないと言う。「僕が言ったのは……だって彼と初めて会った時、僕は何も知らないガキだったわけで。君のことは本当にすごいと思ってたんだ……なのに今の君ときたら、自分で自分を苦しめているだけだ。自分をだめにし、相手を不快にしている。バンドの中にいても外にいても……。誰も君の考えていることが分からない。僕らが前に進むために5歩進もうとすると、君は逆に戻りたがる。もう君は歌も歌えない。健康も害してる。まだまだいっぱいある。いいか、僕はもうこのバンドを抜けたい。うんざりだ。君だって僕に責められるのはいやだろう。僕だっていやさ。もし、あとになってバンドを続けたいと思うならそれはそれでいい。僕から提案できるのは、本当に好きなことを何かしろということだ。君は好きだろ？　曲を書くのもレコーディングするのも。一息ついて休め。バンドの責任から離れて何かを作るといいよ」

しかしその間、自分とバレアは「一緒にやる別の誰かを探す」とペインが言ったのをローウェルは心穏やかに受け止めることが出来ず、「自分のバンドからクビにされた」とインタビューで答えるようになった。なぜそんなことを言ったのか理解に苦しんだとペインは言う。

「たとえ話として、僕らがそうしたと感じたんだろう」

こうして『ダウン・オン・ザ・ファーム』の作業はローウェル一人で続けられた。後日、ペインが辞めたのは裏切りだったとローウェルはインタビューで答えている。ソロ・ツアーで訪れたコネチカット州ウエストハートフォードのWHCNでもエド・オコーネルに、ロサンゼルスに戻ったらフィートの新譜を完成させるよと言った上で、こう付け加えた。「3分の2くらい完成していた時、ビル・ペインがスタジオにやって来て言ったんだよ。〝俺は辞める〟ってね。あれには大いに助けられた。おかげで僕のエゴは一気に掻き立てられたからね」

ペインは前にも辞めると言ってませんでしたっけ？　オコーネルの質問にローウェルは答えた。「あいつは〝このレコードの完成後も状況が改善しないのだとしたら、俺は辞める〟と言ったんだ。ところがその言葉を裏切る形で、制作途中で辞めたのさ。あれには頭に来たよ」

ところが少しするとローウェルは、リトル・フィートがまだ彼の未来の一部であるかのような発言をし出したのだ。ニューヨーク・タイムズ紙のジョン・ロックウェルには「バンドを復活させてもいいと思っている」と語った。「でもオリジナル・メンバーがそれにかかわりたいかどうかは分からない」

ペインはそれも構わないと思っていた。それを匂わせる出来事もあった。ただ、6月のその晩、ローウェル・ジョージがヴァリーのウッドランド・ヒルズにある自宅に突然やって来た時、ペインの気持ちはまだ感情的になり過ぎていて、ちゃんと対処出来なかったのだと言う。ローウェルはソロ・ツアーに出かけるところだった。「バイクでやって来たんだ」、ペインは言う。「我が家の芝生まで乗り上げてね。僕は話をするために家の外まで出て行った。あいつは口を開けて何か言おうとしていた。真っ黒な大きくてまん丸い目で、何かを言いたそうだった。でも言葉は出てこない。目に涙を浮かべ、そのまま走り去って行ったんだ。あいつを見たのはその時が最後だ」

彼らが知っていた形でのリトル・フィートはそこで終わったのだ。

まさにペイン、バレアとの不和がピークを迎えていた3月、『特別料理』がリリースされ、ローウェルはそのプロモーションに気持ちを切り替えた。アルバム評は賛否両論。記者たちからの質問責めにあった。その1、なぜ完成までこんなに時間がかかったのか？　ローウェルがソロ・アルバムに取りかかり始めたのは1976年9月。ワーナー・ブラザースとの破格の契約を結んだ直後だ。リトル・フィートに曲を提供せず、自分のアルバムのために取っておいたのか？　だとしたらそれはどこにあるんだ？　なぜ10曲のうちわずか5曲しかソングライターとしてクレジットされていないのだ？　しかもそのうち単独クレジットされているのはすでに『ディキシー・チキン』で発表済みの「トゥー・トレインズ」なのはなぜだ？　なぜオリジナルではなく、「キャント・スタンド・ザ・レイン」のようなソウルの名曲やアラン・トゥーサンの「あの娘に何をさせたいの（What Do You Want The Girl To Do）」のカヴァーを入れたのだ？　そしてスライドギターはどうした!?

遡ること数年、クロウダディ誌に寄稿していた今は亡きティモシー・ホワイトとの1977年の取材で、ローウェルはスタジオのブッキングがなかなか出来ずにいること、そして音楽的なアジェンダはもう決まっているのだと答えていた。「ソロ・アルバムのメインになるのは、バンドの中でも個人としてやろうとしてきた曲、たとえば〈ロング・ディスタンス・ラヴ〉〔『ラスト・レコード・アルバム』収録のバラード〕のような曲がそれに近い。そういうのは、必ずしもバンドでやらなくてもいい曲だからだね。オリジナル曲も含むが、1〜2曲は他人のロック・チューンもやる。たとえばの話で言えば、ジャクソン・ブラウンの〈ドクター・マイ・アイズ〉とか大好きだよ」

アルバムがリリースされた時にはジャクソンのその曲はすでにリリースされていた。ローウェルはNMEのアースキンに「キャント・スタンド・ザ・レイン」と「あの娘に何をさせたいの」はずっと前からやりたかった曲なのだと語った。なぜボトルネックがこんなに少ないのか？　と尋ねられると逆にこう切り返した。「ああ、でも僕の歌はどうだった？」

事実、何曲かのバラードで聞かれるローウェルの歌声は実に滑らかでソウルフルだ。197

8年3月、リトル・フィートとして訪れていた東京でローウェルはFENのT・E・マトックスのインタビューに応じ、大好きなミュージシャンとしてマーヴィン・ゲイとスティーヴィー・ワンダーの名を挙げている。「彼の靴をスティックで叩くためなら四つん這いになってもいいよ」と独特な言い方でスティーヴィー・ワンダーを賞賛。一度セッションで会ったと言うマーヴィン・ゲイはわざわざレコーディングを中断してまで15分ほど話をしてくれたと語った。「彼が書く曲には誠意がある。僕もそうしたいと努力してるよ」

「この国の言葉にはあるんだ、ガ・ン・バ・ル……っていう表現が」とローウェルは日本語を交えた。「諦めない、ベストを尽くせ。そういう意味さ」

しかし今回、彼のベストはベストとは言えなかったのかもしれない。ビルボード・アルバム・チャートでの最高位は71位止まりだった。

でもそれでいいではないか。ローウェルはベストを尽くしたのだ。抱える健康問題、脊髄の手術、そして〝靴ずれしたフィート〟といった様々な困難な状況のもとで。『特別料理』はある意味、そういったすべてのことから一旦離れつつ、別の意味ではいつもながらの内輪で作られたアルバムだった。

いつもながらの、とりとめのない不完全な文章で綴られたライナーノーツで、ローウェルは何人かの名前を挙げ忘れたことを認めながら「これはすべてリズのため」だと記している。「20ミリオン・シングス」では8歳の義理の息子ジェドが共作者にクレジットされている。それはクリスマス・プレゼントのテープレコーダーに、ジェドが友だちと歌と一緒にこんな言葉を笑いながら録音していたのを、ある日ローウェルが見つけたからだ。それが「僕には200万個くらいやることがある。でも考えているのは君のことだよ」だった。娘のイナラに関しては、ローウェルはこんな風に言っていた。「3歳半の頃からリトル・フィートと一緒に移動するリムジンの中で、他愛のない歌を歌うようになったんだ。ちょっとした創作上の嫉妬心だったのかもね。それはともかく、だから次のアルバムには彼女（と共作する曲）も何かあるかもしれないよ」

長年のリトル・フィート・ファンであるロック・ジャーナリスト、バーニー・ホスキンスは「あの時代の典型的なLAアルバム。あらゆる意味でボズ・スキャッグスっぽい」としながらも、ベストソングは「20ミリオン・シングス」だとしている。「〈ウィリン〉や〈ロング・ディスタンス・ラヴ〉、それ以外のローウェルの代表的バラードのどれにも引けを取らない」とも。

一方、ローリング・ストーン誌のアラン・プラットのように「不思議なほど個性のない楽曲のコレクションだ」とアルバムを酷評する者もいた。ローウェルはこれほどの協力者を得ながら——ライナーノーツの謝辞で、自分を含めた42人のミュージシャン全員の名前を挙げている——プラットいわく「委員会で作ったサウンドのよう」にしか聴こえないと手厳しい。アルバム中、最もリトル・フィートらしさを持つ2曲——「トゥー・トレインズ」の新録ヴァージョンと、フレッド・タケット／ローウェル・ジョージの共作「オネスト・マン」——は「重苦しい」と切り捨てた。ひときわ目立っていたノベルティ曲2曲に関しては、マリアッチ風「チーク・トゥ・チーク」は「捨て曲だ」の一言で片付けられ、ジミー・ウェッブ作詞作曲でプラットのお気に入りだったらしい「ヒムラーズ・リング」ですら「分かったような歌詞と甘ったるいスタイルで皮肉ぶっているが、手っ取り早く書かれたよくあるちょっと変わった曲」だと評した。

自らプロデューサーも務めたローウェルには、当然ながら捨て曲の意識などまるでなかった。リンダ・ロンシュタットはウェンディ・ウォルドマンとスタジオに行った時、ちょうどローウェルは「チーク・トゥ・チーク」の作業中だったと言う。「その日ずっと、夜まで一緒にいたわ。パートをいろいろと変え続けていた。どれもとっても複雑なパートから出来てるのよ。それをほんの少し変えるの。私は気付かなかったけど、彼には双極性障害があったんだと思う。彼が少しだけ変えたのを私たちは覚えて歌う。すると〝そうじゃない。こう変えよう〟と言ってまた変える。それをまた歌い直す。そんなことを一晩じゅう続けたの。スタジオにはモーとレニーと、テディ・テンプルマンがいて……彼もあのレコードにかかわっていたわ。プロデュースしようとしてたんじゃないかしら……とにかく、ある時点で誰かがテディを呼びに行ったの。ローウェルをスタジオから締め出さないと、もう何日間も朝も夜も一睡もせず、ずっとスタジオにこもってたんだもの。それも双極性障害の兆候の一つね」

ウエスト・ハートフォードのWHCNでローウェルは「チーク・トゥ・チーク」について語っている。曲がかかり終わると、DJ相手にマリアッチ音楽に関するうんちくを傾けた。メキシコの音楽、特に歌手／作曲家／俳優ミゲル・アセベス・メヒアにハマったのは、ヴァン・ダイク・パークスに教えられたのがきっかけだったと語った。そしてジャクソン・ブラウンが

「リンダ・パローマ」で俺のメキシカン・ソングをパクったとの皮肉も。

(ちなみにローウェルはラジオ出演が好きだったと見える。ジョージ・カーリン〔過激な社会風刺で知られたスタンドアップ・コメディアン〕かテッド・バクスター〔シチュエーション・コメディ番組『メアリー・タイラー・ムーア・ショー』の登場人物〕のような張った声で、番組中に天気予報や生コマーシャルをアナウンサー風に読み上げたり、ミケロブ・ビールのジングルに合わせて歌うローウェルがラジオでは聞かれた)

そしてどんな時もローリング・ストーン誌はローウェルの味方だった。先ほどの辛口批評のプラットにしても、最後はローウェルのヴォーカルを「表情豊かに心情を綴り、自信を感じられる完璧なロックの楽器」だと賞賛している。「だが、それがここではほとんど無駄にされているのだ」、この「未来のない」アルバムでは。プラットはこうまとめている。「間違いなく言えるのは、何をおいてもリトル・フィートがローウェル・ジョージの真のアイデンティティだということ。世の中には解散しちゃいけないバンドがいくつかある。彼らはその一つだ」

しかしこのレビューが載った1979年6月の時点で、ローウェルの気持ちがそうではなかったことは明らかだ。その時すでに彼には新しいバンドが出来ていたのだ。5月にはフレッド・タケットに連絡を取り、アルバムに参加していたシンガーのマキシーン・ディクソンを含む8人組の顔ぶれは揃っていた。「もともと週末だけクラブでやってた、ニューオーリンズの連中で固めたバンドだ。そこにローウェルがやって来て、全員を自分のバンドに雇っちゃったのさ」とタケットは言う。そのタケットに加え、キーボードのピーター・ワズナーとエディ・

ジップ、ベースのアルマンド・コンピアン、ドラムのドン・ヘフィントン、そしてホーンはリー・ソーンバーグ（タワー・オブ・パワー）とジェリー・ジュモンヴィルというラインナップだ。

ワーナー・ブラザース担当者からは「アルバムのプロモーションをちゃんとしたいなら」最低21回の公演をこなしてくれと言われたと、ローウェルはレポーターに語っている。しかし用意されたスケジュールを見る限り、その要求には到底応えられないようだった。皮切りは6月15日シカゴのライヴとラジオ出演。そこから月末までいくつかのラジオとクラブ出演が続く。コネチカット州プロヴィデンスとウエスト・ハートフォードで演奏したあとはニューヨークに移動。ボトムラインで2日間、フィラデルフィアでラジオ1本、ニュージャージー州ブラウン・ミルズでのライヴを1本、そしてやり慣れたワシントンDCのライスナー・オーディトリアムへ。ツアマネのジーン・ヴァノによれば、ヴァージニア州リッチモンドとジョージア州アトランタでツアーは終わるが、その段階で9本か10本をやっただけの計算だった。

（ヴァノは、このローウェルのソロ・ツアー時のワーナー・ブラザースのことをよく言わない。「なんともケチなプロモーションだった。渡されたのはThanks, I'll eat it hereと書かれた黄色いバッジ5000個くらい。それだけだったよ」）

ローウェル自身は最高の気分でワシントンDC入りした。なんと言ってもここはお膝元。リトル・フィートのこと、ローウェルのことを誰もが大好きなのだ。ニューヨーク・タイムズ紙のアルバム評がよかったというのもあった。実は風邪――ヴァノいわく「かなりひどい風邪」——を患っていたにもかかわらず。ボトムラインでのショウが明けての6月28日のライスナー・オーディトリアムは、リトル・フィート人気曲からソロ・アルバムまでの曲を取り混ぜ、大いに盛り上がるライヴになった。フィートの曲は「ファット・マン〜」「ロケット・イン・マイ・ポケット」「アポリティカル・ブルース」「ディキシー・チキン」「ロール・アム・イージー」「スパニッシュ・ムーン」「ウィリン」そして「トゥー・トレインズ」。新曲は「アイ・キャント・スタンド・ザ・レイン」「イージー・マネー」「あの娘に何をさせたいの」と「20ミリオン・シングス」だ。

それは何もかも混乱から来てるんだ
僕がやれずにいること　あれもこれも
（「20ミリオン・シングス」ローウェル・ジョージ&ジェド・レヴィ）

翌日の6月29日、世の中のほとんどの人が起き出し、早い人は仕事場に到着する頃、ローウェル・ジョージはワシントンDCからポトマック川を挟んだヴァージニア州アーリントンのツイン・ブリッジ・ホテルのスイートルームでこれからベッドに入るところだった。エリザベスとイナラも一緒だった。

＊

34歳のローウェルに残された人生最後の数時間。彼の生にまつわる他のすべてのことがそうであるように、どうローウェルがその数時間を過ごし、死を迎え、死の原因がなんだったのかをめぐっては様々な説が存在する。

公式の発表では死因は心不全。ニューヨーク・タイムズ紙は心臓発作だったとし、マネージメントの一人の言葉を引用し、ローウェルが朝8時まで「インタビューをして」それからベッドに入り「2時間後に目を覚まし、息切れと胸の痛みを訴えた」と報じていた。エリザベスは助けを求めたが「30分後に救急車が到着した時、ミスター・ジョージはすでに息を引き取っていた」のだという。

そのツアーの間、ローウェルの調子はずっと優れなかったとエリザベスは言う。「体重はものすごく増えていて体調もとても悪かった。気管支炎の肺感染症を薬局の市販薬でなんとかごまかしながら、毎晩のステージをこなしている状態だったわ」。ワシントンに来るバスの中でも「うしろの方でうずくまってほとんど意識がない状態だった」と言う。

それでもショーは続けねばならない。そして彼は続け、しかもすごいのをやってのけた。でもエリザベスは怖かったと言う。「彼の健康がどんな時も心配だった。でも最後は〝これ以上続けられるの? あなた自身が気にしてくれなかったら、どう私が気にすればいいの?〟と思っていたわ。諦めたわけじゃなかった。でも、そうね、こう言えばいいかしら。彼が亡くなる前日、二人で話をしたのよ。そしたら彼は言ったわ。〝自分に助けが必要なことは分かっている。家に帰ったらそうする〞。あなたにはそれが必要だと私が言ったからよ。でも永遠に帰れなかったということよ、その家には」

それが快楽主義の権化のようなロック・アーティスト、ローウェル・ジョージだったことから、彼の死をめぐる公式発表を疑う意見が多く聞かれることになった。ドラッグのせいに決まってるだろう、と。死のたった数日前にインタビューをしたミュージシャン誌のビル・フラナガンはローウェルとの会話が「とりとめもなく、しかし時に啓示的だった」と書いた。「彼は見るからに太り過ぎで疲労もピークを越えていて、ひどい風邪をこじらせ、抗ヒスタミン剤を飲んでいた。そのうえ大量のコカインを吸ってた」

僕はエリザベスにその点を尋ねた。彼女の答えは「それについてはコメントはしないわ」だった。

その晩、ライスナーでの公演が終わってホテルの部屋に戻るまで、もしかすると誰よりもローウェルと一緒にいたのは信頼のおけるツアマネ兼ドライバーのジーン・ヴァノだったのかもしれない。ステージを降りたローウェルはまず楽屋でインタビューに応じた。一人はワシントン・ポスト紙の女性記者で、その時はワシントン・ロック・コンサートというマイナーな雑誌の取材で訪れていたジョアン・オストロウ。もう一人はボルチモア・ニューズ・アメリカン紙のライター、デヴィッド・マクウェイだ。オストロウはローウェルが明るい様子で、ニューヨーク・タイムズ紙に載ったボトムラインのライヴ評について語っていたのを覚えている。評論家のロバート・パーマーは「彼の歌は力強く、自信にあふれ、スライドギターも実にドラマティック。普段のリトル・フィートよりもタイトで、よりフィートらしいパフォーマンスを音楽から引き出している」と称賛していた。パーマー（イギリス人シンガーとは同姓同名だが、こちらはニューヨーク・タイムズ紙ポップス系評論の主任）はアーカンソー州で育ち、フレッド・タケットとは子供の頃からの幼なじみだった。タケットとサックス奏者ジェリー・ジュモンヴィルの名前を挙げた記事の最後は、ローウェルをこう評して締められていた。「彼には独自の個性とスタイルがあり、伝統的なイディオムを再現しようとするのではなく、むしろ再発明しようとする。僕らにはこういう音楽がもっと必要だ。ミスター・ジョージの音楽がもっと必要だ。しかもまたすぐに」

オストロウはローウェルが、リトル・フィートより今のバンドでやる方が楽しめていると語っていたのを覚えている。歌詞について少し、健康問題についても触れていた。「自分の健康のことはすごく注意するようになっているんだ」。そう言うローウェルの頭の片隅には、エリザベスの忠告があったのかもしれない。「今もストレートでアルコールを飲むけど、一度に1リットル飲むようなことはしなくなったし、5日間ぶっ通しで徹夜するような無茶はしていない」

でも一晩くらいだったら？　するのかもしれない。3回のツアーでローウェルを乗せたトレイラーを運転していたヴァノは彼がそれぐらい平気なことを知っている。「概して健康状態はよかったんだ。ローウェルは僕が知る中でも最も屈強な人間だ。体重は115キロ近くあったけど――身長は約165センチ――よく飛び蹴りをしたりしてた（ステージの上でもメンバー相手にやるのが好きだった）から、そんな先のことまで心配したことがなかったんだ」。そう言うヴァノも当時はまだ若かった。現在はロサンゼルス地域の旅行代理店を経営している。僕は出来る限りでいいので、その晩の様子を詳しく話してくれるように頼んだ。ライスナー・オーディトリアムの楽屋でのインタビューを終えたあと、ローウェル・ジョージはどうしたのか。

ヴァノ　パーティに行ったんだ。ワシントンDCではリトル・フィートは王様みたいな存在だったから、誰もがドラッグをくれようとする。そのうちのいくぶんかは摂取された。彼は白ワインが好きだった。ブランデーも好きだった。正直言うと、詳しい時間枠を覚えていないんだ——パーティに僕も付いて行ったのか——確かなのはいわゆる〝秘密の部屋〟には付いて行ってないということだ。ドラッグをやってた部屋のことさ。彼のことを心配したりはしてなかった。さっきも言ったように、あんな頑強な人間はお目にかかったことがなかったからね。まるでアイアンマンみたいだった。

僕　パーティって言うのは、例えば『あの頃ペニー・レインと』のワンシーンみたいなやつのこと？　ファンが自宅でパーティを開き、さっきまでステージに上がってたミュージシャンがそこにやって来るというような……。

ヴァノ　それだよ、それ。僕らワシントンDCはしょっちゅう行ってたから、誰もが家族みたいだったんだ。クルーの中にはワシントン出身でそこに住んでたやつもいた。彼らの友だちやガールフレンドや……そういう身内やファンが混ざってのパーティだったんだ。
僕　秘密の部屋と言ってたけど……。
ヴァノ　秘密の部屋は連中がドラッグをやってた部屋のことさ。どこにでもあったよ。ちょっと抜け出して、そこでドラッグをやる。楽屋にもあったさ。
僕　ローウェルが摂取したドラッグがどれほどハードだったのか、その点についても噂を聞きますが、あなたとローウェルは『キング・ビスケット』のラジオ［『キング・ビスケット・フラワー・アワー』］の準備をしてたんですよね？
ヴァノ　ローウェルはドラッグをやりながら酒を飲んでも機能出来たんだ。
僕　その晩、彼がヘロインのようなハード・ドラッグをやったんじゃないかという噂について君はどう思う？
ヴァノ　ヘロイン？　ああ、手を出してたよ。やってなかったたって言う声もあるの？
僕　いや、あれは心臓発作にすぎなかったと言う人間も大勢いるわけで。
ヴァノ　ああ、確かに、僕は彼がやってるのを見たわけじゃない。さっきも言ったけど、彼がドラッグをやったのは起きているためだ。曲を書き続けるためだったんだ。
　ホテルに戻って来た時……僕が連れて帰って来たのかどうかは確かじゃないんだが……奥さんのエリザベスと娘は同じ部屋にいた。パーティに行っても彼は他の連中のようにはかなことをしたりせず、眠たくならないようにドラッグをやっていた。起きて、いろんなことをやり続けたかったんだよ。

あの晩、僕らがやってたことの一つが、2日後の『キング・ビスケット・フラワー・アワー』の準備だった。1日オフを挟んで、ヴァージニア州のリッチモンドまで運転して番組に出ることになっていた。丸1時間ローウェルの特集をするっていう話だった。そのためにジョージ・マッセンバーグが飛んでくる予定だったので、ロサンゼルスにいるジョージと電話をしてたんだ。カリフォルニアの方が僕らより3時間遅れてたから、向こうは真夜中だ。僕はローウェルに「コーヒーショップに行こう」と言い、二人で24時間営業の店に降りて行って何かを食べた。朝食だったのかどうか覚えていないよ。ロックンローラーの生活なんてそんなもんさ。そのあと彼は部屋に戻って行ったんだ。

僕はレストランに残り、ウォール・ストリート・ジャーナル紙を読み、さすがに疲れたんで自分の部屋に上がった。それから数分後、誰かがドアをノックするので出たらリズだった。「ジーン、助けて。ローウェルが息が出来ないと言って苦しんでる。私には重くて体を起こせない。片方の腕が体の下敷きになってて必死で息をしようとしてるけど、私には動かせない」ってね。僕は部屋に急ぎ、体をひっくり返した。口の周りが唾液だらけだったので拭いてあげたら、少し息が出来るようになったんで部屋に戻った。20分後くらいしてまた彼女が来た。「ジーン、彼が息をしていない」と。僕は心肺蘇生を施そうとして胸骨を圧迫した。その時だ。救急隊が駆けつけた。いろいろとやっていたが、2分もしないで「もう自分らにやれることはない」と後片付けを始めたんだ。

取り乱しながらも、ヴァノは諦める前にもう一度頼むと言ったという。それからまもなく、搬送されたアーリントン病院でローウェルの死亡が確認された。突如として、ヴァノには関係者に起きたことを知らせ、ミュージシャンとクルー、そしてローウェルの一家をロスに戻す交通手段を手配しなければならなくなった。

6月29日、イナラ・ジョージはあと5日で5歳になるところだった。「父が死んだ時、私はそこにいたわ。その日のことは記憶があるの」。そう言って彼女は言葉を一瞬止めた。「覚えているわ。こう言うと変に聞こえるけど、トラウマというか一種の興奮状態。何かが他の日と大きく違っていた。パパが起きないと言ってママが驚いて助けを呼びに行ったこと、バンドの一人がいたことも覚えている……ドラマーのドンよ」。それから何年後だろう。イナラはミュージシャンとなり、ドラマーを探していた。「誰かから彼の連絡先を教えられたの。返信してきてくれた彼から、その日私の面倒を見てくれていたことを聞かされたの」。それがドン・ヘフィントンだった。「彼のことは頭の隅っこでうっすらと覚えていたから、その話を聞いた時、そういうことだったのかと納得した。子供ながらに恋心を抱いてたんだと思うわ。みんなが事態を収めるのに大変な中、ずっと私に付き添っていてくれた彼にね」

ローウェルとパットの息子で当時9歳だったルークは本当は父親のツアーに付いて行きたかったのだが、母親から先に誘われていた約束があると言われた。レコード・プロデューサー、ゲイリー・アッシャーと妻スーザンの息子と仲が良かったルークは、ワシントン州沖サンファン島の彼らの新居に泊まりに行っていた。「みんなで映画を観たあと、ベッドにもぐり込んだ。

そしたら夢にローウェルが出て来たんだ。二人で暗い部屋で手をつないでいた。そしたら僕を見てこう言った。〝ルーク、愛してるよ。パパの体に直接触れることは出来なくなるけれど、これからもずっとお前と一緒に、お前の近くに、お前の人生の一部でい続ける〟って」

「翌朝早く目が覚めたので、荷物をまとめ、スーツケースに入れて帰る準備をしていた。すると友だちのママが部屋に来て言ったんだ。〝ルーク、これからあなたを空港に送って行くわ〟。彼女は泣いていた。だから僕は言ったんだ、知ってるよって。〝どういう意味？〟と聞かれ、僕は答えた。〝パパが死んじゃったんでしょ〟」

スーザン・アッシャーはラジオでニュースを聞いたものの、ルークには一言も話していなかったと言う。ロサンゼルスのパットには妹のパムから知らせが入り、ローウェルの母の協力でルークをすぐにロスに戻す手配が進められた。「最初は小さなセスナ機。そのあと大きな飛行機に乗り換えたんだ」とルークは言う。「着陸したあとは何もかもが現実じゃないみたいで、まるで夢の続きにいるようだった。車に乗り込むとママが言った。〝ルーク、パパが死んだわ〟。叫び声や泣き声は覚えているけど、そのあとのことは何も。ただ目の前は真っ暗になってしまったんだ」

ハンプトン・ジョージはリトル・フィートのホノルル公演以来、弟と会っていなかったと言う。その時の気持ちは「ショックだった」という言葉では到底足りなかった、とも。「ハワイの航空会社がストライキ中で、本土に戻りようがなかったんだ」。おかげで、フローレンス（ローウェルとハンプトンの母）、リズ、子供たちを含む身内だけで執り行なわれたささやかな会にも兄は参列出来なかった。ローウェルの遺体は火葬され、彼が愛した釣り用クルーザーから太平洋の海へと散骨された。「弟のことはいろいろと考えるよ」とハンプトンは言う。「特に、あいつもこれを楽しんだだろうな、もしくは二人で一緒にやれたのにな、と思うことをやっている時はね」

＊

リトル・フィートの中で誰よりもローウェルと疎遠になっていた男は、当初沈黙を守っていた。そんなビル・ペインが初めて動いたのは、バンドの会計事務所を通じてローウェルの生命保険の状況をチェックした時だ。残された遺族に支払われる保険料が充分でないことを知り、ビルはリンダ・ロンシュタットに電話を入れてコンサートを企画する。ローウェル・ジョージの音楽仲間が多く集まっての追悼コンサートの目的は、リズと子供たちを助けるためのチャリティだった。

ライターのデイサン・マクレーンはローリング・ストーン誌の死亡記事を書くため、ビル・ペインに連絡を取った。ペインはローウェルとの不仲、バンドの解散については一切触れず、ローウェルが以前よりも曲を書き始めていたようだったこと、そしてロサンゼルスの音楽シーンにどんな影響を及ぼしたかを話したと言う。「あいつは周りをいっぱいの謎で取り囲んだ。それが人を惹きつけたのさ」とペインは語った。「どれほど大勢の者の心に触れたか、驚かされるほどだったよ」。その大勢の一例として彼が挙げたのがエミルー・ハリスとリッキー・リー・ジョーンズだった。ローウェルとの最後の会話で告げた言葉を引用した上でペインはこう締めくくった。「リトル・フィートのプレッシャーがなかったら、ローウェルは素晴らしいプロデューサーになっていただろう」

ポール・バレアは知らせを聞いた時は「ただただ打ちのめされた気分だった」と言う。「死というのは不思議なものでね。直面した直後はショックでしかない。でも次に芽生えてくるのは一種の責任感だ。"この状況に対処しなきゃならない……落ち込んだり、感情だけで取り乱しちゃならない。元の状態に戻すために必要なことを一個ずつやらなきゃならない"とね。ローウェルが死んだ時もなぜか涙は出なかった。フォーラムでジャクソン［ブラウン］ら大勢が駆けつけてくれた追悼コンサート終演後の楽屋で初めて泣いたよ。部屋の片隅で、赤ん坊みたいにしばらく泣きじゃくってしまったんだ」

バレアにとって数歳年上のローウェルは、初めてのあのリトル・フィートのオーディションから、最後のアルバムまで、尊敬すべき師《メンター》だったと言う。「人生の師とまでは言わないが、音楽的には本当に多くのことをやらせてもらい、僕の視野は広がった。ツアーでもそりゃあ楽しかったよ。ローウェルと僕はパーティ仲間だったからね」

オリジナル・フィートのベーシスト、ロイ・エストラーダは最初知らせを受け「どれほど打ちのめされたか」をテキサス州刑務所からの電話で語ってくれた。「だいぶ太っていたけど、それ以外は健康そうだった。仕事のしすぎだったんじゃないかな。フランク（ザッパ）もそうだった。フランクを死に追いやったのはそれだったからな」。ところがローウェルとドラッグの関係について尋ねるとそこで電話は切れた。問い合わせたところ、刑務所の関係者に通話を切られたのではなく、エストラーダ本人が会話を終わらせたことが分かった。「ノーコメント」でも「俺には分からない」でもなく、無言で受話器を置いたのだ。20分近い会話ののち

リッチー・ヘイワードが義理の兄の訃報を聞いたのは、病院で牽引治療を受けている最中だった。ローウェルのソロ・ツアーが始まる直前、なんと二度目のバイク事故に遭っていたのだ。それは新しいバンドとのリハーサルからの帰り道。リハ場はリトル・フィートが『ダウン・オン・ザ・ファーム』のレコーディングの一部を行なったウエスト・ロサンゼルス、アゴーラヒルズにあるパラマウント・ランチ［かつてのパラマウント映画社撮影所］だ。ビル・ペインによれば、カーヴを曲がろうとしていた時「どこかのガキが車で近付いてきて、リッチーに何かを叫んだんだ。どこのどいつだと顔を確かめようと振り向いた瞬間、バイクごとでかい岩に突っ込んでいた」のだという。ヘイワードは大腿骨と脛骨を骨折した上、ひどい侮辱を浴びせられた。「道端に放り出されて起き上がれずにいたら、ピックアップトラックが止まり、男たちが降りて来たんだ。〝お前にはもうこれは必要ないだろう〟。そう言うとバイクを荷台に放り込み、そのまま走り去った。僕の守護天使はなんて冗談がきついんだろうね」

「その事故の2週間後、ローウェルが死んだ。その頃、最初の結婚が終わりかけてて、追い剝ぎにでも遭った気分だった。ローウェルの追悼コンサートも出られなかったほどだ」。ヘイワードが復活するのは1年後の話だ。

ケニー・グラッドニーにはヴァノから電話があったと言う。「ローウェルが死んだ、そう言われたんだ。俺は〝分かった〟とだけ言って電話を切り、もう一度寝直そうとした。妻が〝なんだったの?〟と言うので、ローウェルが死んだと答えた。それだけだ」。それ以上なんと言えばよかったのだろう? 今、グラッドニーはこう当時を振り返る。「そりゃつらかったさ。1年くらい落ち込んだままだった。あいつは調子が上がっているところだった。死にたくなかったと思う。でも名声というものへの不安があったんだと思う。それを逃れようとする者がみなそうであるように。あいつはすごくいいやつだったよ」

ローウェルの影響は大きかったとグラッドニーは言う。「音楽って意味で、ロックンロールに対する見方そのものを変えられた。俺たちの演奏方法は全然他とは違ってた。他のどんなロックンロール・バンドとも違っていたんだ」

サム・クレイトンはローウェルと親しい方だったにもかかわらず、バンドの解散に関しては蚊帳の外だったと言う。「ホテルの部屋が隣ってことも多かった。彼の家にもよく行ったよ。女の子のこと、マーシャル・アーツのこと、インド音楽のこと、あらゆることを話したよ」

亡くなる前夜、ローウェルはクレイトンに電話をかけている。「ツアー先からかかって来て言ったんだよ。〝いいか、聞けよ〟。あいつはハイだった。それは分かった。〝しばらく今のままで頼むよ。心配するな、お前はメンバーだから。俺が戻ったら、またバンドを再スタートさせよう〟。僕はあいつらがそんな風にバラバラになっていたとは知らなかったんだ。しばらく活動を中止するだけなのかなと思ってたんだよ」

「そしたらその翌日さ、電話があったんだ。信じられるわけないじゃないか。何も答えられなかったよ。涙も出やしない、ただ呆然としてた。そんな自分はどこかおかしいんじゃないかと思ったよ。なんでそんなんでいられるんだと。何度も何度も考えたよ。自分の気持ちもどこかへ行っちゃってたんだと思う」

フレッド・タケットが語ったローウェルとのエピソードは、泣けると同時に思わず笑わずにはいられないオチ《パンチライン》を含んでいた。「あいつが死ぬちょっと前、ニュージャージー・ターンパイクを走ってたらピザ屋があってね。バンド全員でチーズピザを1枚買い、分けて食べたんだよ。ところがローウェルはバスの後部に座って、トッピング全部乗せのピザを1枚一人でペロリと平らげたんだ」。おそらくこれは、ニューヨークでの二晩を終え、フィラデルフィアのプログレッシヴ・ロック専門局WMMRに向かっている時のことだと思われる。「あいつが死んだあと、誰もが原因がなんだったのかと憶測を膨らませていた。だから僕は冗談で言ったんだよ。〝あいつを殺したのはあのニュージャージー・ターンパイクのピザだ〟とね」

ボニー・レイットは長年にわたり、ローウェルたちのバンドと友人であり続けた。一緒のツアーを行ない、お互いのオーディエンスを広げ、オープニングとヘッドライナーを交互に務め合う仲だった。「自分を大事にしていなかったのかもしれないわ」とレイットは言う。「それなりにビッグになり始めていた時だったからよ。仲間の中には、つけが回ってくるようなことにのめり込んでる人たちも多かった。だから彼がいずれは行ないを改めるつもりだと言ってると聞き、うれしかったの。だからあんな結果になったと知った時は心が痛んだ。あれだけの体重で、あれだけお酒とたばこをやって、ハイでい続け、何も健康に問題がないっていうのは無理な話よ」。そう言って一瞬言葉に詰まったあと、こう続け、笑った。「キース・リチャーズでもない限りはね」

ローリング・ストーン誌はミュージシャンによるローウェルへのコメントを掲載した。ボニー・レイットはローウェル・ジョージとバンドをこう讃えた。「リトル・フィートは存在する中で最も改革的なバンドの一つ。一度〝フィート病〟にかかってしまったら永遠に治らないのよ」。ローウェルに関して思い付く言葉は「熱意と才能」だと言う。「結局は、持って生まれたすごい才能の代償として健康を害してしまったということなのだと思う。でも私が言いたいのは――そして決して感情に流されて言っているわけじゃないのだけど――彼は私がこれまで生きてきた中で知る限り一番のシンガーでソングライターでギタリストだった。圧勝よ。彼みたいな人は二度と出てこないわ」

リトル・フィートのセカンド・アルバム以来の付き合いだったテッド・テンプルマンにはリズ・ジョージから連絡が入った。「最悪だった。何も言葉が出てこなかった」とその衝撃を語るテンプルマンは、いつも電話で話をしていた親友にレニー・ワロンカーとローウェルを挙げる。「毎晩話してたよ。レニーとローウェルと、両方ってこともあった。ローウェルとの会話は政治の話が多かったが、もちろん音楽の話も、あらゆることを話したよ。あいつはレッド・ツェッペリンが好きだった。ビートルズも好きだった。いつも自分の道を探そうとしていたよ」

リンダ・ロンシュタットは、亡くなる数日前にローウェルと話をしたと言う。「ツアー先のどこかからで、イナラとリズも一緒だったわ。私に聞きたいことがあるって電話してきたの。それがなんだったか思い出せないけど、彼と話したのはその時が最後。それから2日くらいで死んでしまったわ。あの当時、大勢の仲間を失った。でも私にとっては彼を失ったことが一番つらかった。だって何があろうと、ローウェル、私たちはあなたのことが大好きだったから。心から愛してた！　チャーミングで、頭が良くて、立ちあがれば誰にも書けない素敵な曲を弾き、歌を歌わせれば誰もまね出来ないくらいにうまかった。おかしい話をしては笑わせ、いつも大きな心で私たちを包んでくれたわ」

ただし、ローウェルの魅力は諸刃の剣だった。幼なじみであり、かつてのソングライティング・パートナーのマーティン・キビーは訃報に驚いたと言う。「あいつは何をやっても壊れない男だと思ってた。彼が問題を抱えてたとしてもだ。誰にだってある程度の問題はある。今思えば、僕らが考えていた以上に深刻だったたってことさ。でも誰にそれが分かった？　問題を問題と思ってなかったのは僕一人じゃないはずだ。ものすごい魅力的な男だった。最後の頃は、誰から何を批判されようと気にしてなかった。僕もあいつを諫《いさ》めるよりは、一緒に楽しんでた一人だったよ」

ローリング・ストーン誌は1ページ全面ともう3ヶ所でローウェルの死を取り上げた。しかし表紙は違った。皮肉にもその号の表紙に前々から決まっていたのは、彼の後ろ盾で脚光を浴びることになったビート作家の感性を持つシンガーソングライター、リッキー・リー・ジョーンズだった。「なんていう星のめぐり合わせなんだろうって呪ったわ。よりによってその号に追悼記事が乗るなんて。私がこれからとなったら彼が死んじゃうなんて。なぜなの？」

サンフランシスコではリン・ハーンがローウェル・ジョージの死を嘆き悲しんでいた。13年前、ロサンゼルス、シュライン・ホールのフリーク・アウトのショウ終演後、ローウェルが生涯最初のサインを書いたのが当時ティーンエイジャーだったリンだった。ヒップなコミック本を出版するリップ・オフ出版社で働いていた彼女にボーイフレンドから訃報が知らされた。「家に帰り、泣いて泣いて泣きはらした。そのあと、KSANに行ったのよ」。局内でリトル・フィートの人気は高く、DJの中にはシャグの愛称で呼ばれていた彼女を知る者もいた。トニー・キルバートがオンエア中だと知っていた彼女はなんの予告もなくラジオ局に現れた。「ドアをノックしたわ。トニーは〝君が来るだろうと思ってた。今夜は君に会えると思ってたよ〟と言ったの。そして長めの曲をかけ、肩に腕を回し、しっかりと抱きとめてくれたのよ」

「どの曲が聴きたい？」

彼女は答えた。「ハウリン・ウルフを。ローウェルのために」

第13章　フォーラムからファームまで

From The Forum To The Farm

8月4日、ロサンゼルスの主要音楽イベントには欠かせない会場フォーラムに、ローウェル・ジョージの家族のために彼の友人とファンが集まった。

ビル・ペインがリンダ・ロンシュタットに連絡を入れてからというもの、ペインとバレアのもとにはミュージシャンからの電話が鳴り始めた。最終的に集まったのはLAシーンを彩る豪華スターとフィート援軍のメンバーたち。そこにはジャクソン・ブラウン、エミルー・ハリス、ボニー・レイット、フレッド・タケット、ニコレット・ラーソン、フラン・テイト（この時にはペイン夫人になっていた）、ドゥービー・ブラザーズのマイケル・マクドナルドとパトリック・シモンズ、そしてタワー・オブ・パワー・ホーンズの顔もあった。

6部構成になるコンサートのしんがりを務め、他の出演者のバックも務めるリトル・フィートには、テッド・テンプルマンがパーカッションで、ローウェルのツアーバンドの一員ジェリー・ジュモンヴィルがサックスで加わった。フィートの内情に詳しい者なら気付いたかもしれないが、オープニングを務めたニコレット・ラーソンのバック・バンドは、ローウェルが悲しげに、メディアの注目を浴びつつあると言っていたペインとバレアの新たなバンドだった。メンバーはドラムにリック・シュロッサー（怪我で不参加のヘイワードの代役）、ベースのボブ・グラウブ、コンガのボビー・ラカインド、そしてピュア・プレイリー・リーグのシンガー兼ギター、未来のリトル・フィートに大きな役割を果たすことになるクレイグ・フラー。

のちに、イーグルスとボブ・ディラン（ローウェルとは面識があった）、それ以外にも何人かの超大物スターの出演が〝名乗り出るのが遅すぎて〟断られたという噂が流れた。ペインは言う。「もし彼らが関心を示してくれてたんだとしても、僕の耳には届いていなかった。遅くたって全然構わなかった。確かにある時点で、もうここまでだとしていたが、彼ら（イーグルスとディラン）にそんなこと言いっこないよ、絶対」。ブッキング業務の一部を他人に任せてしまったため「彼らとしては正当な言い分だが〝悪いな、もう出演者は決まったよ〟と断ったのかもしれない」というのがペインの推測だ。

そのペインのヴァリーにある自宅でリハーサルは行なわれた。「その時、リンダ・ロンシュタットが同伴してたのは州知事のジェリー・ブラウンだったよ」

コンサートの模様は収録されるが商品化するつもりはないと出演者は告げられた。「決して金のためにやったんじゃない。スタンドプレーでもない」とペインはコンサートの数日後、ローリング・ストーン誌に語った。「僕らがああして集まったのは、生前のローウェル・ジョージが僕らを出会わせてくれたからだ。あの晩の顔ぶれでは全員があいつより有名だったけど、全員が彼の影響を受けていたんだ」

その夏の夜、ファビュラス・フォーラムの愛称で知られるフォーラムでのトリビュートには、2万人近いファンが集まった。ステージでは出演者がスポットライトの中に出たり入ったり、リード・ヴォーカルとバック・ヴォーカルを入れ替え、ミュージシャンの組み合わせを替えながら、すべてがつつがなく進行した。

故人の精神にのっとり、友人たちはみな笑顔だった。その死からまだわずか5週間だったことを考えると決して楽ではなかったはずだ。しかしそこはＬＡの音楽シーンのまさにトップを走る経験豊かなミュージシャンばかり。気分を滅入らせる暗いステージを見せるなどもってのほかだ。そして彼らはとことん楽しませてみせた。小柄なラーソンは波打つ長い髪を天使の羽のような白いリボンでまとめていた。「ルンバ・ガール」でステージに上がったロンシュタットと満面の笑みを浮かべ合った。

もう一つローウェル・ジョージの精神にのっとっていたのは、この夜、バンドのフロントを飾ったのが圧倒的に女性だったことだ。3曲から6曲ごとの各セットを率いていたのはリンダ、ボニー、エミルー、ニコレット、リトル・フィートとジャクソン。さらにはフラン・テイトとジャクソンのバンドのローズマリー・バトラーがヴォーカルで加わった。どちらがどちらより売れているとかにかかわらず、その時フロントにいる者のバックで誰もが楽しそうにハーモニーを重ねた。

ローウェルと親しかったジャクソン・ブラウンは数曲を披露。ロンシュタットとローウェルと回ったツアーの話、そしてこの曲を初めて一緒にギターで弾いて歌ったのはローウェルとだったよと紹介し、「ユア・ブライト・ベイビー・ブルース」を演奏した。

こんな一幕もあった。リトル・フィートをバックに「ロックンロール・ドクター」を歌ったボニー・レイットがオーディエンスに言ったのだ。「ステージでこの曲をやれと声がかかるたび、ローウェルはこう言ってたのよ。〝〈ロックンロール・ドクター〉をやれだと？　今、君の目の前に立っているだろ！〟ってね」

もし一つだけハイライトを選ぶとしたら、それは最後のフィナーレでロンシュタットが歌ったローウェルの――そして彼女の――曲「ウィリン」だろう。奇しくも亡くなる1週間前のビル・フラナガンとのインタビューで、ローウェルはロンシュタットのヴァージョンについて「かなりいいね」とした上で、「ただリンダは〝WuhEED, WuhHITES, and WuhIIINE（ウィード、ウーホワイツ、アンド、ウワイン）！〟とウーを強調しすぎてる」とジョークにしていた。僕がロンシュタットから聞いたのは「でも彼も歌う時はそう歌ってるのよ」ということだった。その晩のリンダのヴァージョンは〝ウー〟を強調しすぎることのない完璧なヴァージョンだ。最初の1音を聴いただけで大歓声が上がる様子はまるでそれがヒット曲か何かであるかのようだ。エミルー、ニコレット、ローズマリーに両脇を守られるようにリンダは歌う。ローウェル・ジョージのもとに曲を返すかのように。微笑みに涙を隠しながら。それはその夜の最も感動的な場面だった。ペインもローリング・ストーン誌のデイサン・マクレーンにこう語った。「その時、初めて涙が溢れてきた。妻［フラン］が泣き始め、リンダを見ると、彼女も泣いていたんだ」

演奏された34曲のうち、ローウェル・ジョージが書いた曲は7曲だけだ。ペインいわく、ミュージシャンたちが演奏するのに彼の曲は複雑すぎたのだという。そこで女性たちはファンにおなじみの曲を歌い、ボニー・レイットはそこに「ロックンロール・ドクター」を、ニコレット・ラーソンは「トラブル」を織り込んだ。エミルー・ハリスはフィートの曲はやらずに自分の曲だけにとどめたが、ある瞬間、会場は大いに沸いた。それはエミルーの近しい〝友人〟であり、ローウェル同様、短すぎる生涯を終えた天才ミュージシャン、グラム・パーソンズの死以降、初めて人前で歌われた「ラヴ・ハーツ」〔73年のパーソンズのセカンド・アルバム（遺作）で二人はこの曲をデュエット〕の時だった。

コンサート前半、ジャクソン・ブラウンは亡き友を想い「フォー・ア・ダンサー」を歌った。まさにその歌詞の通り、いつだって「踊るように目の前にやって来ては出て行く道化師を演じ、リアルであり続けた」ローウェル。「いつまでも素敵な音を作り続けておくれ」と。

その晩、ジャクソンが披露した「フォー・ア・ダンサー」はこの曲の最高のヴァージョンとしての地位を長いこと守り続けた。そう、20年後にアルバム『ウェスタン・ウォール：ザ・ツーソン・セッションズ』で、ローウェル・ジョージと〝踊った〟二人の女性、エミルー・ハリスとリンダ・ロンシュタットに歌われるまでは。「世界はくるくる回り続ける。いつまでも素敵な音を作り続けてちょうだい」

ステージの一つ高い位置にセットされたキーボードの前、ビル・ペインは音楽だけに意識を集中しつつも、出演者が滞りなく出ては入るのを見届けていた（その間、MCはつばの広い麦わら帽子をかぶったバレアの役目だった）。「チケットはすべて完売。一大イベントだったんだ。すべてが無事に終わり、楽屋に戻ってきた瞬間、崩れ落ちた。みなで抱き合ったよ。とにかくクタクタだった」

およそ23万ドルのコンサート収益金の経費控除後の純利益はエリザベスとジョージ一家に寄付された。リズは言う。「彼と彼の音楽を称える素晴らしい夜だった。私たち家族にとっても大きな助けになったわ。でも私が彼の死を受け止め、先に進めるようになれたのは、それからずっと先のことよ」

＊

まもなくして、残された者たちは仕事に戻っていった。そうせざるを得なかったのだ。完成し、届けねばならないアルバムがあったのだ。

制作はローウェルとペインの対決が表面化していた4月から始まっていた。しかしこれまでもそうだったように、バンドは文句を言ったり言い争いながらも、ローウェルがミックス作業に取りかかれるだけの曲を録音していた。

自分のソロのためにリトル・フィートに曲を出し渋っているという非難に反し、ローウェルは1973年の『ディキシー・チキン』以来、最も多い数の曲を提供していた。9曲のうち5曲のクレジットにローウェルの名前はある。そのうち2曲をペインと共作（「愛は素直に（Straight From The Heart）」と「フロント・ページ・ニュース」）したほか、タケットとは「ビー・ワン・ナウ」を、グレイトフル・デッドのキース・ゴドショウとは「シックス・フィート・オブ・スノー」（デッドとの仕事がもたらした成果）を書いた。ローウェル単独では、とある若い女性（「彼女はミス不品行と呼ばれた」）のことを歌った「ココモ」という曲を書いている。

ここ1〜2枚のアルバムでペインと共にリトル・フィートの実権を握っていたバレアの曲は

2曲収録された。シンガーソングライターのトム・スノウと書いた「パーファクト・インパーフェクション」、そして息子のゲイブリエルと書いたタイトル曲「ダウン・オン・ザ・ファーム」だ。ペインは妻のフラン・テイトと「夢ならさめないで（Wake Up Dreaming）」を提供。パーカッションのサム・クレイトンもジャム風ナンバー「フィール・ザ・グルーヴ」で作曲者として名前が挙がっている。共作したのは「スパニッシュ・ムーン」も書いたキーボード奏者兼アレンジャーのゴードン・デウィッティだったが、クレイトンによれば、曲は決してジャムセッションの産物ではなかったという。「僕ら二人、そしてローウェルも一緒だったんだ。いつも僕の家に来てたんで、この曲もそんな時に書き出した。自分が一度も曲を書いたことがないと告げると、ローウェルが〝そろそろお前も曲を書いて、ソングライターとしてのクレジットを手にしていい頃だ〟と言ったんだよ。それでみなで〈フィール・ザ・グルーヴ〉を書き始めたのさ」

その頃、ローウェルは自分専用のモービル・レコーディング・スタジオを夢見るようになっていた。バスに何台かのテープデッキを持ち込むだけでは飽き足らず、慣習的なスタジオを飛び出し、自分が好きなようにトラックの中でミックスダウンまでしたいと思っていたのだ。そこでパラマウント・ランチの敷地内に置かれてあった、ハリウッドとサンフランシスコでスタジオを経営するウォーリー・ハイダー提供のモービル・トラックが彼のスタジオとなった。そこでヴォーカル以外のオケをまずは録音し、そのあとトパンガの自宅にトラックごと移動してヴォーカルを録ろうとローウェルは計画した。

しかしペインの目には〝どっちらかった〟計画としか映らなかった。耐えかねたペインは自分にも共同プロデュースさせてくれと申し出る。「メインルームに行くと、アンプから離れた場所にマイクがポツンと1本あるだけ。僕が覚えている限り、本物のスタジオの音ではなかったよ。しかも誰もそれを気にしてる風でもない。僕は気が変になりそうだった。やりながらずっと考えてたんだ。〝僕ら何をしてるんだ？　もっとましなやり方でやれるはずだろ〟って」。申し出が拒絶されたペインはバンドを辞める決心を固める。「『ダウン・オン・ザ・ファーム』は我慢の限界だった。あれでやる気が失せたんだ」

ペイン以外の人間には、ローウェルの自宅での肩のこらないレコーディングの楽しい思い出もあったようだ。フレッド・タケットは二人で「ビー・ワン・ナウ」を書いた時のことをこう語る。「ローウェルの家のリビングでアコースティック・ギターのパートに取りかかっていたんだが、リビングのすぐ外のプールにいた蛙の鳴き声がうるさくてさ」。そこであの――厳密に言うならタイトル曲の――〝蛙のパート〟が出来たのだ。

「アルバム最初のローウェルと蛙とのやりとりだよ。蛙「ゲロゲロ」、ローウェル「黙れ」、「ゲロゲロ」……「黙りやがれ」っていうあそこさ」

そんな蛙の声を含め、録音しっぱなしの音源を残したまま、ローウェルはソロ・ツアーに出て、帰らぬ人となった。プロジェクトを完成させられるかは一気にバレアとペイン、エンジニアたちの両肩にのしかかってしまった。あったのはローウェルのヴォーカルと曲のいくつかの部分、ギター・パートはまだ考え始めたばかりだと思われ、デモと呼ぶにはあまりに未完成だった。それを一種の救出作戦だと言う者もいた。実際、ローウェルが思い描いていた完成形を彼らは想像するしかない時もあった。ただし「彼がどう聴かせたがっていたかはあえて考えないことにしたんだ」とバレアは言う。そうではなく、自分たち自身の曲にしたのだと言う。「例えば〈愛は素直に〉で僕はスライドギターを弾いたけど、あれはスライド2本でやりたいとビリーから言われるままにハーモニーを重ねたんだ。僕はそれでいいと思ったよ。(デヴィッド)リンドレーがすでにスライドを弾いていたけどね。念のためにもう一度言うが、それで全然よかったんだ」

バレアとスノウが書いた「パーフェクト・インパーフェクション」には、いわゆるスクラッチ・ヴォーカルと呼ばれるローウェルのガイド・ヴォーカルが残されていた。本人なら当然、それを録音し直していただろうが、バレアたちはこれで「十分にいい」と判断。「ボニー「レイット」に来てもらって、バック・ヴォーカルを加えたんだ。彼女には感謝してる。僕らはつらい状況の中から、やれる限り最高のものを作り出したと思う。あのアルバムにはめちゃくちゃファンキーなグルーヴの曲もあるしね。〈フロント・ページ・ニュース〉を録った時、僕はいなかったんだ。あとで聴いて驚かされたよ、あれには」

アルバムのリリース直前、バレアがローリング・ストーン誌に語ったところによれば、残されていたテープに彼らが加えた変更点はごくわずかだったと言う。「ローウェルのためにバンドはこのアルバムを完成させたんだ」とバレアは言う。「もしローウェルが生きていたら、ここまでバンドのプロジェクトにはなっていなかっただろう」。ペインもローウェルが完成させていたなら『ダウン・オン・ザ・ファーム』は違うアルバムになっていたはずだと認める。「完璧なアルバムだとは言わないが、彼がやった部分は……本当にすごいよ。ローウェル・ジョージという人間に対する個人的な気持ちの溝を埋めてくれる曲もある。ぜひ多くの人に聴いてほしい。決してジャズ・ブルース・アルバムじゃないんだ。『セイリン・シューズ』の焼き直しと言ってもいいくらい、たくさんのスタイルを含んだアルバムだ」

あのフォーラムに続く、おそらく最後のローウェル・ジョージへのトリビュート。ソロ・バンドのメンバーであるホーン奏者のジェリー・ジュモンヴィルとリー・ソーンバーグ、フレッド・タケット、そしてバック・ヴォーカルにはボニー・レイット、フラン・テイト、ローズマリー・バトラーが参加した。ギタリストのロベン・フォード、スニーキー・ピート・クレイナウ、デヴィッド・リンドレー、ドラマーのアール・パーマーの名前もあった。

プロデューサーとしてクレジットされていたのは〝ローウェル・ジョージ……ウィズ・ア・リトル・ヘルプ・フロム・ヒズ・フレンズ〟。リトル・フィート名義で寄せられたライナーノーツは、大文字や句読点を一切使わないローウェルのとは対照的に、すべて大文字で綴られていた。これが「真の『ラスト・レコード・アルバム』だ」と。そしてその文の最後はこんな言葉で締められていた。「僕ら全員からローウェルに、心から言おう。さよなら、友よ。自由になってくれ」

アルバム・ジャケットには再びネオン・パークが起用された。今回のアイディアはパークからの持ち込みだ。タオルをターバンのように巻き、ローブの下はガーターストッキング姿の真っ赤なアヒル唇の女。テーブルにはミントジュレップ、マニキュアを塗りながら、プールサイドでくつろいでいる。プールの向こう側にいるトラの傍らにもカクテルが見える。これまでもフィートのアルバムが度々そうだったようにタイトル候補はもう一つあり、それがDuck Lips［アヒルの唇］だったのだ。

ローリング・ストーン誌はアルバムのレビューを載せなかった。ニューヨーク・タイムズ紙は、ボトムラインのローウェルのソロ・ライヴに好意的だったロバート・パーマーのこんな文章を掲載した。「コンサートでもリトル・フィートはたまに分裂気味に聴こえることがある。『ダウン・オン・ザ・ファーム』は多少分裂気味であるものの、全体としてはミスター・ジョージが望んだであろうアルバムになったことはうれしい喜びだ」

「アルバムを作り上げているのは楽曲。そこには、過去のリトル・フィートのアルバムで場違いに感じられることが多かった長いソロや実験は一切ない」

パーマーはほとんどの曲を気に入ったようで「ココモ」は〝クレヴァーなブルース〟だとし、タケットとローウェルの共作曲「ビー・ワン・ナウ」を〝なんとも素敵な自分勝手な陳述〟と呼んだ。「フィール・ザ・グルーヴ」と「フロント・ページ・ニュース」の〝スティーリー・ダンみたいなインストゥルメンタル部分〟はお気に召さなかったようだが「その大半において『ダウン・オン・ザ・ファーム』はバンドが大いに誇るべきアルバムだ」とまとめていた。

1979年11月、クリスマス・シーズンにぎりぎり間に合うようにリリースされた『ダウン・オン・ザ・ファーム』の売り上げは『ウェイティング・フォー・コロンブス』を除く、どのフィートのアルバムをも上回った。ビルボードのアルバム・チャートでは最高位18位まで上がり、チャート圏内に7週間とどまった。ただし、シングルという意味ではまたしてもリトル・フィートは空振り三振だった。「フロント・ページ・ニュース」はワーナー・ブラザースが二度リリースしたにもかかわらず、話題に上がることすらなかった。こうしてローウェル・ジョージ在籍時のリトル・フィートのシングル成績は9敗0勝に終わったのだった。

ローウェルの死から遡ること数ヶ月、ビル・ペインとポール・バレアは新しいバンドを結成していた。表向きの理由はニコレット・ラーソンのバック・バンドとしてだった。しかし、リ

❖『ダウン・オン・ザ・ファーム』

ンダ・ロンシュタットのバックを務め、いずれイーグルスとなった連中とは違い、ペインとバレアが作ろうとしていたのは、リトル・フィートの分身だった。クレイグ・フラーをヴォーカルに、ボブ・グラウブがベース、リック・シュロッサーがドラムという顔ぶれだ。しかしローウェルの死後、バンドは自然消滅した。「船の帆をあげたものの風が止まってしまったのさ」とペインは言う。特に、彼を含めたバンドがリンダ・ロンシュタットのバックに雇われ、ツアーに出てしまってからは。

『ダウン・オン・ザ・ファーム』を完成させたバレアはこう発言した。「これ以上、リトル・フィートのアルバムを作ることは一切ないよ」。ペインも付け加える。「リトル・フィートはローウェルなしでは存続しないんだ」

いずれその言葉は撤回されることになるが、そうなるまでには何年もの年月を要することになる。

❖ハンプトン・ジョージ（左）
とローウェル、
母のフローレンス。
1949年、自宅にて。
Courtesy of Hampton George Collection

❖母と義父アンディの間に座るジョージ家の長男と次男。1963年、アジアへのクルーズ船内にて。
Courtesy of Hampton George Collection

✣テレビ番組『マイペース二等兵』に出演したファクトリー。1967年。
左から、マーティン・キビー、ローウェル・ジョージ、ウォーレン・クライン、後方にリッチー・ヘイワード。
Courtesy of Lynn Hearne Collection

✣カリフォルニア州ノースリッジで開催された音楽フェス、ファンタジー・フェアで演奏するファクトリー。
他にはドアーズ、キャンド・ヒート、サンシャイン・カンパニーらが出演した。1967年7月。 *Photo by Jill Klein*

❖ワーナー・ブラザースのサウンドステージで行なわれたリトル・フィート初期のリハーサル風景。1970年。
Photo by Linda Wolf

❖ワーナー・ブラザース・レコードによるリトル・フィート初期の宣伝写真。1970年。
（左から右）リッチー・ヘイワード、ビル・ペイン、ロイ・エストラーダ、ローウェル・ジョージ。
Courtesy of Lynn Hearne Collection

❖1973年、ディキシー・チキン』のツアー中プロモーションでの一コマ。アフロのケニー・グラッドニーから時計回りで。リッチー・ヘイワード、ケンタッキーのカーネルおじさん役(不明)、ポール・バレア、サム・クレイトン、ビル・ペイン、ローウェル・ジョージ。*Courtesy of Lynn Hearne Collection*

❖ワーナー・ブラザースによるオフィシャル・フォトでのリトル・フィート。1975年。
Courtesy of Lynn Hearne Collection

❖シルヴァー・スプリングスのトラック・スタジオで DJサーフ・コールウェル（左から2番目）の取材を受けるリトル・フィート。1977年。*Photo by Dave Nuttycombe*

❖1987年、再結成したリトル・フィートにギターとヴォーカルで参加したクレイグ・フラー。
Courtesy of Lynn Hearne Collection

❖フィートのヴォーカリストを長く務めたショーン・マーフィー。
軽々とマイクを持ち上げて歌う。
1998年大晦日、
ヴァージニア州リッチモンドにて。
Photo by David R. Baus

❖真のロックスターだったドラマー、リッチー・ヘイワード。ブリティッシュ・コロンビア州バンクーバーにて。
Photo by Polly Payne

❖ファンに感謝するフィート。コネチカット州スタンフォードにて、2007年。
Photo by Hank Randall

❖2012年、ジャマイカでのファンとの集いで、夫ジェリーと"二度目の結婚式"を挙げたダイアン・ペリスをエスコートするビル・ペイン。*Photo by Polly Payne*

❖"シャグ"とビル・ペイン、1998年。
Courtesy of Lynne Hearne Collection

❖2013年現在のリトル・フィート。(前方から)ゲイブ・フォード、サム・クレイトン、ビル・ペイン、ポール・バレア、フレッド・タケット、ケニー・グラッドニー。*Photo by Ashley Stagg, courtesy of Little Feat*

第14章　レット・イット・ロール、再び

Let It Roll, Again

リンダ・ロンシュタットが大好きな思い出として挙げたのは、1973年9月アトランタでのことだ。その夜、リトル・フィートはコンサートを終え、ミュージシャンでありプロデューサーのアル・クーパーの家にいた。そこで、集まっていた者を前にローウェルが「チャイナ・ホワイト」を歌ったのだ。〝痛みを和らげてくれるもの〟への讃歌、ローリング・ストーン誌が〝ヘロインへのトリビュート〟と称した曲を。

棄てられ　流れていけ
このいっぱいの痛みから
じゃなければ波の底に沈んでいく

「なんて素敵な曲なのだろうと思ったわ。今でも彼が書いた曲の中ではあれが一番好き。彼のチューニングやその上にメロディを乗せる方法を分析したければ、彼が一人で歌う〈チャイナ・ホワイト〉を聴くといいわ」

そこでリンダは声を荒げた。「あれってレコーディングされてた?」。アルバム『軌跡〜Hoy-Hoy!』に収録されていると知り、彼女は満足げだった。

1975年頃、エンジニアのジョージ・マッセンバーグはボルティモアのブルー・シーズ・スタジオでリトル・フィートのレコーディングを行なっていた。その時、ローウェル・ジョージがハンク・ウィリアムズの「ロンサム・ホイッスル」を歌ったのを録音したと記憶している。

もしかしたらローウェルのソロ用だったのかもしれない。そうだったとしたら、第一候補ではなかったのだろう。やがてテープは行方が分からなくなり、ソロ・アルバムに入ることはないままだった。ペインによれば「リズがガレージの奥で茶色い袋に入ってたのを見つけるまで」は。それも『軌跡～Hoy-Hoy!』に収録されている。「チャイナ・ホワイト」と「ロンサム・ホイッスル」を含む希少で貴重な未発表曲に加え、ライヴ・テイクや書き下ろしの新曲、計19曲が収録された2枚組『軌跡～Hoy-Hoy!』は１９８1年にリリースされた。

かつてローウェル抜きのリトル・フィートは存続しないと言っていたビル・ペインだったが、まだリトル・フィートを完全に手放すことは出来ずにいた。ワーナー・ブラザースの社長モー・オースティンを訪ねたペインはフィートのアンソロジーを出したいと持ちかける。レーベルとの契約は満了しており、収益もゴールドを達成するまでになっていた。しかし本当のさよならはまだ言えていない。ファンにも、バンドの創立者でありリーダーである彼にも。その言葉にオースティンはゴーサインを出し、ペインとバレア、マッセンバーグによって作業が開始した。

『軌跡～Hoy-Hoy!』はグレイテスト・ヒッツを装うつもりのアルバムではない。そもそもリトル・フィートにヒット曲はない。収められたのは古い曲、珍しい曲（「ティーンエイジ・ナーヴァス・ブレイクダウン」のライヴ・ヴァージョンとスタジオ・ヴァージョン）から新しく書き下ろされた曲（ペイン作「グリンゴ」、バレアの自伝的なナンバー「オーヴァー・ジ・

エッジ」）まで。

それは明らかに今もまだ存在するリトル・フィート・ファンに向けた、楽しさいっぱいのパッケージだ。ネオン・パークが手がけたリトル・フィートのジャケットが、彼のポスター・アーティスト時代の作品とコラージュされており、他にも外国語で書かれたリトル・フィートのアルバム評、バンドの写真も満載だ。若々しくスリムだった時代から、ステージ上全員でハイキックを決める写真まで。

各曲ごとに、バンドのメンバー、キビー、マッセンバーグ、そしてエリザベス・ジョージがコメントを寄せていた。エリザベスによれば「チャイナ・ホワイト」が書かれたのは70年代はじめ（「もしかするともっと前だったかも」）で、ローウェルは「バンドでは正しく表現出来ないと感じ」、自分一人で録音したのだという。夫の〝悪い癖〟についても、包み隠すことなくこう触れていた。「あの曲を書くのは彼にとって楽なことだったと思う。分かるでしょ、言いたい意味は」（この最後の1行はCD化された『軌跡〜Hoy-Hoy!』ではカットされていた）

珍しいレアリティーズにはファクトリーを解散してフィートを結成するまでの1969年に録られた「フレームド」、『ウェイティング・フォー・コロンブス』用に録音されたライヴからのアウトテイク、ロンシュタットがフォーラムのトリビュートで歌った「オール・ザット・ユー・ドリーム」、1974年にラジオ番組内で演奏された「ザ・ファン」（正式タイトル「When the Shit Hits the Fan」）と「ロックンロール・ドクター」などが含まれていた。「ロックンロール・ドクター」はその後、いくつかのスタジオで手直しがされ、アラン・トゥーサンがニューオーリンズのスタジオでホーンを加えた。

トゥーサンがリトル・フィートと初めて会ったのは、1975年のツアーに一緒に出た時だ。主に作曲家、ピアニストとして知られるトゥーサンは、初のアルバム『サザン・ナイツ』を出したところだった。1973年には彼の書いた「オン・ユア・ウェイ・ダウン」が『ディキシー・チキン』で取り上げられていたが、本人はそのことを知らなかったのだ。誰かに自分の曲がカヴァーされたと知るのは、たいていソングライターが一番最後なのだと彼は言う。ローウェルの名前は1974年にロバート・パーマーの『スニーキン・サリー・スルー・ジ・アリー』でお互いの曲が収められていたことで知っていた。しかしその時も会わずじまいだった。ようやくツアーで初めて会ったローウェルの印象は「自分の周りの人間の気持ちにちゃんと目を開いている、心のある人間」だったと言う。7歳年上のトゥーサンだったが、ローウェルからは多くを学んだと言ってはばからない。「特に初期の頃、彼らとのツアーに出た時だ。それまでほぼスタジオで仕事をして来た自分にとってはすべてが新しい経験で、ステージのセンターに出ることがなかったんだ」

それはなんとも居心地悪い経験だったと言う。「悩んでいたんだよ。ステージの上の自分はこれでいいんだろうか？　そもそも自分はここにいるべきではないんじゃないかと。そんな様子に気付きローウェルは声をかけてくれた。〝君のやって来た素晴らしいことを考えたら何も心配すべきじゃない〟と。実はとても神経質になっていたんだが、そんな簡単なことに救われた。翌日にはうまく行っていたよ、彼の言う通りに」

ローリング・ストーン誌は大きく紙面を割き、ニューヨーク・タイムズ紙のジョン・パラレスによる『軌跡〜Hoy-Hoy!』アルバム評を載せた。パラレスはバンドの歴史を簡単に紹介しながら持論を展開。すでに発表されたアルバムからの曲ではなく、デモや初期のフィート曲をもっと聴きたかったとした上で、結局はこういうことなのだと理解を示した。「『Hoy-Hoy!』は愛情を示そうとしたアルバムなのだ。これが決定版だとか、これが断末魔だというのではない。リトル・フィートの伝統にあやかるなら、最後の〝ひと笑い〟なのだ」（タイトルを思い付いたのはネオン・パークで、ハウリン・ウルフの歌詞「Hoy hoy 俺はお前の可愛いボーイ」へのオマージュ、もしくはスペイン語の〝today-today!〟、そのどちらだとも言えるとペインは言う）

それはリトル・フィートとしてビルボード・チャート入りをした6作目のアルバムとなったが、チャートにとどまったのはわずか2週のみ。最高位は39位どまりだった。しかし悔いはないとペインは言う。「あれはファンへのプレゼントだった。レコードにもブックレットにもとても満足しているよ」

＊

『軌跡〜Hoy-Hoy!』を最後にそれから何年も、ペインがリトル・フィートとかかわることはなかった。曲を書くこともなく、かつてのバンドのことは考えないようにしていた。「つらすぎたからだ」と語るペインは、フィート時代から様々なスタジオやツアーに呼ばれる売れっ子サイドマンだった。フィートが活動しなくなったあとも多くのアーティストのレコーディング、ツアーに明け暮れた。リンダ・ロンシュタット、ジャクソン・ブラウン、スティーヴィー・ニックス、ボブ・シーガー。中でも有名だったのはジェイムス・テイラーとだろう。1981年にはテイラーとの先約のためにローリング・ストーンズからのオファーを断ったほどだ。

ペインに限らず他のメンバーも、腕利きミュージシャンとして課外活動に忙しかった（リトル・フィートが何もしていない時はそうするしかなかったというのもある）。バンドがなくなった今、好きなだけ活動に専念することも出来たわけだ。しかしそうばかりではなかったことをリッチー・ヘイワードはほのめかす。「当時、僕らの中には大きな悪魔と戦っている人間もいた。バンド内に不和が生まれた原因はそこさ」

2度目のバイク事故で骨折していたヘイワードは足のギプスが外れるやいなや、かつて『ステッピン・アウト』のレコーディングに参加していたジョーン・アーマトレイディングのツアーに参加。半年のツアーは格好のリハビリだったと言える。しかしツアーを終えると、ひどい鬱が襲ってきた。「一番ふさぎこんでいた時、ロバート・プラントから電話があった。アメリカじゃ仕事がまったくなかった僕を雇ってくれたのさ。彼は僕のそんな内情は知らなかったんだと思う。僕は人生をやり直す覚悟でイギリスに渡ったんだ」

バレアも悪魔に立ち向かっていた。「ドラッグの暗い闇に落ちていたね。決していいとは言えない状況だった」。妻のデビーは実家のボルティモアに戻ってしまい、ローウェル・ジョージも死んだ。自分のバンドと呼べるバンドはなく、フィートの仲間との連絡も途絶えた。そんなある晩、ペインが家を訪ねて来たのだ。クスリはやめろ。「このままじゃ死ぬぞ」とペインは警告した。「うれしかったよ。でもそこでキッパリやめられたか？　答えはノーだ」

バレアは徐々に音楽活動に戻って行く。デトロイト出身、キャットフィッシュこと、ボブ・ホッジはDC一帯では人気のブルース・バンドのリーダーだ。彼が率いるブルース・バスターズでツアーに出たのだ。いわゆるチトリン・サーキットだ［米国南部の黒人客向けの劇場やクラブを回るツアーのこと。チトリン（chitlin'）とは豚の内臓を煮込んだ料理］。同時にチキン・レッグスというバンドもかけ持つようになった。

皮肉な話だが、自分名義のアルバムを——しかも2枚も——出したリトル・フィートのメンバーはバレア一人だ。1枚目は1983年、小さなミラージュというレーベルから出た『オン・マイ・オウン・トゥー・フィート』。売れこそしなかったが、ローリング・ストーン誌のレビューでは星三つ半を獲得し、スティーヴ・フターマンに「これがリトル・フィートのLPだと言っても分からないほど、ポール・バレアはかつてのバンドのサウンドを完璧に捉えた」と言わしめた。その翌年には2枚目となる『リアル・ライズ』が出たが、こちらも売れずじまいだった。

悲しいことに、この頃のことは何も覚えていないとバレアは言う。「ほとんど意識がなかったからね」

ケニー・グラッドニーは最初ロミオズというバンドに入るが、ボブ・ウィアーが率いるボビー＆ザ・ミッドナイツに加入。ミック・フリートウッドのバンド、ズーに加わったこともあった。フリートウッドとビリー・コブハムのツイン・ドラムで「最高に楽しんでたよ」と言う。

その頃、リトル・フィートに入った時からもっと有名なバンドを探していたサム・クレイトンにそのチャンスが訪れた。ジミー・バフェットだ。実はサムは「ジミー・バフェットの名前すら知らなかった」のだと言う。1977年の「マルガリータヴィル」の大ヒットで一気に富を築いたバフェットはリトル・フィートの大ファンだった。「僕らのことが大好きで、中でも〈タイム・ラヴズ・ア・ヒーロー〉が大好きでいてくれてね」とクレイトンは言う。しかしリトル・フィートを敬うバフェットからしてみれば、クレイトンがバンドに入ることを考えてくれるかどうかすら自信がなかったのだ。ツアーマネージャーからそう言われたクレイトン。「思わず言ったよ。〝冗談だろ？　こちらは生きるか死ぬかの瀬戸際だよ！〟」ローウェルの死から2年。定期の仕事が何一つなかったクレイトンにようやくバフェットとの8年間に及ぶ〝チーズバーガー天国〟［バフェットを有名にした1978年のヒット曲「チーズバーガー・イン・パラダイス」］の日々が訪れたのだ。

＊

1986年のある日、バレアに電話があった。かけてきたのは、かつてリトル・フィート、ジャクソン・ブラウン、エミルー・ハリス、ボニー・レイットなど数え切れない数のアーティストがリハーサルに使用したノース・ハリウッド、アリー・スタジオの持ち主だ。改築されたスタジオのメインルームはリトル・フィートがモチーフになっているのだという。天井ではネオン・パーク作『ウェイティング・フォー・コロンブス』のあのセクシーなトマト美女が2本のヤシの木にかけたハンモックでくつろいでいる。バスルームには赤いベレーに白のオーバーオール姿、背中にギターを背負い、口笛を吹きながら砂利道を歩くローウェル・ジョージと、壊れたフェンスを越えて今にも走り出しそうな1頭の馬の壁画。

壁に貼られたプレートからも、ここがローウェルへの思いがいっぱいの場所であることが分かる。

このスタジオにとってリトル・フィートはすべてなのだ。

よかったらメンバーが顔を出して、ジャムセッションでもしてもらえないだろうか？　いわゆる新しくなったスタジオの「こけら落とし」。一種の景気付けで」。バレアは連絡を取ってみるよと約束。「メンバーそれぞれに忙しかったが、その日は全員街にいることが分かったんだ」

何人かに断られたとしてもバレアは驚かなかっただろう。実はこの1年前、やはりリトル・フィートと深いゆかりがあるリハーサル・スタジオS.I.R.からジャムセッションに招かれた。やることをメンバーは快諾したとペインは言う。ところが彼らが着いた先はまるで何かの群衆シーンさながら。「ミュージシャンでごった返していたよ」とバレアは言う。「みんなして俺が、俺が、と演奏したがるもんだから、5人で久しぶりに演奏するどころじゃなかった。まるで動物園さ」

「僕らにとってはあまり楽しめるものにはならなかったんだ」とペインも言う。さらには、曲を忘れていたという問題もあった。「何も覚えてなかったんだよ。もともと複雑な曲ばかりだからお手上げだった。だから提案したんだ。もう一度ちゃんとやるべきだと。今度はギャラリーなし、バンドだけで……そしてどうなるか見てみようとね」

こうしてアリー・スタジオに集まったフィートのメンバーは彼らだけでセッションを楽しんだ。グラッドニーはその夜をこう覚えている。「実はスタジオに行っても、1曲として曲を思い出せないままだったんだ。それでも大盛り上がりだったよ」

しかし一度ジャム・セッションが盛り上がっただけでは、すぐに再結成という話にはならない。クレイトンにはほぼフルタイムのジミー・バフェットの仕事があった。グラッドニーにはアリーでのセッションのまさに当日、ウォーレン・ジヴォンのバンドへのオファーがあった。実際、まだバンドはなかったのだが、その電話の会話が終わる頃にはグラッドニーだけでなく、ヘイワードもバンド入りが決まったのだ、オーディションも何もなく。「だってリトル・フィートにいた二人だろ?」、それで決まりだった。それでも再結成の可能性を捨てるには惜しすぎるとペインとバレアが感じるほどに、ジャムセッションの出来はよかったのだろう。二人はそのチャンスを模索し始める。1986年、バレアは「その頃には1年ほど酒も断ち、少しだけ自信も感じられるようになっていた」と語っている。実際、他のメンバーも解散した時よりも健康で大人になっていたように見えたと言う。「だからバンドの復活を疑うまでもなかった。

絶対に出来ると思ったんだよ」

1986年から87年にかけてボブ・シーガーのツアーにフレッド・タケットと共に付いていたペインもバンドの完全復活を望んでいた。「僕らが音を出せば、まだ十分リトル・フィートだったからさ」

ヘイワード、グラッドニー、クレイトンも再結成を承諾し、さらなるメンバー探しが始まった。バレアがリード・ギターを受け持つことになり、それなら第2のギタリストには、あらゆる楽器をこなすフレッド・タケットが適任だろうと全員の意見は一致した。ボブ・シーガーとのツアー中、何度もペインに誘われたとタケットは言う。「ビリーに〝リトル・フィートを再始動するので、おまえにポールと一緒にギターを弾いてほしいんだ〟と言われたよ。それで〝オーケイ、じゃあ入れてくれ〟と答えたんだ」

タケットは生まれながらのミュージシャンだ。実家があるアーカンソー州ホットスプリングスはカジノで有名なリゾート地で、ギャンブル目当ての客やギャングであふれていた。そこで音楽に囲まれて育った。「家には両親のディキシーランドの78回転盤が積み上げられていた。僕はその前に座り、キッド・オリーやバム・ジョンソンなんかを聴いていたよ。カレンダーをクルクルっと巻いたのをクラリネット代わりに、レコードに合わせて吹くまねをする。ほんの子供の頃の話さ」

実際に吹いた本物の楽器はお古のトランペットだ。趣味でトランペットを吹いていた父と兄のリチャードが先生だった。「僕のが一番の安物トランペットさ。二人が新しいのを買うと、お古が回ってくるんだ」

それでも構わなかった。なぜならトランペットより実はドラムに興味があったからだ。こうしてドラムを叩き始めたタケットだったが、12歳になる頃、エルヴィスの登場で状況は一転。これは何がなんでもギターを買わねば。そしてリトル・ロックにプレスリーがやって来ることになり、どうにかして観に行けないものかと画策した。ロックよりもジャズ好きだった兄が取ったチケットを譲ってもらおうと弟は兄に持ちかけた。「リチャード、エルヴィス・プレスリーを観に行くなんて何を考えてるんだよ？　エルヴィス・プレスリーのことなんて嫌いじゃないか。僕はエルヴィス・プレスリーが大好きなんだ。代わりに僕が兄貴のガールフレンドと観に行くよ」と。あとで思えばなんと12歳らしい発想だったかと思うが「当時は何も分かってなかったんだ」とタケットは言う。

母は約束した。「次にロックのコンサートがある時は連れて行ってあげるから」。やって来たのはリトル・リチャード［ロックンロールの草分け。ゲイであることをカミングアウト］だった。ロックンロールのキング——いや、クイーンと言うべきか。「ただ一言〝なんてことだ！〟としか言いようがなかった。それまで僕が見た中で、あれが一番常軌を逸していたね」

16歳になる頃、タケットは地元や近隣のリトル・ロックのナイトクラブでギターを弾いていた。「まったくの違法だった」と彼は言う。「ゲットーに出入りしてたんだ。リトル・ロックのナインス・ストリートにはすべての黒人向けエンタテインメント・クラブがかたまっていた。トロピカーナでは、なんとボビー・〝ブルー〟・ブランドのバンドが何週間もリハーサルを行なってたんだよ。僕は楽屋口から入れてもらい、友人たちとこっそり中に忍び込んだんだ」

ビバリー・ガーデンズというクラブで働いていた時の話だ。「汚くてむさ苦しい店で壁には〝卑猥なダンス禁止〟と警告が貼ってあった。突然警官が入って来て、僕はスポットライトを当てられた。二人のブルース・ギタリストと一緒だったたんだ。照明に照らされて僕が突っ立っていたら店のオーナーがかばってくれた。〝こいつはギターがうまいんだよ。それに酒も飲んでいない〟」

「こっちは〝まじかよ……〟という感じで。ギターを弾く時はいつもこそこそしてなきゃならなかったんだ。隠れろ、誰にも見られるなと。それが21になるまで続いたよ」

その頃にはトランペットとドラムをマスターしたタケットは1963年からはノース・テキサス州立大学のカレッジに通う一方、サックス奏者ジョーリン・デイヴィスとのカルテットで、毎晩ステージに立つようになる。オクラホマシティの新しいナイトクラブに出演した時のギグに刺激を受けたタケットは、オクラホマシティの大学に転学。「それが本当の意味で、僕の学びになったんだ」と言う。

それからの2年間、タケットのバンドは週6日、ダンス・ミュージックを4セットやってはソフト・ジャズを演奏するというタイトなスケジュールをこなした。「その間にはフロアショーがあり、そのバックも僕らは務めた。男二人に女一人のグループや、コメディアン、ドン・チェリー、〈バンド・オブ・ゴールド〉を歌ってたシンガー、それに加え、ベリーダンサーやマジシャンなんかもいて、彼らはそれぞれ譜面持参で来るんだ。ジュディ・ガーランド［40〜

50年代、一世を風靡したハリウッド女優／歌手〕メドレーだとかいわゆるラスヴェガス風の曲さ。おかげでそういうのが得意になったよ。コーヒーショップに座って彼らがやって来るのが見えてもリハーサルはやらず、顔合わせは本番30分前。それでも彼らのレパートリーをバッチリ演奏し、歌のパートまで歌うもんだから〝一体どういうことだ？〟と呆気にとられるのさ。しかも僕らは半分酔ってたにもかかわらず、ちゃんと譜面が読めた。あれはいい勉強だったよ。僕はリッキー・リカルド〔人気テレビ番組『アイ・ラヴ・ルーシー』のルーシーの夫でエンターテイメント歌手〕に夢中だったから、クラブにいられるだけでよかったんだ」

それはタケットがホノルルでジミー・ウェッブにカリフォルニア行きを勧められる以前の話だ。カリフォルニアにやって来たタケットは様々なセッションや『ソニー&シェール・ショー』や『ダニー&マリー』といった音楽番組の仕事を始めるようになる。そしてローウェル・ジョージに出会うのだ。

70年代を通してテレビの仕事を続けながら、タケットはフィート援軍最大の貢献者だった。他のプロジェクトにかかわっていたとしても、ローウェル・ジョージのためなら時間を割いた。1975年、ジミー・ウェッブがプロデュースするシェール〔前述のソニー&シェール、その後のソロとしての音楽活動で、60年代から2010年代の50年間の各年代でビルボード1位の記録を持つ〕のアルバムでタケットはギターを弾いた。そこでシェールはニール・ヤングの「ミスター・ソウル」やエリック・クラプトンの「ベルボトム・ブルース」などロックとブルースの曲をカヴァーした。「それで僕らは〝ローウェルの曲をやってローウェルに金が行くようにしよう〟とシェールに〈ロックンロール・ドクター〉を歌わせたんだ」。ところがアルバムはまるで売れず。「結局、ローウェルのところに入ったのは〝シェールが歌う〈ロックンロール・ドクター〉を聴いたよ〟という声だけで、金にはならなかったというわけさ」

そんな華やかなセッションの世界を捨てて、フレッド・タケットはリトル・フィートに参加することを決めた。そうなるとあとはリード・ヴォーカルを誰にするかだ。

リトル・フィートの後期、ローウェル・ジョージ以上にリード・ヴォーカルで歌っていたのはバレアとペインだ。しかし二人ともローウェル・ジョージの代わりを務めることは出来ないと感じていた。

そこでまず誰もが考えた第一候補は、ローウェルともバンドともつながりがあったロバート・パーマーだ。パーマーの1枚目ではローウェルがギターを弾き、『プレッシャー・ドロップ』ではバンド全員がバックを務めた。どちらのアルバムにもフィートのカヴァーがあった。「セイリン・シューズ」と「トラブル」だ。ローウェルのあのブルージーで唸るような声とは違ったが、パーマーにはロック、ソウル、ブルース、レゲエと幅広い音楽性があった。しかし1988年、パーマーはナンバーワン・シングル「恋におぼれて（Addicted To Love）」をひっ提げてのツアーが大成功を収めており、バンドに参加する気はないようだった。

次にバンドが考えたのはボニー・レイットだ。80年代半ばには、ワーナー・ブラザースに欠かせないアーティストになっていたレイットだが、リトル・フィート同様、大きな形でのブレイクはまだ訪れていなかった。レーベル在籍15年間でビルボード・アルバム・チャート上位に食い込んだのは、1977年に第25位まで上がり、ゴールド認定された唯一のアルバム『愛に乾杯（Sweet Forgiveness）』、そして『愛に生きる（The Glow）』と『グリーン・ライト』のわずか3枚のみ。

リトル・フィート同様、FMラジオでの彼女の人気は絶大で、大都市や大学町にはファンも大勢いた。レコーディングもツアーも一緒に行ない、リトル・フィートとボニー・レイットが相思相愛であることは疑いようがなかった。ただし、タイミングがなんともまずかった。『グリーン・ライト』のぱっとしない売り上げを理由にワーナー・ブラザースはレイットとの契約を解除。彼女自身の音楽人生は危機を迎えていたのだ。

「83年にレーベルから切られたの」。それは『Tongue and Groove』と仮タイトルまで決まっていたニュー・アルバムを完成させた直後のことだ。ワーナー・ブラザースはいったんはアルバムをお蔵入りにしたが、2年後リリースを決定。どうせならレコーディングし直したいレイットはレーベルと揉めていた。そんな時、大好きなあのバンドが彼女を入れたがっていると噂が流れたのだ。アルバムは『ナイン・ライヴズ』［諺〝猫に九生あり〟から］と的を射た新タイトルでリリースされたが不発に終わる。1988年、心機一転して契約したキャピトル・レコードの社長はワーナー・ブラザースから移ったジョー・スミスだった。まもなくリリースされた『ニック・オブ・タイム』でボニー・レイットはスーパースターの仲間入りをする。

リトル・フィートに関する噂を聞いた彼女の答えは「今は自分のキャリアに専念したい」だった。「でも正式なオファーではなかったと思うわ。ポールやビリーと話して断ったという記憶はないの」。いずれにせよ、彼女の判断は正しかったことになる。

＊

それはリトル・フィートにとっても同じだった。やがて彼らが迎えることになる新たなシンガー、クレイグ・フラーはペインとバレアとは曲を書き、ローウェル・ジョージ・トリビュートに参加。１９７９年にバレアとペインが組んだニコレット・ラーソンのバック・バンドの一員であり、フィートがツアーをした際のオープニングとして歌っていたデュオの一人でもあった。

フラーが一番有名なのは70年代のソフトなカントリー・ロック・バンド、ピュア・プレイリー・リーグのリード・ヴォーカルとしてだろう。ポコを彷彿とさせる彼らには「エイミー」というメジャー・ヒットがあった。フラーの記憶によれば、ローウェルとペインの対立が深まっていた真っ只中に組まれたバンドの練習に何度か参加していた。１９７９年のことだ。ソロ・ツアーから戻ったローウェルの態度が、ペインとバレアには自分たちがリトル・フィートにいることを歓迎していない様子に見えた。そこで新しいバンドを組んだ。ところがローウェルは亡くなってしまう。「まだ何もしていないも同然だった」と新たなバンドに関してフラーは言う。「スタートする前から終わってたんだ」

そのフラーとリトル・フィートの歴史はそれよりずっと以前、バンドのごく初期に遡ることが出来る。1971年、フラーはピュア・プレイリー・リーグを結成。「シンシナティにあるバカでかい、昔ながらのヒッピー・ハウスで共同生活をしてた時さ。そのうちの一人が地元のラドロー・ガレージという会場を持っていたコンサート・プロモーターだった。大手レーベルの郵送リストに名前が入ってたから、リトル・フィートのアルバムも送られてきててね。みんなして擦り切れるまで聴いたよ。彼らが地元に来た時には観に行った。とんでもないやつらだと感心したよ」。そのコンサートというのが、フィートが行なった初めてに近いコンサート——客がバンドのことなどお構いなしだったと腹を立てたリッチー・ヘイワードが、ズボンからペパロニ・ソーセージを取り出した例のコンサート——だったのだ。

フラーが感心した〝とんでもない〟こととはその一件だったのかもしれないが、いずれにせよ両者の道は将来交わることになる。だが、それはまだ6年先の話だ。1978年、ピュア・プレイリー・リーグを抜けたフラーが次に仕事をしたのが、ソングライターのエリック・カズだ。

ブルックリン出身、元ブルース・マグース（「恋する青春〔We Ain't got Noting yet〕」がヒット）のカズはボニー・レイットやリンダ・ロンシュタットで知られるロマンティックなバラード（「ラヴ・ハズ・ノー・プライド」「ブロウイング・アウェイ」「クライ・ライク・ア・レインストーム」）の作者だ。

フラーとカズが1975年に結成したバンド、アメリカン・フライヤーは2枚のアルバムをリリースしたのちに解散。デュオ・アルバムを作ることにした二人がプロデューサーに考えていたのは、ロンシュタットの友人ローウェル・ジョージだった。しかしローウェルはソロ・アルバムの制作にかかりっきりだったため、プロデュースには別の人間があたった。そのアルバムを携え、二人はリトル・フィートの前座としてツアーに出る。

回ったのはほとんどが大学だったとフラーは記憶している。「いい時代だった。忘れられない経験をたくさんしたよ。その頃、ローウェルは1日おきくらいに、歌うのを嫌がるようになっていたんだ。声はガラガラ。とても苦しんでいる風だった。でも周りの連中は楽しんでたよ」。ローウェルの不調の原因はなんだったのだろう？「それは僕にもわからない」とフラーは言う。「無理をしすぎてたのかもしれない。だって、とにかく寝たがらなかったんだよ」

ローウェルの死後、フラーはメンバーチェンジを繰り返したピュア・プレイリー・リーグに戻り、参加していた。カズとのソングライティングも続ける一方で、バレアとは「ルーズ・ユア・ラヴィン」を共作。１９８７年にはペインとも1曲を書き上げた。それを音楽出版社に送ろうとしていた頃、残されたリトル・フィートのメンバーたちは再結成の気持ちを固めたところだった。

音楽出版社の件でペインに電話をすると「〝ところでリトル・フィートをまたやろうと思うんだ〟と言われたんだ」とフラーは言う。「だから僕は〝それはいいね〟と言った。でも〝ロバート・パーマーがうんと言ってくれない。ボニーを入れようかとも思ってる。どうしたらいいだろうね？〟そうビリーが言うんで〝僕でよければ出来るよ〟と言ったんだ。そしたら〝あ、おまえなら出来るよな。ちょっと来てみないか？〟という話になったのさ」

フラーがロサンゼルスのペインの自宅を訪ねるとバレアもいた。「ガレージの上にある小さな音楽室に行き〈ルーズ・ユア・ラヴィン〉を弾いて聴かせたら〝まるでリトル・フィートだ〟と驚かれたよ」。でもそれは当然なのだ。フラーの記憶じゃ、それはバレアと二人「〝リトル・フィートがやれる曲を書こうぜ〟と言って書いた」曲だったのだ。

次にフラーは「ファット・マン・イン・ザ・バスタブ」を歌った。「それで決まりだったよ」とバレアは言う。「ものの15分だったかな」とフラーも言う。「それで決まったんだ。バンドの残りの連中にもそれは伝えられた」

ロック・バンドの中において、自分は「どちらかと言えば堅物だった」とフラーは自己分析する。パーティが大好きだったローウェル・ジョージとは正反対だということだ。ただし二人には決定的な共通点があった。声だ。「不気味だったよ」とバレアは言う。「特に昔の曲、〈コールド・コールド・コールド〉とか。気味が悪いくらい似てたんだ」

「ローウェルの声と僕の声の音色はすごく近いんだ」とフラーも言う。「そして僕らはきっと同じような音楽を18くらいの時に聴いて育ったんだと思う。リハーサルもなしに、その場で会ってもちゃんとセットをこなせたのは、おそらく同じ20とか30くらいの曲をみんなが知ってたからさ」。そんな風に対等な音楽仲間だったことに加え、彼はフィートのファンだった、そしてオープニング・アクトを務めたという歴史もあった。

「古い曲のほとんど——すぐに思い浮かぶのは〈ストロベリー・フラッツ〉とか〈ファット・マン〉とか〈トゥー・トレインズ〉など——は僕の好みにドンピシャだった。しかもギターを弾こうっていう気はなかった。だって両脇には最高のギタリストがいて、ギターパートは全部弾いてくれるわけだからね。こちらは歌うだけでよかったんだ」

実際はそれよりはもう少し複雑だった。ローウェルには人の一歩先を行く、ちょっと狂ったユーモアと漫画的なセンスが根底にあり、それは彼の人生と音楽に貫かれていた。フラーは自分はそんな男ではないと分かっていた。「僕が育ってきたのは彼よりはポップな畑だ。もう少し分かりやすい音楽というか。だから少なくともあの時点では、もっとリスナー・フレンドリーな曲を書かなきゃと思った。いわゆるラジオでかけてもらえる曲をね」

クレイグ・フラーの歌声を聴いたペインも同じことを考えていたのかもしれない。「クレイグは僕らが必要としていたロマンティックな曲を歌うのにピッタリの声だったんだ。ブルージーな曲はポールがこなせた。ポールとクレイグの声はすごくよく溶け合うんでね。〈ユーズ・ユア・ラヴィン〉での二人のかけ合いも最高だったよ。いい意味で、いろんなものが混じり合っていたね」

だとすれば、新曲を書かねば。ビル・ペイン、ポール・バレア、フレッド・タケット、クレイグ・フラーはペインの自宅に集まり、ブレインストーミング・セッションを始めた。時折マーティン・キビーも参加し、結果的にキビーとはタイトル曲「レット・イット・ロール」を含む2曲が書けた。それが大きな賭けであることは誰もが承知の上だった。ペインは言う。「再結成をした時点で僕はバンドに伝えたんだ。〝いいか、これは自分たち自身との競争だ。これでいいと思えるアルバムが作れなきゃ、ワーナーがどうしたいと思おうと、誰を使おうと、納得するものが出来ない限りはリリースしない〟。そう、言うなら〝ビートルズとストーンズの間にこのアルバムがかかったけど最高だったぜ〟と言わせるものを作りたいんだ」

新曲も増えてきたところで、バンドはマネージャー探しを始めた。いくつかのコネやツテでたどり着いたのは、リンダ・ロンシュタットやジェイムス・テイラーと長く良い関係を保ってきたピーター・アッシャーだ。アッシャーとバンド、中でもローウェル・ジョージとの付き合いは長かった。リンダが「ウィリン」をレコーディングしたいと言い出した時からだ。リッチー・ヘイワードは初期のリンダのレコードでドラムを叩いていたこともあった。リンダの最近のアルバム何枚かに参加していたことでビル・ペインとアッシャーも親しくなっていた。

「ビルにはいくつものセッションで世話になった。いい友人だったよ」とピーター・アッシャーは言う。「いい演奏をしてくれた。ローウェルがあまりに重要な男だったから、彼の重要さを人は忘れがちだがね」。その一例としてアッシャーが挙げたのはペイン作の「オー・アトランタ」だ。「彼がバンドの大きな部分を担っていることは見過ごされがちだ。〝ローウェルが死んだあとのリトル・フィートにはもう興味はない〟という意見をよく聞く。でもあのバンドのフィーリングの多くはリズムセクションから生まれてたんだ」

残りのフィートたちもアッシャーと彼のスタッフとは顔なじみだった。アッシャーは言う。「マネージメントを探す際、もともと知っている誰かに頼むのはごく理に適《かな》ったことだ。不正を働かれる心配もないからね。彼らはやって来て聞いたのさ。〝バンドを復活させる。マネージメントを頼めないか?〟と」

迷いが一切なかったと言えば嘘になることをアッシャーは認める。ローウェルの死からも、リトル・フィートの全盛期からも長い時間が経っている。しかしクレイグ・フラーがリード・ヴォーカルをとるデモを聴いたアッシャーは、ためらうことなくそれをレニー・ワロンカーの元に持って行った。ワロンカーはその時点でワーナー・ブラザース・レコードの社長だった。そして持ちかけた。「バンドをもう一度やるよ。興味はあるか？」

かつてのベテラン・プロデューサーで今はレーベルのエグゼクティブのワロンカーは、警戒している風だったとアッシャーは言う。「音楽を聴くまではね。聴き終わると〝もちろん、イエスだ〟と即答だった。あれはいいミーティングだった」

１９８７年、リトル・フィート復活のニュースに対する反応は予想通り、賛否両論だった。多くの者が――バンドの熱心なファンですら――１９７９年のビル・ペインのこの発言を引き合いに出した。「リトル・フィートはローウェルなしでは存続しないんだ」。しかしバンドの側に立つ者も大勢いた。ローウェルの、ファクトリーの、そして変遷を重ねたリトル・フィートの常に熱心なファンだったシャグことリン・ハーンもその一人だった。「フィートの音楽を愛する気持ちはローウェルと一緒に死んだわけではなかったわ」と彼女は言う。「それどころか勢いを増し、むしろ成熟したと言えたのかも」

ただし、音楽とメディアを取り巻く状況は70年代半ばから比べ、大きく変化してしまっていた。ドゥービーとレッド・ツェッペリンはＵ２とスプリングスティーンに取って代わられた。リトル・フィートをほぼ唯一かけてくれていたプログレッシヴ・ロック専門局はすでになくなっていた。それに代わったのがクラシック・ロックと呼ばれる60年代、70年代ヒットだけをかける局だ。だが、ヒット曲を持たないリトル・フィートはかかりようがない。

それでも、セントルイスのKSHEのディスクジョッキー、ギャリー・ベネットのような熱心な信奉者も存在していた。ベネットがキャリアを積んだのはラジオ局が今のようにTOP40しかかけられないようになる以前、自由でアンダーグラウンドだった時代。アナウンサーたちは思うように好きなことを喋り、好きな曲をかけることが出来た。リスナーがいて、スポンサーがいる限り。『セイリン・シューズ』と『ディキシー・チキン』でリトル・フィートに惚れ込んだベネットはバンドが姿を消したあとも、地元のラジオでかけられるだけ彼らをかけ続けた。それどころか、1985年には毎日彼らの曲をかける『フィーツ・アット・ファイヴ（5時のフィート）』なる番組までスタートさせた。再結成から遡ること2〜3年前の話だ。

KSHEが時代の波に押され、きっちりとした番組作りをせねばならなくなると、ベネットも週5日はそれに従った。土曜の午後にも番組を持ってくれないかと言われると、そこで行動を起こす。「土曜まで働きたくなかったんだが、やるなら5時にリトル・フィートをかけてやれと思ったのさ。1曲だけこっそりとね」。何週間かして、番組のディレクターがそれに気付くと、ベネットはこれをレギュラー・コーナーにさせてくれるよう交渉に出た。「結果20分のコーナーになり、リスナーからの電話やリクエストを受け付けて番組のTシャツも作った。例のトマトのレディをプリントしてね」。話題が話題を呼び、他の全米のラジオ局でもそのトレンドに乗っかる者たちが出て来た。

そうやってファン（と評論家）が待っていた頃、バンドはジョージ・マッセンバーグのコンプレックス・スタジオに集まっていた。かつてのエンジニアで今はプロデューサーのマッセンバーグと共にプロデュースをするのは、ローウェル・ジョージから断られていた望みをついに叶えたビル・ペインだ。

『レット・イット・ロール』の作業は週6日行なわれた。当時との比較でその様子を語るポール・バレアの口調は多少辛辣だ。「ちゃんと計画を立てたことで、昔みたいなスタジオでのサプライズはあまりなかった。ヘリクツやたわ言もなかった。くだらない言い争いもなかった。それよりは〝オーケイ、何をどうすればベストなものが作れるか考えよう〟という感じだったよ」

アルバムを完成させると、ワーナー・ブラザースのエグゼクティブやスタッフらと共にスタジオで最終ミックスを聴いた。それは「いろいろなものが浄化されていく気分だった」とバレアは言う。「ローウェルの死、各個人、そしてバンドとして過ごしていた暗い時代から、ようやく救われた気がしたよ」

ツアー再開の準備を進めていたバンドにジミー・バフェットからのとびきりのプレゼントが贈られた。フィート再結成の計画をボスに話したサム・クレイトンに対して、バフェットはバンドのパーカッション奏者を失うことに理解を示したばかりか、粋な提案をしたのだ。「バフェットが言ってくれたんだ。〝俺のツアーにお前たちを連れて行く〟とね」とクレイトン。「しかもちゃんと客をいさせるため、自分のセットの前に前座の僕らと一緒にステージに出てくるんだ。そして最初の2曲を僕らと一緒に歌う。客がみな席に着いて聴いていることを確かめたら彼はステージを去り、僕らだけに演奏させてくれた。これ以上のことはなかったよ」

その前にバンドとして出た初めてのコンサートは、ニューオーリンズで開催された1988年のジャズ・アンド・ヘリテージ・フェスティバルだ。「フレッド・タケットからニューオーリンズの噂は聞かされていた」とペインは言う。「〝最初のギグは絶対にあそこにすべきだ〟って言うんだよ。〝あそこだったらこっそりとステージに忍び込める。誰も気付きゃしない〟と」。バンドもそれで構わなかった。ところがクレッセント・シティことニューオーリンズに到着した彼らを待ち受けていたのは、ミシシッピ川を行く蒸気船プレジデント号での船上コンサートをドタキャンしたヴァン・モリソンの後釜という大役だった。「当然スポットライトが僕らに当たってしまったんだ。ジミー・バフェット、ボニー・レイット（フィートのステージにも飛び入り）、エド・ブラッドリー［CBSの報道番組『60 Minutes』のキャスター、ジャーナリスト。大の音楽好きで知られる］、スティーヴ・ウィンウッドといった錚々たるメンツの中に混じってね。そして客席を見ると若い子たちがみんな歌ってるんだよ、曲に合わせて。〝どうしてみんな歌詞を知ってるんだ？〟ってびっくりさ」

「ウィリン」の演奏中、ずっと泣いていた客がいたとタケットも言う。「真ん前でね。涙が頬をつたってたんだ」。しかも単なるロック・ファンではなく「ヘルス・エンジェルスみたいなバイク野郎だった」のだと言う。気付けば会場は揺れる両腕が波打つマッチとライターの光の海。

これぞ80年代。

初めてのツアーで、事実上ローウェル・ジョージの代わりを務めなければならなかったことに抵抗はなかったとクレイグ・フラーは言う。「なんでも受け入れるつもりだった。ローウェルのようになろうと僕がしてないことは、どう見たって明らかだったからね」。その一方で、フラーの音域はローウェルとぴったりと同じで、真似ようと思えば、レコードでローウェルが歌った歌をそのまま真似ることも出来たのだ。

そんなフラーもたった一度だけ、〝お前はローウェルじゃない〟と言いがかりを付けられたことがある。ロング・アイランドでのコンサートでそう叫んだ客に対して、気付けば怒鳴り返していたのだと言う。「普段はどんな相手に対しても穏やかなんだよ、僕は」とフラー。「でもその時は本当に頭に来てね。相手は酔っ払っていた。だから言ってしまったんだ。〝もう2度とローウェルみたいなやつは出てこないよ〟と。しかしかつてのリトル・フィートと、復活したリトル・フィートの間に流れた年月はすでに記憶を薄れさせたのかもしれない。バレアも言うように、彼らの演奏を聴いていた若いオーディエンスの多くは、ローウェルのことすら知らない世代だったのだ。

出来上がったのは、オリジナル・フィートに比べればずっとメロウなアルバムだった。フラーをフロントに立たせ、カントリー色を強め、ジャズ色は薄まり、とんがった部分はなくなり、ロマンティックになった。そしてヒットした。だが評論家は当然ながら、ローウェル・ジョージを引き合いに出さずにはいられなかった。しかし中には、ローリング・ストーン誌のJ・D・コンシダインのように先へと目を向け「初めてリトル・フィートを聴いた時と同じ新鮮なサウンド」だと評する者もいた。コンシダインは「ヘイト・トゥ・ルーズ・ユア・ラヴィン」は『ディキシー・チキン』に入っていてもおかしくないとした上で、ペインとキビーの「ケイジャン・ガール」は平凡な曲だが、ペイン、バレア、フラーの合作「ワン・クリア・モーメント」はかつてのローウェル・ジョージの曲にあった〝ロマンティックな不安感〟を彷彿とさせると評した。総論として『レット・イット・ロール』は「[リトル・フィートという]バンドの名前が約束するもの」以上の作品だとまとめていた。

レコード店でもその成果が現れていた。『レット・イット・ロール』はゴールド・アルバムに達し、ビルボード・アルバム・チャートにも復活。最高位36位を記録した。

翌年にリリースされた『レプリゼンティング・ザ・マンボ』では再びペインとマッセンバーグがプロデュースにあたり、サンフランシスコ北にあるジョージ・ルーカス所有スカイウォーカー・ランチで録音された。（こうなったのには、マッセンバーグと仕事を続けていたロンシュタットが当時ルーカスと恋人だったからだとペインは信じている）

しかし出来上がったのは「デイ・アット・ザ・ドッグ・レース」の再現──少なくとも「シルヴァー・スクリーン」「デイリー・グラインド」を含む2～3曲はそう──だった。ワーナー・ブラザースの耳には、ペインのジャズ・フュージョン好きはあまりに前面に出すぎていたようで、〝大きなうさぎの耳〟[ワーナー・ブラザース映画社のこと。彼らの看板スター、うさぎのバッグスバニーにもじって]の音楽部門は不服だった。「僕はいいアルバムだと思ってたんだ」。そう言うペインだが、レニー・ワロンカーのオフィスに呼ばれ、こう言われたという。「お前たちには、もっと……なんて言うかロックンロールな曲はないのか？」

ペインは説得を続けた。「テキサス・ツィスター」や「ザッツ・ハー、シーズ・マイン」といった〝ジャズではない曲〟がラジオでかかるはずだと。確かに彼の言う通り、バレアがリード・ヴォーカルのカントリー・ロック調「テキサス・ツィスター」は、アルバム・ロック（いわゆるAOR）ラジオ［Album Oriented Rockの略。日本で言うAOR（アダルト・オリエンテッド・ロック）とは別］で数週間かかった。ところが、新しいロックとクラシック・ロックが混在するAORフォーマット自体が、よりコンテンポラリーなポップス寄りなフォーマットに取って代わられるようになり、アルバムの宣伝にも売り上げにも結び付くことはなかった。

バンドに投資しようとしてくれていたレコード会社に逆らってまで、そんな大胆な音楽的転換をリトル・フィートが図ったのは、なんとも妙な話だ。「すべて僕が決めたんだ。あとになって悔やんだよ」と言うのはビル・ペインだ。「大惨事とまでは行かなかったが、キャリアの存続という意味では取るべき選択ではなかったね」

まさに収録曲のタイトル通り〝そのフィートってやつはたまに君を間違った方向に進ませる(Those Feat'll Steer Ya Wrong Sometimes)〟ということだ。

その懲らしめとして、ワーナーはアルバムの宣伝に協力しなかったのだとペインは言う。するとリトル・フィートは契約上の細かい点を理由にワーナーから離れてしまう。「ずっとバンドを応援して来てくれたレニー・ワロンカーのことを考えると、とても悪かったと思っている」とペインは言う。「ああいう離れ方をしたのは裏切り行為以外の何物でもなかった。彼は残るように言ってくれたんだ。でも僕らの味方じゃないやつらもいて、まるで鳥かごに閉じ込められたカナリアみたいな気分だったんだよ」

まもなくリトル・フィートは独立系映画会社、モーガン・クリーク傘下のモーガン・クリーク・レコードと契約。『シェイク・ミー・アップ』をリリースし、ツアーも続けた。ところが1993年秋、誰もが驚く形でクレイグ・フラーがバンド脱退を宣言。理由はツアーばかりの生活を改め、家族との時間を持つためだった。というのも、妻のヴィッキーにまた子供が生まれる予定だったからだ。

フラーには、契約したのは「見込みのないレーベル」で、メンバーたちは「前よりも状況はきつくなり、ライヴ会場間の距離は開くばかり。それでいて稼ぎは減る一方」だと思えたのだだと言う。4人の子供の父親となったフラーは「仏教で言うところの徳を積み、家庭で子供たちと一緒にいること。それが自分に出来るせめてものことだと感じた」と言う。

ほとんどのメンバーが理解を示す中「ビルだけはすごく傷ついていたようだった」とフラーは言う。「僕が船を捨てて逃げたと思ったんだろう。バンドの稼ぎが減っているとは思ってなかったんだと思う。実際にはそうだったとしても」。バンドとの旅回りは楽しかった。しかし「僕は彼らほどライヴが好きではなかったんだろう」とフラーは言う。もちろん楽しんでいたのだ、彼も。「金がガッポガッポと入って来てる時はね」

1993年9月1日、リトル・フィートに欠かせない人間がもう一人この世から旅立った。ネオン・パークが53歳の若さで筋萎縮性側索硬化症（ALS。またの名をルー・ゲーリック［ニューヨーク・ヤンキーズの内野手］病として知られる変性疾患）で亡くなったのだ。病名を宣告

❖『シェイク・ミー・アップ』

❖『ライブ・フロム・ネオン・パーク』

❖『軌跡〜 Hoy-Hoy!』

❖『レプリゼンティング・ザ・マンボ』

❖『レット・イット・ロール』

された時、パークはこう叫んだと言う。「でも僕は野球なんてしないのに！」

リトル・フィートのメンバーによるトリビュートがファン雑誌FeatPrintsに掲載され、バレアはこうはなむけの言葉を贈った。「君のウィットを永遠に忘れることはないだろう。その魂と精神はずっと僕らとともにいる。君はヒップそのもの……唇のついたアヒル……だ！！！」それから何年も経ったあと、パークの作品の展覧会用パンフレットで、バレアはこう約束した。「リトル・フィートがある限り、君の作品を僕らは使わせてもらうことにする。僕らがカッコよく見えるためにも」

その約束は果たされた。1996年、カートゥーン・コンシャスの達人にさらなるトリビュートを送るべく、彼の名にちなんだライヴ・アルバムが発表された。その名もズバリ『ライヴ・フロム・ネオン・パーク』。

第15章　ライトニング・ロッド・ウーマン

The Lightning-Rod Woman

リトル・フィートに新ヴォーカリストが必要だということになった時、バンドの二人のリーダー、すなわちビル・ペインとポール・バレアが頼ったのは、復帰以降のバンドで歌っていた〝仲間〟だった。ショーン・マーフィーは『レット・イット・ロール』『レプリゼンティング・ザ・マンボ』『シェイク・ミー・アップ』でバック・ヴォーカリストの一人にその名を連ねていた。

リトル・フィートのリード・ヴォーカリストになるに当たり、マーフィーはファクトリー時代のある〝ブレーズ〟にひとひねりを加えた名を名乗ることになる。その名もずばり、ライトニング・ロッド・ウーマン。

ネブラスカ州オマハ出身、根っからのブルース・シャウターであるマーフィーがその役に適任であることは疑いようがない。パワフルな歌声で自分のバンドを率い、ボブ・シーガーやエリック・クラプトンのバック・ヴォーカルを務め、あのミート・ローフ〔俳優／シンガー。トッド・ラングレンのプロデュースによる『地獄のロック・ライダー（Bat Out Of Hell）』はロックオペラの代表作〕と肩を並べていたのだ。1969年、ミュージカル『ヘアー』のキャストを射止めたマーフィーはミート・ローフとともに、ブロードウェイ、ワシントン、デトロイト公演に出演。デトロイト初日、ショーンはモータウン・レコード傘下のレア・アースの関係者に見初められ、ストーニー&ミート・ローフとして――当時のショーンの芸名は〝ストーニー〟――デュオを組むことになる。『ヘアー』では一度としてミート・ローフと絡むシーンはなかったにもかかわらずだ。レコード契約を結び、スタジオに入った二人は、モータウン専属バンドをバックにアルバムを制作。1971年にリリースされ、シングル「ホワット・ユー・シー・イズ・ホワット・ユー・ゲット」はR&Bチャート入りを果たした。

しかしマーフィーの本来の夢はポップ・ミュージックではなく、ミュージカルの世界だった。幼い頃から将来は舞台女優になると思っていたという彼女は「歌の世界に入るとは思ってもみなかった」と言う。しかし両親と引っ越したデトロイトのオズボーン・ハイスクール10年生の時、演劇の授業でミュージカルをやることになった。「歌を歌えるか?」と言われ、歌えると答えたマーフィーはいくつかの主役に抜擢される。学校でも、地元のサマー・ストック［劇団の夏季限定公演］でも。

この仕事が『ヘアー』に結び付き、ミート・ローフとのレコード以降は演劇とロック・ヴォーカルを融合するようになり、まず射止めたのが地元の大スター、ボブ・シーガーとの仕事だった。シーガーを通じ、グレン・フライ、ジョー・ウォルシュと知り合ったマーフィーにツキが回ってきた。「意味のある偶然《シンクロニシティー》の一致と言うじゃない。いろんなことが起こり始めたの。素晴らしい時期だったわ」

その〝仲間〟の一人となったあとは、シンクロニシティーに身を任せるだけだ。1985年、ロサンゼルスに拠点を移したあとも、ブルース・ホーンズビー、ムーディー・ブルース、エリック・クラプトン（テッド・テンプルマンがパーカッションで参加した1984年のアルバム『ビハインド・ザ・サン』）など仕事は続く。そしてハリウッドでリトル・フィートと出会う。「キャットフィッシュ・ホッジ［デトロイト出身ブルース・シンガー／ギタリスト］にばったり会ったのよ」。マーフィーは言う。「キャットフィッシュのことはミシガン時代から知っていた。そのクラブに出るって新聞で知り、観に行ったの。そこでキャットフィッシュを訪ねて来てたポール［バレア］に会ったというわけ」

リッチー・ヘイワードとはヴァリーのクラブ、ジョセフィーナにあるバンドと出演していた時に会った。そのバンドを観に来ていたリッチーは二度目のバイク事故後のリハビリ中だったにもかかわらず、そのままジャム・セッションに参加したのだとマーフィーは言う。１９８６年にはボブ・シーガーがツアーにバレアとフレッド・タケットに声をかけたことで、マーフィーとタケットも知り合う。そしていずれタケットも再結成されたリトル・フィートに参加することになる。

最初ショーン・マーフィーに電話があった時、それは復活するリトル・フィートのバック・ヴォーカルとしてだった。ところがクレイグ・フラーが脱退することになり、彼女にも何が起きているのかわけが分からなかったと言う。「私にそれを秘密にしてたとは言いたくないけど、突然話が大きくなっていたのよ」とマーフィーは振り返る。「ポールが電話をしてきて〝僕の家でデモ録りをするんで、来てバック・ヴォーカルを頼まれてくれないかな〟と言ったの。ほんと、そんな感じ。そこで行ったわ。次の日また行くと〝ちょうどいい。この曲を今やってるんだけど、君が歌ったらどんな感じになるかと思ってさ。家に持って帰って聴いてみて。そして明日歌ってみてくれないかな？〟って。それが〈ロマンス・ウィズアウト・ファイナンス〉だった。歌ってみせたあとに言われたのは〝6人の野郎どもとアメリカの真ん中をバスで回るっていうのはどう？〞だったわ」

彼らが何を言わんとしているのか、ショーンには分からなかった。何かのジョークなのか？ところが数日後、ペインとバレアによりそれはオフィシャルなものとなった。バンドに加入してほしい、正式なパートナーの一人として。「それまで聞いたどんな知らせよりもうれしい知らせだった。信じられなかったわ」

バレアは言う。「ビルも僕も彼女に加わってもらうのがいいと思ったんだ。今思えば、正式メンバーではなく、サポートとして雇う方がよかったね……他のメンバーたちの意見を聞くべきだった。でもあの時はなんていうか、トップダウンだったんだ」

バレア自身は、バンドに女性がいるのはいいじゃないかと思ったと言う。「特にそれが力強く自分自身を持っていて、リトル・フィートの曲に合うブルージーな声の持ち主ならばね。新しい、おもしろい色になると思った。それにステージに女性がいたら、若い男の客は見てる分にも楽しいだろうと思ったよ」

マーフィーを正式メンバーとして雇ったとしても、ペインとバレアはパートタイム・メンバーの給料だけを払うことも出来たはずだ。フラーがいた時でさえ、リトル・フィートはバレアとペインもヴォーカルをとる〝複数リード・ヴォーカル体制〞だったからだ。しかしペインは言う。「僕らの時代は、バラバラと五月雨式にメンバーを入れるようなことはしなかった。この人間をバンドに入れると言ったら、それは正式な一人だという意味だ。メンバーの中に彼女のことを快く思っていないやつらがいることをあとになって知った。〝なんで15年後にそれを言うんだよ？〟と思ったけど。つくづくバンドっていうのはおかしなものだ。人間の考えることと間違いが引き起こす喜劇だね」

マーフィーはフィートのメンバーとは何年も前からの顔見知りだったが、疑念の声が上がるであろうことは承知していた。メンバーからも、ファンからも。

バンドの男連中はクレイグ・フラーを支え、やって来たのだ。そこに女性が加わったらどうなるのか？

男たちの相棒でいるのと、バンドのスポットライトを女性が浴びるのでは話が違ってくる。しかもギャラは一緒。バレアとペインからその話を聞いた時のバンドの様子は「喜んでくれてるように見えた」とマーフィーは言う。彼女の記憶では、フラーの脱退と自分の昇格に関するオフィシャルな発表がフィート・ファンに伝えられることはなかったという。「当初ファンたちにはショックが走ったわ。〝バンドに女を入れるなんて……〟とあからさまに言う人もいた。でも私がバンドに適材適所だということ、決してみんなの上に立とうとしているわけじゃなく、自分の小さな場所でエネルギーを注いでいるんだと分かってもらえてからは、彼らの私を見る目が変わったと思う。でもそうなるまでに時間はかかったわ」

メンバーにとっても一朝一夕とは行かなかった。それでも最初の頃、ほとんどのメンバーがマーフィーの加入に乗り気だったとバレアは言う。「サムに話したら、彼女がいることをすごくいいと言ってたよ」

「それは」とサム・クレイトンは言う。「特にその点について意見はないよという意味だったのさ。〝お前、気になるか？〟と言われ〝いや、別に〟ということ。女性がステージにいるのはいいことなのかもしれない。違う見方をしてもらえるし。ただし、僕らはどっちかというと〝野郎バンド〟だったわけさ。ショーンは何も悪くないよ。彼女の歌は最高だ。間違いなく最高のヴォーカリストだよ。ローウェルよりもうまいとか言うんじゃなく、間違いなく超一流のヴォーカリストだってことさ」

ケニー・グラッドニーはショーンを雇ったという公式発表を聞いた時、こう反応したという。「バンドに女《チック》か。なんと言えばいいのか。人間的には彼女のことは好きだったし、すごくいいシンガーだと思う。それは疑いようがない。アーティストとしても一流だ」。それなのに何がいけないと？

「バンドに女がいるってことさ。それには賛成しかねた」

ヘイワードはマーフィーを加えることを認めていた。「バンドの性能が高まったのは間違いないよ」とモダン・ドラマー誌のロビン・フランズに語った。「それまでとは方向性もアプローチもまるっきり変わることになった。ショーンは本当にエキサイティングなシンガーだ。クレイグよりもR&B調で、ブルージーで、ロックがルーツにあった。ショーンのパフォーマンスにはナイフのような切れがあったよ」

ファン雑誌FeatPrintsでマーフィーはバンドへの期待をこのように寄せていた。「私はこれまでとはちょっと違う方角へバンドの舵を取っているのかもしれない。それはバンドがスタートした当初のブルースへの回帰なんだと思いたいわ。彼らはなんでも出来る。でもファンの中には後期のアルバムは完璧すぎると感じた人もいた。何もかもが正しい場所にありすぎる、正しい音すぎるってね」

「ところがライヴでの彼らは全然違ってて、手を加えない純粋な部分がいっぱいなの。私はそこに戻りたいと思っているわ」

ローウェル・ジョージのヴォーカルにはそんな純粋さがあり、曲次第でそれを自由自在に操ることが出来たのだ。マーフィーは彼の曲を何曲か歌うことになると分かっていたが、率直に言って、どう歌えばいいのか分からなかった。「あまりにすごすぎて」と彼女は言う。「声も音域もとんでもないのよ。彼は歌うことに関して、いい意味で乱暴だった。恐れないのよ、何もどこにだっていけた。それは素晴らしいことよ。彼がやってたように私に出来るか分からないし——実際、誰も代わりを務められる人はいないけど——彼の曲を引き立てられたらと思う。天国でニッコリ微笑んでくれていると願ってるわ」

実際、予想されたほどのプレッシャーはなかったのかもしれない。当初から、マーフィーいわく、リード・ヴォーカルは他のメンバーと分け合っていた。「ポールがローウェル・ジョージ的な存在で、彼の曲を全部歌っていたわ。もちろんビルも歌える人なので何曲かを受け持っていた。サムもだし、時にはリッチーが1曲歌うこともあった。私がすべての曲を歌わされてたわけじゃないのよ。すごくいいアンサンブルで、いいラインナップだったわ」

そもそも彼女にリトル・フィートの最も有名な代表曲を歌わせようとは思っていなかったのだとポール・バレアも言う。「彼女には彼女の得意な分野があった。歌えない曲もあったし、歌いたがらない曲もあった。〈ロケット・イン・マイ・ポケット〉はその一つだ。でも〝自分に合っていないと思うなら歌わなくていいよ〟という感じだったんだ」

マーフィーが歌わなかったもう1曲が「ファット・マン・イン・ザ・バスタブ」だが、やってくれないかと言われた曲はなんでも喜んでやったと言う。「ポールは気付いたんだと思うわ。全曲自分が歌うのはいやだなと。たとえそれが理由だったとしても、私はポールの代わりになれた。ところどころで私が歌えば、彼にも活力が注入される。すごくうまく行ったと思うわ」

ロック・バンドでのツアー経験は豊かなマーフィーだったが、それは常にバック・シンガーとしてだった。そういった大きなツアーのない時はブルース、R&Bバンドを率いてサンフェルナンド・ヴァリーのクラブを回っていた。実は大きなアリーナの方が好きなのだと言う。「1万人の会場の方が、小さな会場よりも落ち着くの。初めてステージに立った頃からそうだった。スピーチの授業中、明るい中で15人くらいの人を前に話すのは身がすくむ思いよ。変になりそうにね。でも大観衆の前に立たせられるとかえって元気になっちゃうのよ」

1994年4月、フィラデルフィア・ブルース・フェスティバルに続き、ニューオーリンズ・ジャズ・アンド・ヘリテージ・フェスティバルに初めて登場したマーフィーが前にしたのはまさにそんな大観衆だった。FeatPrintsの編集者リンダ・ギボンは「彼女が絞り出すパワフルで勢いのあるブルースにはただノックアウトされる」とファンジンあげての承認印を押した。

長年のフィート・ファン、リン・ハートは言う。「初めてショーンが歌う〈オン・ユア・ウェイ・ダウン〉を聴いた時、鳥肌の上に鳥肌が立った気がしたわ。涙が溢れ、フィートの新しいヴォーカリストのすっかり虜《とりこ》になったのよ」

マーフィーを迎え、リトル・フィートはレコーディングとツアーに取り組み始めた。モーガン・クリークとの関係は冷え、1994年にはアイランド・レコードの元社長ルー・マグリアの新レコード会社ズー・エンターテインメントと契約。ズーのディストリビューションを行なっていたのは、RCA他多くの大手レーベルの親会社である複合企業ベルテルスマン・ミュージック・グループ（BMG）だった。

マーフィー加入後、初のアルバムとなった1995年の『エイント・ハッド・イナフ・ファン』で、彼女は最新メンバーながら5曲で作曲者のクレジットをされている。さらには1998年の『アンダー・ザ・レーダー』で8曲、2000年の『チャイニーズ・ワーク・ソングス』で4曲、共同クレジットながらその名前を見つけることが出来る。（『エイント・ハッド・イナフ・ファン』に収録され、ショーンがソングライターの一人としてクレジットされている「ロックンロール・エヴリナイト」のライヴ・ヴァージョンは、1996年に発表された『ライヴ・フロム・ネオン・パーク』に収録）

どのアルバムもビッグ・セールスを上げることはなく、結果的にバンドは常にツアーに出ることになった。リトル・フィートのデータベース・サイトThe Featbaseによると、1994年は63回だった彼らのコンサート数は1995年で一気に154公演に跳ね上がっている。それもそのはず。アメリカ国内を何度か回ったあと、イギリスへ飛び、アイルランド、スコットランド、オランダ、ベルギー、デンマーク、スイス、オーストリア、ドイツ、ノルウェー、スウェーデン、フィンランドを回り、最後はサンフランシスコのフィルモア・オーディトリアムに出たあと、ロスのハウス・オブ・ブルースに戻るという過密スケジュールをこなしていたのだ。

21日で17回のコンサートを敢行したそのツアーで、ダブリンの屋内円形劇場に出演した時の不思議な経験をマーフィーはこう語る。「当然のごとく、そこはパブに隣接されている場所だったわ。1曲演奏が終わると控えめな拍手がパラパラと起きるの。〝なんか変ね〟と感じながも、もう酔っているのかと思ったわ。彼らのような客は私は何人も相手にしてきた。うるさいくらいに盛り上がる客のはずなのよ。もう1曲演奏し終えると、さっきよりはちょっと多い拍手。でもまだおとなしいの」

「すると突然ガラッと様子が変わったの。全員が立ち上がり、叫ぶわ喚《わめ》くわの大騒ぎ。コンサートが終わったあとも、あの反応はなんだったのかとわけが分からなかった。でもパブに行って分かったわ。私たちのこと、リトル・フィートのトリビュート・バンドだと思ってたって言うのよ」

そうではなく本物なのだとどの時点で分かったのだろう？「ポールが歌った曲のどれかだったはずよ。彼の声はとても特徴があるから、ピンと来たんでしょうね。そのあとは一気に歯止めが効かなくなっちゃったのよ」

他にも特筆すべきパフォーマンスは多くある。1996年のアトランタ夏季オリンピック閉会式はその一つ。会場だったセンテニアル・オリンピック公園ではそのわずか1週間前、パイプ爆弾による爆破事件が発生し、女性1名が死亡、111名が負傷、現場から逃げようとした男性が心不全で亡くなっていた。

「あれは僕が経験した中でも一番大きな出来事だった」とクレイトンは『リトル・フィート・ラジオ・アワー』で語った。「あの爆弾テロがあったから、僕らの出番もなくなると思っていたんだ。オリンピックは素晴らしかった。僕自身、運動が得意な方なので出来れば選手としてあの場にいたかった。ある意味、夢がかなった気分だった。忘れられない思い出の一つさ」

オリンピック広場として使われていたその公園に着き、マーフィーは目を見張ったと言う。

「競技場ではもっと多くの観客がいたけど、それ以外では最多の客を前に演奏することになるなんて考えてもなかったの。8万人くらいはいたんじゃないかしら。それってすごいでしょ。みんなが体を大いに揺らし、楽しんでいたわ」

数ヶ月後にも、バンドのお気に入りの街ワシントンDCで、足元が揺れるような出来事が起こった。ただし今回はライスナー・オーディトリアムではない。1997年、再選を果たしたビル・クリントンの大統領就任式典でだ。1992年に初めてホワイトハウス入りを果たした時も、フィートはクリントンのために演奏をしていた。

縁を取り持ったのはタケットだった。二人はアーカンソー州立バンドの同期。クリントンは首席サクソフォン奏者だったのだ。1993年の大統領就任式典に初めて呼ばれ、その前夜のイベントでアレサ・フランクリンの前座として演奏をした時のことをバレアはこう記憶する。

「僕らはアーカンソー・ブルー・ジーン・ボール［大統領就任パーティの一つ。DC内でいくつものボール（舞踏会）が開かれ、大統領夫妻がいくつ顔を出したかが話題になる」でケイト・ブラザーズ［アールとアーニーの双子兄弟カントリー・デュオ］を観てたんだ。すると前にいた小柄なおばあちゃんが話してるのが聞こえたんだよ。〝この人たちがリトル・フィートなの？〟ってね」
2期目の就任式典では「前回よりは扱いがよくなったよ」とバレアは言う。「楽屋が用意されていたんだ。でもジュディ・コリンズが独り占めしてしまってて、僕らは締め出されてたがね」。正装姿のリトル・フィートは当日催されていた15のガーラのうちの三つで演奏をした。ニュー・イングランド・ボールのステージにはビルとヒラリー・クリントン大統領夫妻、アルとティッパー・ゴア副大統領夫妻も立っていた。すぐに次の会場に移動せねばならぬ彼らと「握手をしたり……そういったことはしたさ」とバレアは言う。「めったにない経験をさせてもらったよ」

＊

地元に戻ると、ビジネスの話が待っていた。再結成以来のマネージャーだったピーター・アッシャーはソニー・ミュージック・エンタテインメントの副社長に抜擢され、バンドから身を引く形になった。そこで新たに契約したのがロサンゼルスのエージェンシー、ゴールド・マウンテン。彼らのクライアントの中にはボニー・レイットとライル・ラヴェット［カントリー系シンガーソングライター。「カウボーイ・マン」がヒット］がいた。

フィートが次なるアルバムに取りかかっていた頃、それとは別に、とあるインディペンデントなプロジェクトが進行していた。ローウェル・ジョージへのトリビュート盤『ロックンロール・ドクター』だ。発案者はフィートのファンで、90年代はじめ、レコード・レーベル、プライベート・ミュージックでA&R——またの名をタレント・スカウト——部門のエグゼクティブだったジェイミー・コーエンという男だ。豪華スターによるローウェルへのトリビュートのアイディアを持って、コーエンはレコード会社や資金援助をしてくれそうな相手を求め、業界だけでなく国中を奔走した。プライベート・ミュージック退社後も40以上の相手に売り込んだが、やろうと言う者は誰一人としていなかった。

豪華スターは大変よろしい。だが、ローウェル・ジョージっていうのはどこのどいつなんだ？「当然、ワーナー・ブラザースに話を持って行き、ワーナーは二つ返事で引き受けると思ったんだ」と言うのはアイラ・イングバーだ。「でもその頃のワーナーは腑抜けの状態だったのさ」。1989年、出版大手タイムによってワーナー・コミュニケーションズは買収され、その後に続いた上層部の大刷新により、モー・オースティン、レニー・ワロンカーら〝ワーナーの顔〟と呼べる者はすべて会社を去っていた。ワーナー・ブラザース・レコードのアーティスト・ファーストな時代はとっくに終わっていたのだ。イングバーは言う。「あの当時を考えると、彼らはローウェルが誰かも知らなかったと思う」

アイラ・イングバーはエリオット・イングバーの弟で、二人とも60年代半ばにはローウェルに会っていた。エリオットとローウェルはマザーズ・オブ・インヴェンション、フラタニティー・オブ・マン時代からの繋がりだ。アイラは兄と同じくギタリストだったが、そのバンドを、ローウェルはアトランティック・レコードに売り込もうとした。ローウェルが何曲かのデモをプロデュースしたのだが、契約には至らなかったのだとイングバーは言う。

そのイングバーがマーティン・キビーを通じて知り合ったのがジェイミー・コーエンだった。コーエンは2008年に他界するが、探していたトリビュート盤の〝身元引き受け人〟をついに日本に見つける。カイガン・エンターテインメントという会社だ。そこでイングバーはプロデューサーとして名乗りを上げる。亡夫の出版関係を管理していたエリザベス・ジョージ、そして親しい友人になっていたヴァレリー・カーターの二人が、トリビュートに参加してくれそうなアーティストに連絡を取り始めた。イングバーはツアーでバックを務めたJ・D・サウザーをスタジオに呼び「ロール・アム・イージー」を録音する。さらにキビー、ネオン・パークの未亡人チック・ストランドもプロジェクトに加わり、13曲入りCDが出来上がった。レコーディングされたのは全曲違う場所。顔ぶれもボニー・レイット、ジャクソン・ブラウン、タジ・マハール（ペインが1993年のアルバム『ダンシング・ザ・ブルース』に客演した繋がり）、ランディ・ニューマン（はヴァレリー・カーターと）、エディ・マネー、クリス・ヒルマン（はジェニファー・ウォーンズと）、アラン・トゥーサンと多彩だ。「スパニッシュ・ムーン」をサム・クレイトンの姉メリー・クレイトンを従えて歌ったのは、曲の共作者であるR&Bアーティストのフィル・ペリーだ。リトル・フィートはボニー・レイットが歌う「コールド・コールド・コールド」と、ショーン・マーフィーが歌う「オネスト・マン」――ローウェルとタケット共作。ソロ・アルバムに収録――でバックを務めた。

すでにシンガーとなっていたイナラ・ジョージ――最初はロード［Lode］というバンドで、その後はソロに転向――はヴァン・ダイク・パークス（アレンジとプロデュースも）とライ・クーダーをバックに「トラブル」を歌った。この心沁みるバラードを、母エリザベスは娘イナラに、それから何年か後には孫たちに歌って聴かせたのだという。

だって君の目は疲れてショボショボ　足もくたくた
この世も自分と同じくらい疲れていてくれと君は願う……

ローウェルの最も知られた曲である「ウィリン」はプロデューサーの水準に達さなかったため、『ロックンロール・ドクター』には収録されていない。いずれにせよ、流通に問題があったため「ほぼ誰にも聴かれずに終わった」のだとイングバーは言う。「ローウェルの呪いってやつさ」

その後、さらなるオールスター・トリビュートが作られることになるが、その間もリトル・フィートはやるべきことをやり続けた。ザ・バンド（「ラグ・ママ・ラグ」）やディラン（「悲しみは果てしなく（It Takes A Lot To Laugh, It Takes A Train To Cry）」）のカヴァーにも取り組んだ『チャイニーズ・ワーク・ソングス』をBMG傘下CMCインターナショナルからリリースした彼らだったが、２００３年ついにみずからのレーベル、ホット・トマト・レコードを立ち上げる。レーベルからの当初のリリースには、『ロウ・トマトズ』や『ライプ・トマトズ』といったアンソロジーも含め、ショーン・マーフィーはすべて参加していた。

だが、問題は水面下でくすぶっていた。

メンバーが他のソングライターと曲を書くようになり、リトル・フィートにおけるマーティン・キビーの役割は消えてしまったが、彼らの動向には常に目と耳を光らせていたという。マーフィーを高く買っていたキビーはFeatPrintsのインタビューで「純粋に歌のうまさだけをとったら、バンドに在籍したどのシンガーよりもうまい」と称賛していた。だからこそ「彼女に対してとられた態度にはすごくガッカリさせられることもあった」と言う。

キビーが言う〝態度〟とはオーディエンスの、というよりはむしろバンドのだ。クレイグ・フラーもこう言う。「ファンはショーンに対して寛大だったと思う。まったく受け入れなかった人間もいたが、大半は広い心で受け入れていたと思うよ」

FeatPrintsの発行者でバンドの筋金入りサポーター二人、リンダとディック・バンガムは、ショーンが好きだったと言う。「ただ、多くの人は彼女と彼らが一緒にいるのがあまり好きじゃなかったんだと思う。昔からのフィートのファンは、バンドにショーンがいることが面白くなかったというか、話を聞くとみんな〝ああ、どうだろう、わかんねえな〟という反応だったわ」

問題の原因は三つ。金、音楽、そして――避けては通れないことだから率直に書こう――ショーンの見た目だ。

あまりに不公平ではないか。評論家はリトル・フィートの音楽について何かを書く時、ローウェル・ジョージの巨漢っぷりや白いオーバーオールや足のサイズで彼を判断したりしなかった。マーフィーは卓越したシンガーだ。〝ブルース・ママ〟的ナンバーを唸らせても、バラードをしっとり歌わせても天下一品。フロントに立って歌うのも、バレアやペインらとハーモニーを重ねるのもお手の物だった。でも問題はあのシャツとスラックス姿だ。最初にそれを問題にしだしたのはバンド内部だったのだ。

リトル・フィートのオーディエンスについて、クレイトンはこう話してくれた。「彼らはステージでの彼女の見た目があまり好きじゃなかったと思う。もう少しセクシーな格好とか、そういうのを望んでたんじゃないかな」。自分は彼女が好きだったとクレイトンは語気を強めながらも、こう続けた。「女性の多くは自分をセクシーに見せる服を着るもんじゃないか」。マーフィーは?「シャツを手作りするんだよ。裁縫が得意でね。バンドの俺たちにもシャツを作ってくれた。最高だよ。でもそれがむしろうまく行かなかった理由の一つかもしれない。もう少し派手さを求める人間がいたってことさ。彼女の才能の問題じゃないことだけは確かだよ」

自分が注目されることになる。そのことをマーフィーはよく分かっていたし、それはすぐに明らかになった。「だって女性のリード・シンガーが入るとなったら、誰だってまず考えるのはそれ。露出たっぷりのスケスケの服を着た狐火の妖精みたいになるのか……でも私は一度だって、そんな格好はしたことがなかったんだもの」。ボブ・シーガーのバックで歌っていた時は、彼女も他の女性たちも「露出度の高い服」を着ていたと言う。でもフロントに立ってそれをやるのかと言われたら？「私はそういうんじゃないわ」。それどころか真逆を貫いたのだ。「最初の年は黒のパンツとハーレー・ダビッドソンのTシャツしか着てなかったんじゃないかしら」

ステージでの動きやすさで服を選んでいたバンドの男たちが、彼女に衣装のことを口にすることは一度もなかった。「私がそういう服を着たがらないこと、そういう要素をステージに持ち込みたくないと思っていること、彼らは分かっていたのよ。もしこれがマドンナの衣装で登場してたら、物事は大きく変わってたはずね」

しかしバンドを離れた一番の理由は金銭だったとマーフィーは言う。「ライヴの仕事が入らなくなり、生計を立てるだけの金も足りなくなってきた。彼らからはそう言われたわ」

それはバレアも認める。「何よりも金銭的な決断だったんだ」。バンドが雇った新しいマネージャーたちが初めてフィートのコンサートを観たのは、バレアいわく「ショーン不在のバンド。彼女がボブ・シーガーの仕事でいなかった時だ。そのあとで、ショーンの入ったフィートを観た彼らから言われたんだ。〝なんで彼女がバンドにいるんだ？〟ってね。金のことを考えてもそれは理にかなっていた。あのまま7人でツアーを続けるのは無理だった。ツアーにかかる経費、そしてツアーに出るのに十分な給料をメンバー全員に払うってことを考えたら、とても無理だったんだ」

新たなマネージャーがマーフィーがいる意味に疑問を感じたのは、15年間で彼女の占める役割が大きく減少していたからだ。「コンサートをやるごとに、少しずつ私の出番は減らされて行ったわ」とマーフィーは言う。「誰の悪口も言いたくないけど、私はもっと歌いたかった。でも拒否され続けたのよ」。典型的なリトル・フィートのコンサートの曲数は大抵15曲。5曲でリードが歌えて、あとはハーモニーやバックで歌えればマーフィーは十分に満足だった。最初のアルバム『エイント・ハッド・イナフ・ファン』で、彼女のブルージーでロックなヴォーカルは大々的にフィーチャーされていた。されすぎていたと言えるくらいに。「ビルに言ったのよ。〝私の曲が多すぎるんじゃないかしら。問題を起こしたくないんだけど〟って。そしたら彼からは〝大丈夫、大丈夫。僕らはそうしたいんだ〟と言われたのよ」

その時、5曲でリード・ヴォーカルをとっていたマーフィーだが、2008年終盤にはその数はわずか2曲になっていた。自分の曲が多すぎると言っていた彼女は、これでは少なすぎると言うようになっていたが「そのことについて何も手は打たれることはなく、がっかりしたわ。自分は正式なメンバーだったにもかかわらず、バンドを仕切るのは許されなかったのよ」

バンドのリーダーたちにしてみればマーフィーがやりたがる曲に問題があったらしい。評論家たちも、この頃のコンサートがリトル・フィートのパートと、マーフィーのパートに二分されていることを指摘していた。彼女のパートには「コールド・コールド・コールド」や「マーシナリィ・テリトリィ」などフィート曲に加え、ブルース曲、自分の曲、ディランの「悲しみは果てしなく」のカヴァーなどが織り込まれていた。

バレアはマーフィーがリトル・フィートの曲よりも、ディランの曲や、ペインと書いた最近の、自分を想定して書いた曲をやりたがったのを覚えていた。バレアからすると、マーフィーはリトル・フィートの音楽にさほど関心を抱いていなかったように見えたのだ。「自ら昔のフィート曲に飛び込んで行こうとしてなかったんだ」と彼は言う。「だから僕らの方から、〝これはどう?〟と提案することもあった。彼女は言われればやるんだが、僕らの方から言わない限り、自分からそれを求めようとはしなかった」

マーフィーなしで話し合いの場を設けたバンドは、採決を取った。そしてその結果を彼女に伝えたのだ。ペインは言う。「それをせねばならなかったのはいろんな意味でつらかった。彼女の態度は冷静だったよ。僕の方がむしろ感情的になってしまったくらいだ」

この件に関してどう折り合いをつけたか、マーフィーは僕に答えてはくれなかった。「15年間、私をバンドに置いてくれたことを感謝したいだけよ」と彼女は言う。「彼らからはたくさ

❖『エイント・ハッド・イナフ・ファン』

❖『アンダー・ザ・レーダー』

❖『チャイニーズ・ワーク・ソングス』

ん学んだわ」

　今にしても思えば、バンドから切られてよかったのだと彼女は言う。「今、自分のいる場所にとても満足している。世間に出て行って、自分のやるべきことをやるチャンスをもらえたんだもの、いやがおうでも」。リトル・フィート脱退後、彼女は4枚のアルバムをリリースした。「今はブルースをやっているわ。ええ、楽しんでるわよ」

第16章 インターネットで得られるもの

'Net Gains

ショーン・マーフィーはバンドを去った。彼女の脱退にまつわるコメントは、ロックンロールの世界で大きなレコード・セールスやメディアの注目を浴びることなく、バンドを保っていくことの金銭面での現実を物語っているようだった。それはリトル・フィートがそれこそ何年も取り組んできた現実。それでもなんとかバンドの形態を守り続けられたのは献身的なファン、進化するテクノロジー、そしてハンター・S・トンプソンのおかげ。

とはいっても、ローリング・ストーン誌への一連の『フィアー・アンド・ローシング』の寄稿で知られるゴンゾー［異端児］ジャーナリズムの第一人者ハンター・S・トンプソンが、個人的に救出に来てくれたのではない。そうではなく、彼がインスピレーションとなり、リトル・フィート・ファンによる〝グラスルーツ・ムーヴメント〟が生まれたのだ。

「僕はハンター・トンプソンの手本《モデル》にたどり着いたんだ」とペインが言うのは、1972年大統領選を記録したトンプソン著『フィアー・アンド・ローシング・オン・ザ・キャンペーン・トレイル』のことだ。民主党候補ジョージ・マクガヴァンを支持するボランティアは、国内の各地に四方八方散らばり、草の根運動《グラスルーツ》を展開。トンプソンは「そのやり方を克明に描写していた」のだとペインは言う。「そこで僕も思ったのさ、電話をかけ始めようとね」

当然ながらモデルはもう一つあった。グレイトフル・デッドだ。70年代はじめのサンフランシスコ、彼らは1972年にリリースされたライヴ・アルバムの中にメッセージカードを忍び込ませることでデッドヘッズを生み出した。「デッド・フリークス・ユナイト［デッド狂よ集まれ］」と彼らは呼びかけ、名前と住所を集めたのだ。そしてイラストやジェリー・ガルシアとロバート・ハンター［作詞家］の文章満載のデッドヘッズ・ニューズレターを発刊した。しかしペインにはまた違うアイディアがあった。彼はフィート・ファンにすべてをやってもらおうと思ったのだ。1997年、ファン雑誌FeatPrintsでの公開書簡でペインは率直にバンドの窮状を説明した。リトル・フィートは口コミでここまでやって来た。「孤立と支援の間のギクシャクとした結婚だった。それはどういうことかと言うと、リトル・フィートは音楽シーンから孤立していたがために、特別ながらももどかしい場所しか与えられなかったのだ。僕らは音楽業界が考える、分かりやすいパッケージ商品の概念にも当てはまらなかったし、あまりに多くのスタイルの音楽を演奏しすぎていた。リード・ヴォーカリストが多すぎ、派手なコンサートをやるわけでもない……など、他にもいろいろ」

バンドはこれまでレコードを売ることとバンドを宣伝することをレコード会社に頼ってきたとペインは続けた。しかし「彼らに悪気がなかったとはいえ、僕らは何度もひどく傷ついてきた。僕らに代わってやってくれるはずの彼らが、なんの仕事もしていないことに」。（当時、ズー・レコードは倒産し、フィートはCMCインターナショナルにそのまま移籍させられるところだった）

「ある街では、僕らは偽物のリトル・フィートに疑われたほどだった」とペイン。蘇るダブリンの悪夢。

ペインはフィート・ファン2名の名前をあげた。アップステート・ニューヨーク在住キャット・バウアーとフロリダの外科医ジェイ・ハーブスト。「今後この二人が国内および世界中の各地域のボランティア・スタッフを監督し、リトル・フィートの情報を広めていく」と。

90年代後半になっていたが、一般の人間にとってインターネットはまだまだ出たばかりの新しいものだった。幸いなことに、リトル・フィート・ファンは最も早くからネットを使いこなしていた。アップステート・ニューヨークでパラリーガルとして弁護士補佐の仕事をしていたバウアーは、フィートのウェブサイト、ザ・ブルー・ハイウェイを開設。その中にはAOLを使ったチャットルームもあった。リストサーブの名で知られる電子メール送付システムには、世界中の何百というファンが集まっていた。[デッドヘッズにひっかけて] フィートヘッズとして知られることになる彼らは、仲間にメッセージを送ることも出来れば、全会員のメールの概要を取得することも出来た。

古くからのやり方に新しいやり方が加わった。1990年の発行以来、FeatPrintsの各地代表たちはコンサート会場でクリップボードを手に、住所やメールアドレスを集めてきた。そしてリトル・フィートが街に来る前からみんなしてチラシを配り、ポスターを貼り、地元のメディアに喚起を促し、ラジオ局に電話をかけ、ニュー・アルバムや来るべきコンサートの宣伝を手伝ったのだ。

ペインはリトル・フィートのアルバム——そしてこの頃にはCD——をコンサート会場でも売れるようにした。会場でCDを売るというアイディアをマネージメントは嘲笑ったという。「その何が悪いんだ?」とペインは言い張った。「カントリー・アーティストにしか許されないっていうのか?」。会場で売り始めると、一晩で50枚売れることもあった。これはどんなレコード店が置いていたよりも多い数だ。
ファンの助けを借りて「リトル・フィートをインタラクティヴにする」という目的を掲げたペインはグラスルーツ・ムーヴメントのキックスターターだった。当初、数十人だったファンは1年もせずに、会員8000人の団体に膨れ上がった。そこに注目したニューヨーク・タイムズ紙ビル・ケントの1998年暮れの記事は、フィラデルフィアWMMRのDJマイケル・ティアソンの言葉を引用して、リトル・フィートが「これまでどんなロック・バンドも成し遂げなかった、インターネット上のグローバル・ファン・コミュニティ、すなわちグラスルーツ・ムーヴメントを作り出した」と評価した。「もしグラスルーツ・ムーヴメントが成功すれば――そしてこれまで見る限りにおいて、その兆候は有望だ――それは来たるべき新世紀における音楽の作られ方と聴かれ方を変えてしまうかもしれない」と。

2000年を迎える頃、オンラインでつながる全世界のフィート・ファンは1万5000人に達していた。バンドの記録管理人《アーキビスト》であり、サイトの運営者クリス・キャフィエロによれば、今も毎日Littlefeat.netには1400人が訪れ、メーリング・リストへの登録者数は2万4000人、フェイスブック・ページには13万以上の〝いいね！〟がつくのだという。しかもそれはメインのページだけに過ぎない。フィートヘッズたちはFeatPhotos、FeatCampers［ジャマイカで毎年開催されるファンフェスFeatCampのコミュニティ］、Feat Friends、Feats At Five［ギャリー・ベネット司会、かつてのKSHE局『フィーツ・アット・ファイヴ』。現在はポッドキャスト番組］など、様々なページを訪れることが出来るのだ。

DJマイケル・ティアソンによれば、グラスルーツのメンバーはプロモーションから会場のブッキングまですべてを行なっていたという。彼らのモットーは「ファンがメインストリーム音楽業界の道を切り開いて回る。やがて、バンドもファンも、そして然るべき関心を寄せてもらえていないと感じる他の多くのバンドも、そのあとに続くかもしれない」

ニューヨーク・タイムズ紙はハーブスト医師が1977年半ばに団体を設立したと伝えたが、ジェイ本人は真の設立者はニューイングランド経由で1997年、カリフォルニアにやって来たフレッド・ミラーと妻エイミーだと言う。フレッドはミュージシャンで1974年以来のフィート・ファン。1977年にロサンゼルスに出て来て、まずフレッド・タケットと知り合う。その後に知り合ったローウェル・ジョージは当時ミラーがいたブルース・ロック・バンド、トゥームストーンのプロデュースに興味を示したが、それからしばらくして彼は亡くなる。

キーボード奏者で、リトル・フィートのメンバーと時折ジャム・セッションを行なっていたミラーがインターネットの世界に触れるようになったのが90年代はじめだ。「グレイトフル・デッドとジミー・バフェットのリストサーブはあったんだが、リトル・フィートのは何もない。それでフレッド・タケットに〝リストサーブを始めてみないか?〟と持ちかけたら、〝AOLに俺たちの小さなグループならある〟と言われたんだ（それがバウアーが運営していたチャットルームである）」

こうして1980年、タケットと知り合ったフレッド&エイミー・ミラー（エイミーはコネチカットに育ち、10代の頃からのフィート・ファン）はリトル・フィートのリストサーブを作る。これがのちの(1995年)Hoy Hoy Digestだ。彼らは一人でも多くの住所を集めようとコンサート会場にクリップボードを持って立ち、やがて世界各地の1000人近いフィート・ファンが登録するメーリング・リストとなった。ピーク時には1500人近いアクティブユーザーがいたが、次第にフェイスブックなど他のソーシャルメディアネットワークに取って代わられる。しかしリトル・フィート・ウェブサイトの傘下になったのちもリストサーブは健在で、現在も700人近い会員がいる。「お互いを知っている人たちならではのコミュニティ感があるわ」とエイミーは言う。

フロリダの皮膚癌専門の外科医ジェイ・ハーブストが兄の影響で『セイリン・シューズ』に夢中になったのは12歳の時だ。医学部で出会った妻のドナと80年代後半から数えきれないフィートのコンサートに足を運び、バンドのメンバーとも顔見知りになる。ネットをやり始めた頃、偶然、AOLチャットルームでフレッド・タケットと出会うが、その時には二人はすでに面識があったのだ。

「それで話すようになったものの、まだ組織化されたオンライン・プレゼンスがなかったんだ」とジェイは言う。やがて(ステージでは〝レッド〟の名で知られる)フレッド・ミラーからメールをもらう。「ある日、レッドが〝メーリング・リストを始めたいんだが、試しに付き合ってくれるやつを知らないか?〟と書いてきた。僕らにはそのメーリング・リスト——リストサーブって言うんだったかな——を始める11人の人間がいたんだ」。こうしてジェイによって週に一度のリトル・フィート・チャットが行なわれるようになり、時には何千人ものファンを集め、のちのHoy Hoy Digestへとつながった。
ビル・ペインからボランティアのコーディネートを頼まれたジェイとドナは、連絡窓口《Points of Contact》［略POCs］と呼ばれる人員をファンの中から集めた。様々な連絡先の情報収集、プロモーション素材の配布、CD販売やクリスマス・カードの送付まで、すべてファンが行なうのだ。自腹で。メーリングリストが6000件に達しても、ハーブスト夫婦は喜んでカードを作り、送った。「かなりの額になったのは確かだ」とジェイは言う。「でも僕らはバンドが大好きだったし、僕らにもすごくよくしてくれたんで、年に1度くらいお金がかかっても構わなかったんだ」
ジェイはバンドのボランティア・コンサート・プロモーターの一人でもあった。2000年9月のその日、ペインから連絡があった。フロリダに行くが1日スケジュールが空いている。どこかフォート・マイヤーズあたりでギグが出来る場所はないか？　猶予はたった2週間。ジェイはリコシェ・ナイトクラブと交渉し、店の取り分は飲食代の売り上げ、バンドは入場料の売り上げを取るということで話を付けた。そこからコンサートの告知を行ない、およそ1000枚のチケットを売り捌いた。それから3年間であともう2回、彼らのコンサートを手伝った。「儲けはなかったけど十分だったよ」。それにリトル・フィートは〝無茶な〟リクエストをするような連中でもなかった。「M&Mチョコから赤いのは全部抜き取れとか、そんなことを言われることはなかったさ」［ヴァン・ヘイレンのコンサートの契約書には茶色を抜いたM&Mを用意しろという条項があったとして有名］
もう一つ、リトル・フィートからファンへの働きかけが、ある素敵なことを生んだとジェイ・ハーブストは言う。その日、ジェイはペインとの会話で、完成したバンドのライヴ・アルバムのタイトルがまだ決まっていないことを知る。いくつかアイディアを出していくうち、どちらからだったか、フィート・ファンにタイトルを委ねてはどうかと提案が出た。こうしてネット上でのコンテストが公表され、オーストラリア地区ボランティア・コーディネーターのトニー・スコットの案が採用された。

その名も『ライヴ・フロム・ネオン・パーク』。

＊

リトル・フィートのグラスルーターズの中でも中心的存在の一人、クリス・キャフィエロは、バンドのコンサートの録音に命を賭けていた。実際、それらは違法行為だった。しかしクリスには口実があった。ファンがコンサートを録音し、テープを交換し合うのを奨励したグレイトフル・デッドで自分は育ったのだと。「僕はデッドヘッドだったからね」と言うキャフィエロは1959年生まれ。ということはウォーロックス［デッドの前身バンド］からグレイトフル・デッドになった時はまだ6歳だったということだ。しかしそこからの追い上げはめざましく、合計250回近いコンサートに足を運んだ。高校時代、友人の誘いでリトル・フィートのコンサートに初めて行く。1977年5月、ペンシルバニア州アッパー・ダービーでのことだ。そこで初めて彼らのコンサートを録音したのだ。「セキュリティを通るのにテープデッキを隠さなきゃならなかった」こともよく覚えていると言う。

「彼らはコンサート録音に寛大ではなかったんだ、長いこと」とジェイ・ハーブストも言う。

長いこととはすなわち25年ほどだ。「その根は深いんだ」とバレアは言う。「ローウェルはたくさんのブートレグが出回っているのを嫌っていた。誰かが僕らの音楽を売って、僕らには10セントの儲けもないわけだから」。フィートの非公式ブートレグとして一番売れたのは、1973年と1974年にロングアイランドのラジオ局WLIRに出演した時の『エレクトリフ・ライカンスロープ』だ。そこからの3曲は、1981年の正規アルバム『軌跡〜Hoy-Hoy!』にも収録されることになる。バレアいわく「僕らも少しくらい儲けさせてもらおうと思ったからだ。

しかし、ファンによるコンサート録音をバンドが許すようになるのはまだ16年も先の話だ。「グレイトフル・デッドから話を聞いたからさ」とバレアは言う。「彼らから言われたんだ。〝お前ら分かってないな。彼らはテープを交換するが、こちらが出したものもすべて金を出して買ってくれるぜ〟ってね」

ジェイとドナ・ハーブストも、コンサート録音を許すべきだとビル・ペインに話をしたグラスルーターズだった。「そしてようやく彼らも折れたんだ。コンサートを録音し、交換し合うことがファンを刺激していい結果につながるかもしれないと思うようになったのさ」

そんなわけで、キャフィエロがこっそり初のフィートのコンサートを録音してから20年後の1997年半ば、フィートヘッズは晴れてフロリダ州タラハシーの会場のサウンドボードから直接コンサートを録音することが許されたのだ。

リトル・フィートが認めるのに時間がかかったことがもう一つあった。グラスルーツのパイオニアたちの目には、バンドのメンバーがグラスルーツの価値を理解していないように見えたとキャフィエロは言う。「もちろん、いつだってフレンドリーに接してくれてたよ。でも人前に出るのを嫌がっている時期はあったね」

ペイン自身はファンの努力に感謝していたのだが、グラスルーターズが音頭を取る様々なことを断ち切っていたのはマネージメントだったと言う。「彼らには〝そのうち連絡するよ〟と言ったっきり放置していたんだと思う」。しかしハンター・トンプソンを読んで以来、ペインはファンと手を取り合おうと決めたのだった。「メンバーの中にはなんでそんなことをするんだと言うやつらもいた」とペインは言う。「これは誰にとっても未知の領域だった」。それでも、オーガナイズされたレベルでファンと手を組むことに関して「いろんな意味で、僕らは時代を先取りしていた」のだと彼は言う。バンドがそんな風に態度を柔軟にしたことはキャフィエロにとって大いに歓迎すべきことだった。いちファン、いちテーパー《taper》［コンサートを録音するファン］から始まったキャフィエロだが、その後フィートに代わり、多くのことにかかわるようになる。

日中はフィラデルフィア郊外の不動産開発業者だったキャフィエロはグラスルーツ・ムーヴメントに参加。2000年にはバンド公認アーキビストとなり、リトル・フィートのコンサート録音ならびに（フレッド・ミラーが始めた）セット・リストの管理人となった。2008年以降はバンドのホームページLittlefeat.netのサイト運営者となる。

長年にわたって、ネット上には様々なフィート関連サイトが存在していた。名称、規模、目的、顔ぶれも様々。必ずしも探しやすいものではなかった。だが今ではLittlefeat.netからのリンクですべてにアクセス可能だ。そこでは最新ニュース、バンドのヒストリー、レビュー、ブログ、写真／ヴィデオ・アーカイヴ、歌詞のページの他、CDやグッズ商品販売、YouTubeチャンネルやローウェル・ジョージへのトリビュート、ラジオ番組へのリンク、そして当然ながら過去のコンサートのセットリストとファンが無料ダウンロード出来る録音音源もある。自分が録った音源をすべてサイトにアップしていると言うキャフィエロ。ただみんなとシェアしたいだけなのだと言う。そしてバンドの変遷を追うのが楽しいのだと。「彼らは年月を経て進化していった。〈ファット・マン・イン・ザ・バスタブ〉にはこれと言った一つの決まった演奏の仕方はない。これまでで最低6通りの方法があるよ。時代ごとのバンドを聴くのが楽しいんだ」

とはいえ、お気に入りのバンドを生で間近で観ることに勝るものはない。リトル・フィートにとって最もテクノロジーを使わずにファンと繋がる効果的な方法は、ジャマイカで開催される恒例ファンの集い［前述のFeatCamp］だ。2003年以来、フィートヘッズは――少なくとも、ジャマイカまでの旅費が出せる者は――バンド、そして特別な音楽ゲストと過ごす週末を楽しんだのだ。

ホテルで、ビーチで、コンサートの合間にも様々なイベントが用意されていた。ファンのための公開リハーサル、バンド主催〝ブルース・ブランチ食事会〟、Q&A、写真撮影。ある年にはショーン・マーフィーが自慢の料理の腕前を披露。また違う年には、ペイン、グラッドニー、ヘイワードを講師に迎えてのキーボード、ベース、ドラムの楽器別クリニックも開かれた。

キャフィエロは初年度から10年間参加していた。「大好きなバンドと貸切の島に置いていかれるのに限りなく近い体験だったよ」と言う。島の西海岸の人里離れたリゾート地、ネグリルにある200室ほどあるホテルがその会場だ。「他に行く所がないから、みんなで集まり食べたり飲んだり仲よくなって、いい音楽を聴いて過ごすのさ」

かつてデッドヘッズがそうだったように、お気に入りのバンドのあとを街から街へと〝追っかけ〟るのに慣れている熱心なファンにしてみれば、まさに楽園。「ホテルの部屋には歩いて行けるし、次のコンサート会場はすぐそこだ。さながらリトル・フィート・ファンのための大集会だったね。アイルランド、ノルウェー、ドイツ、そして全米中からファンが集まっていたよ」

シカゴに限りなく近いインディアナ州シュラヴィルから夫のジェリーとやって来るダイアン・ペリスにとって、それは〝仕事をしながらほとんど仕事をしなくていい休暇〟のようなものだった。連絡窓口の一人だったダイアンの仕事はグッズ販売の手伝い。地元に近いコンサート会場でもいつもそうしていた。そしてどれほどのコンサートに通ったことか。2004年の夏はまるまる休みを取り、16州で32回のコンサートを回った。「彼らの音楽のグルーヴにはなぜか心をつかまれ、引き込まれてしまうのよ」

そんなダイアンは連絡窓口がみんなそうだったように、喜んでコンサート前の仕事を手伝ったのだと言う。「ジャマイカでは9年間、様々なチャリティのための抽選会を開いたわ。私は抽選会のチケットを売り、そのお金を取りまとめる係」。抽選会が終わったなら、夫婦揃って年に一度の友との再会を楽しむのだ。「1年目、夫がこんなことを言ったわ。〝ここに来ている連中は誰一人として嫌なやつがいない！〟って。同じ顔ぶれが毎年リピーターになって戻って来る。でも彼らに会うのはジャマイカでだけなの」

2001年に結婚していたダイアンとジェリーだったが、2012年ジャマイカで二度目の結婚式を挙げることとした。それを知ったバンドが結婚式に参列したのだ。「ビリー［ペイン］のエスコートでバージンロードを歩いたのよ。他のメンバーも夫婦で来てくれた。本当に素晴らしい人たちだわ」

リトル・フィートにとってファンとの最大の連絡窓口だったのは、ニュースレターからスタートしてファン雑誌にまでなったFeatPrintsだろう。それが第一回のジャマイカ・ファンフェス目前の2002年、廃刊になってしまったのは運が悪いと言おうか、タイミングが悪かったかと言おうか、その両方だったのかもしれない。

1990年の創刊時、その仕事ぶりはバンドの姿を伝える素晴らしいものだった。最初のうちはファン向けニュースレターにありがちな新聞や雑誌のレビューや記事の切り抜きの寄せ集めだったが、次第にFeatPrints独自のメンバーのインタビューが載るようになった。ごく初期の号にはペインが登場。『レプレゼンティング・ザ・マンボ』のあと、なぜバンドがワーナー・ブラザース・レコードを離れたのかを説明した。リトル・フィートの誰かの健康に問題が生じれば、すぐに事実が語られた。1999年、骨棘《こっきょく》切除のために手術を受けることになったバレアは、率直に心境を語った。「もう25歳じゃないんだぞと自分に言い聞かせないと。今後クラウドサーフィンは禁止だな！」

グラフィックやデザインのセンスの良さも、FeatPrintsがファンジンの中でも目立っていた要因だろう。編集者のリンダ・ギボンはグラフィック・デザイナー。70年代メリーランド州ベセスダのWHFSで受付の仕事をしていた時、リトル・フィートのファンになった。リンダにとって心強い助っ人が現れた。かつてルート・ボーイ・スリム&ザ・セックス・チェンジ・バンドとして活動をしていたディック・バンガムだ。リトル・フィートとも会い、ジョージ・マッセンバーグとメリーランドのトラック・レコーダーズ・スタジオで仕事をしたこともあった。ディックはワシントンDCを拠点に、アルバム・ジャケットのデザインをしていた。

70年代半ばにリトル・フィートを観ていたディックとは違い、リンダは一度もそのチャンスがなかった。それでバンドの再結成を知った時、余計にバンドが観たいと思ったのだと言う。「大好きだったのよ。彼らはもっと知られていいはずなのに、全然そうならない。だから思ったの。どんなことでもいい、彼らが注目してもらえるよう、何か自分に出来ることはないかしらってね」

そこでまずは「非公式&非公認リトル・フィート・ファンのための情報交換」の名でニュー

スレターを作り始める。すぐにファンやボランティアが協力を申し出た。ディックが描く〝瞳やベロのついた靴〟といったネオン・パークが作り出したテーマを取り入れたイラストが表紙を飾った。

リンダはそのパーク本人にインタビューを申し入れる。すると自作の詩に加え、膨大なコレクションからイラストを提供してくれるようになったのだ。病魔に倒れ、絵が描けなくなったあとも、動かすことが出来た両手の人差し指を使ってパークは物語を書くようになる。それは「タトゥード・ティアーズ［タトゥーの彫られた涙］」のタイトルでFeatPrintsに連載された。

出るのは年に2～3回だが不定期（というか、少なくとも1回も予定通りに出たことがなかった）ながら発行部数は1500部近くまで伸び、コンサートやレコード店でも無料版が配られた。昼夜問わず、雑誌の編集作業を行なっていたリンダとディックはやがて結婚。1993年にネオン・パークが亡くなってからは、バンドの祝福を受け――そしてパーク自身の祝福も受けていると彼らは信じ――二人が〝絵筆〟を継ぐことになった。

死を間近に控えていたパークを訪ねた二人に「彼はアドバイスをいろいろとくれたの」と言うリンダは今ではバンガム姓を名乗っている。「彼の作品を見直し、スキャンを始めたわ。将来のリトル・フィートのジャケットに、ネオンの一部を取り入れることが出来るように」『ライヴ・フロム・ネオン・パーク』と呼ばれることになるライヴ盤を準備していた頃、ペインはバンガム夫妻を夕食に招いた。「彼からはネオンがやめたところから再開しようと言われたわ」とリンダ。「そしてそこに自分たちらしさを持ち込もうってね」

それをバンガムたちは今も行なっている。セクシーなトマトや無口なセイリン・シューズのイメージといつもすぐ近くで。（FeatPrints の表紙の一覧は https://ripbang.com/FeatPrints のギャラリーで見ることが出来る。バックナンバーも販売中）

もう一つ、グラスルーツ・ムーヴメントの生命維持に欠かせないのが『リトル・フィート・ラジオ・アワー』だ。セントルイスでなんとかオンエアに漕ぎ着けたギャリー・ベネットの『フィーツ・アット・ファイヴ』は、今も彼のサイトで［ポッドキャストとして］週末に続行中だ。もう一人、バンドに代わってカルト的なラジオ番組をたった一人で制作し、DJも務めるフィート・ファンが、北カリフォルニア、ハンボルト郡在住、モスマンことデヴィッド・モスだ。1998年から8年間、ハンボルトの小さな街のKHUMから週に一度届けられたこの番組。バンド・メンバーだけでなく、多くの関係ミュージシャンがインタビューに登場した。ジャクソン・ブラウン、ロバート・パーマー、ボブ・ウィアー、デヴィッド・リンドレー、デイヴ・マシューズ、レフトオーヴァー・サーモン［コロラド州ボルダー出身のジャム・バンド］、イナラ・ジョージ、そしてトリビュート・アルバム『ロックンロール・ドクター』でアラン・トゥーサンと「トゥー・トレインズ」でチームを組んでいたレオ・ノセンテリ（ミーターズ）も。

他のグラスルーツ・ファン同様、モスも趣味が高じてそうしていたのだ。KHUMなどいくつかのラジオ局でも放送されたが――中にはバンドの連絡窓口で見つけて連絡をしてきた者もいたが――モスは見返りを求めるわけでもなく、パブリック・ラジオ・ネットワークとの衛星

❖『ロックンロール・ドクター』

で、全米およそ50局で流れる番組となった。そこで流れるレアなコンサート・テープ、他のラジオ番組出演、ビル・ペインがとある大学で行なった〝ジョー&テル「発表会」〟でのピアノ・セッションなど、ファン垂涎のニュースやツアー情報が満載だった。

その中でもとっておきの1本が、1973年ニューヨーク、ヘンプステッドのウルトラ・ソニック・スタジオをリトル・フィートが訪れた際の再放送だ。ロングアイランドWLIRのオンエアのために録音されたそのテープには、まだ仲が良かった頃の和気あいあいとしたバンドの姿が留められている。控えめながらも茶目っ気のある調子でローウェルはフィートを「またしてもロスから出てきたバンドの一つだ」と言い、バンド紹介ではバレアを「元レッド・エネマの」と紹介。スタジオに集まったギャラリーを見回すようにして、ポツリと言う。「誰の匂い「レッド・エネマとは鉛の浣腸の意味」だ、これは？」

DJが口を挟む。「匂いと言えば、なぜ2枚のアルバムに〈ウィリン〉を入れてるんですか？」

興味津々とローウェル。「匂いと言えば？　どういうことさ？」

第17章　歩み続けるフィートたち

Feats Walk On

『ライヴ・フロム・ネオン・パーク』はイナラ・ジョージをフィート・ファンに紹介することになった。1995年末、ロサンゼルスのハウス・オブ・ブルースで行なわれたライヴに加わったイナラは「ディキシー・チキン」ではポール・バレアのバックで、「セイリン・シューズ」のヴァースではショーン・マーフィーと並び、ソロで歌った。

この時は人前で歌い始めたばかりだった。子供の頃からトパンガ・キャニオンにある野外シェイクスピア劇場シアトリカム・ボタニカムの舞台に立ってきたイナラは、高校卒業後、古典演劇を学ぶべくボストンに出る。大学2年に上がる前の夏期休暇で実家に戻っていた彼女は「あくまでもジョークのつもりで。たまたまギターで何曲か書けたから」と、高校時代の友人とバンドを始める。でも実はイナラが誓ってもいいと言うことには、ギターを弾いたのはその時が初めてだったらしい。バンドはロードと名乗り、その音楽性をイナラは「ヒッピー、もしくはプログレ。今、私がやっている音楽よりは父がやってたことに近い。でも父の音楽ほどには全然よくなかった」と言う。夏いっぱい音楽活動を続けて大学に戻ったイナラだったが、二つのメジャー・レコード会社が彼女のバンドに興味を持ったことを知る。キャピトルとゲフィン・レコードだ。

「ちょっと興奮したわ」とイナラは言う。「ただ問題は、私がそれほど音楽が好きじゃなかったってことよ」。音楽もだが、ロック的なライフスタイルにも興味はなかった。「バンドのメンバーはいつもマリファナを吸ってばかり。どこかで冷めてしまったの。だから契約はしたけど本当はやりたくなかったのよ」。1996年にEP『レッグス&アームズ』を1枚出しただけでロードは解散。イナラはバンドとの縁を切り、ニューヨークで再び舞台を目指す。「ところがおかしなことに」と彼女は言う。「ニューヨークに着いてみたら前よりも音楽をやるはめになってしまい、ロスに戻る頃には、私は演じることより音楽の方がずっと好きなんだと分かったのよ」

実際イナラには、どこかジャジーでひねりのあるインディ風ポップソングを書く才能があることが証明される。メリックというデュオのかたわれとして2枚のアルバムを制作したのち、ソロ・アルバム『オール・ライズ』をリリース。そこで出会ったグレッグ・カースティンと組んだデュオ、ザ・バード・アンド・ザ・ビーの2006年のデビュー作はイノセントながらも屈折した、彼女のチャーミングな歌声と作曲センスを窺わせるものだった。その中から「ファッキング・ボーイフレンド」がビルボード・クラブ・プレイ・チャートにランクインした。

同時進行でインディ・ポップ・トリオ、リヴィング・シスターズとしても活動。2008年には、イナラの楽曲にヴァン・ダイク・パークスがクラシカル風アレンジを施したアルバム『アン・インヴィテーション』をリリース。パークスがピアノとアコーディオンを演奏する中、パーカッションを叩いたのはドン・ヘフィントン——そう、イナラの父とツアーをし、アーリントンで誰もが父の死の対処に追われていた時、ずっと面倒を見てくれていたあのヘフィントンだった。

イナラには3人の義理の兄弟がいる。ジェド、フォレスト、そしてルークだ。全員が聡明でクリエイティヴだが、父親のレガシーを受け継ぐ意味ではイナラが飛び抜けている。エリザベス・ジョージもこう僕に語ってくれた。「彼女の心の中にはずっと父親がいる。それでいて、ローウェル・ジョージの娘としてではなく、自分の道を探ってきたのよ」
「私は両親の一番いい部分を受け継いだのだと思いたいわ」とイナラは言う。「私には変な癖があるの。たとえばメガネをかけるのが嫌いで、いつも目を細めながらテレビを見ているのよ。それって父がやってたことだったわ。でも性格という意味では似ていない。私の方がずっとおとなしいんじゃないかしら。音楽の才能はあるんでしょうね、こうしてやっているわけだから。いくらかは父から受け継いだ部分もあると思う。でも母にも音楽の才能はあるのよ。幸いなことに、私は余分には［才能は］ない。20代のある時期、もしかしてあるのかもって思う瞬間もあったけど、最終的にそこまで広く深くのめり込むことが出来なかったのよ」（イナラは映画監督のジェイク・カスダンと結婚。カスダンは『ウォーク・ハード　ロックへの階段』などの爆笑コメディ映画、『ダサかわ女子と三銃士』『フリークス学園』などのテレビシリーズの製作で知られる）
ロードに二つのレコード会社からオファーがあったのは、彼女がローウェル・ジョージの娘だったから。そうイナラ自身も思ったのだろうか？　僕は尋ねてみた。
「それがすごく大きな理由だったのは間違いないわ」と彼女も認める。「でもそれから私がやったことと言えば、全然違うタイプの音楽で、当然オーディエンスも違う。だから大したことじゃなくなり、比較もされなくなった。〝へえ、君のパパはリトル・フィートにいたんだ〟

と言われ、私が〝そうよ〟と答えたらそれでおしまい。そんな程度だったの。若いジャーリストはそれが誰なのか知りもしない。気にもしてないのよ」

イナラはリトル・フィートと良好な関係を持ち続けた。彼らとは何度か共演している。一番最初はシアトリカム・ボタニカムでのベネフィット・コンサートだ。『リトル・フィート・ラジオ・アワー』のデヴィッド・モスによれば、それは1992年、彼女がロック・バンドで歌い出した直後のことだった。「その時、リトル・フィートが初めて彼女を紹介したんだ。ぶっ飛ぶほど驚いたよ。彼女にはフィートのああいったブルースが歌えたんだ。そしてそのトーンはローウェルを思い出させるものだったよ」。その頃から、彼女を迎える曲は決まって「トラブル」。幼い彼女に母が歌って聴かせた曲だ。2008年のリトル・フィートのアルバム『ジョイン・ザ・バンド』でもイナラが歌うこの曲が収められている。それはジミー・バフェットの惜しみない協力があってこそ、出来上がったアルバムだ。

リトル・フィートは自分たちのホット・トマト・レーベルから、トパンガ・キャニオンのタケット自宅スタジオで録音したスタジオ・アルバム『キッキン・イット・アット・ザ・バーン』と、ペインのソロ作『シエロ・ノルテ』の2枚をリリースしていた。なんでも自分たちでやるDIY精神にのっとっていたが、助けてもらえるならそれに越したことはない。そこでペインはバフェットに助けを求めた。バフェットは何年にもわたってサム・クレイトンをバンドに雇い、リトル・フィートを前座に起用、2003年のカントリー・アルバム『ライセンス・トゥ・チル』(バフェットの26作目。いまだにバフェットにとって唯一ビルボード・チャート首位を獲得したアルバム）でのペインの貢献にも関心を持ってくれていたのだ。こうしてバフェットとペインの間で、ゲスト・アーティストを迎えたリトル・フィートのプロジェクトが計画され、レコーディングはフロリダ州キーウエストのバフェット所有シュリンプボート・サウンド・スタジオで行なわれることになった。

デイヴ・マシューズ、ボブ・シーガー、ブルックス＆ダン、ベラ・フレック、エミルー・ハリス、クリス・ロビンソン、ブラッド・ペイズリー、ヴィンス・ギルなど多くのゲストを迎えながらも、それは決してトリビュート・アルバムではなかった。レパートリーはフィートの曲だけに限らず、バンドも全曲では歌わない。スタジオを提供し、数曲で歌ったバフェットはエグゼクティヴ・プロデューサーとしてバンドを大いに助けた。すなわちスタジオ代もシュリンプボートへの交通費も、すべて彼持ちだったのだ。（追加のレコーディングとミキシングは別のスタジオで行なわれた）

バフェットは大昔からのフィート・ファンだった。イーグルスのグレン・フライとロキシーに観に行ったのを覚えていると言う。1976年の4月、リトル・フィートの〝ハリウッドの星〟がランジェリー・ショップ、フレデリックスの前の通りに刻まれるというのを記念して、ロキシーに連続出演した時のことだろう。「何もかもすごくて、たちまちファンになったんだ」。そう言うバフェットはアラバマとミシシッピに育ち、ニューオーリンズの街頭で歌った経験もある。フィートの演奏からはかつての自分が聴こえると言う。「音楽からは間違いなく聴こえてくるね。プロフェッサー・ロングヘア、アラン・トゥーサン、そういった人々からの影響さ」。

バフェットが初期のフィート曲で特に気に入っていたのが『ジョイン・ザ・バンド』でペインと歌った「タイム・ラヴズ・ア・ヒーロー」だ。「あの曲は語りかけてくるようなんだ。歌詞も、プエルトリコを舞台にしてるところも大好きだ。なんとも小気味いいんだ、あのグルーヴが」『ジョイン・ザ・バンド』でバフェットはもう1曲、バレアと「チャンピオン・オブ・ザ・ワールド」を歌っている。作者はエミルー・ハリスのギタリスト、ウィル・キンブロウ。「とにかく歌詞が好きだったね」とバフェットは言う。「まるでローウェル・ジョージの曲みたいに聴こえたよ」

それ以外の曲を彩るゲストの中には予期せぬ偶然《セレンディピティ》に恵まれたケースもある。ある晩、バフェットのスタッフの一人がブラック・クロウズのコンサートを観に行った。するとアンコールで「ウィリン」が演奏されたのだ。その話を聞いたペインは［ヴォーカルの］クリス・ロビンソンに電話をかけた。そしてペインが最も自信ある自作曲「オー・アトランタ」での共演となったのだ。(「ウィリン」はすでにブルックス&ダンにより先約済みだった)

イナラ・ジョージの「トラブル」のヴォーカル録りは、ペインのピアノとともにロサンゼルスで行なわれた。そのスタジオ、オーシャン・ウェイ・レコーディングはかつてリトル・フィートがファースト・アルバムを録音したユナイテッド・ウェスタン・レコーダーズがあったのと同じ建物内。またしてもリトル・フィート的セレンディピティで円は一周したのだった。

しかし一周した円は、奇しくもある一つの線の終わりと重なることになる。2010年8月12日、リッチー・ヘイワードがこの世を去った。1年以上前に肝臓がんの告知を受けていたヘイワードだったが、肺疾患の合併症で肝移植の待機リストに入ったまま、帰らぬ人となってしまった。64歳だった。

ヴァン・ダイク・パークスはローウェル・ジョージをキング・オブ・ロックンロールだと呼び、ジョン・セバスチャンはローウェルをエルヴィスになぞらえた。しかしもしかすると、それ以上だったのはヘイワードなのかもしれない。初期、リトル・フィートのブッキングとマネージメントを手伝っていたカール・スコットは、ヘイワードこそ「真のバッド・ボーイ。やばい話には必ずあいつがいた。ロックンロールを地で行っていたね」と言う。「残りのメンバーは音楽に対して、将来に対して真剣さがあった。でもリッチーはただドラムを叩き、ハイになって、仲間とつるみ、飲んで楽しくやりたがった。そしていいやつだったよ」

ヘイワード自身、『リトル・フィート・ラジオ・アワー』で自ら選んだライフスタイルの過ちを認めていた。「僕ら10年近く、薬理学的「つまりドラッグの」テスト・パイロットだったのさ」

フレッド・タケットがそのフライトに同乗することはなかった。ヘイワードとはツアーし、トパンガでは隣近所だったにもかかわらず、二人に付き合いはあまりなかったと言う。「避けられてたんだよ」とタケット。「というのも、僕は健康志向。あいつはその正反対だったからね」。ヘイワードはタバコも吸い、チーズバーガーを好んだ。タケットはヘイワードによく言ったという。「〝お前のその食い方。まるでティーンエイジャーだ〟と。するとあいつは神に誓ってもいい、ちゃんと健康診断を受けてる。何一つ悪いとこはないと言い張るんだよ」

「そしたらあんなことになっちまった」と打楽器の相棒だったサム・クレイトンは言う。20

09年半ば、ヘイワードは肝臓がんと診断される。ツアーの途中でヘイワードはペインに告げた。8月はじめのモンタナ州ビリングス以降はもうやれないと。「実際、リッチーの具合はかなり悪かったんだ」とビル・ペインは言う。「肝臓は蝕まれ、呼吸器官は悪くなる一方だった」。それでもビリングスのコンサートまで持ち堪えた。クレイトンはこう思い出す。「僕のところに彼を泊まらせたんだ。すべてはあいつ自身の精神力にかかっていたから、それがあるべきところにあり続けられるようにしなきゃならなかった。傍目で見てても疲れやすくなっているのが分かったし、同情などしてほしくないと思っていたのも分かった。あいつはドラムを叩きたかっただけ。ただ曲を演奏したかっただけなんだ。続けられるかはあいつ次第。こちらもただ同情してるわけにいかなかった。俺もやるよ、だからお前もすぐそこに一緒にいてくれとね」

ヘイワードはそうした。「あの夜が彼の最後のステートメントだったんだろう」とペインは言う。「あっぱれだったよ」

その夜とは、告知から1年後の2010年7月。バンドがヘイワードと最後に人前で演奏したブリティッシュ・コロンビア州コートネーで開かれたヴァンクーヴァー・アイランド・ミュージック・フェストだ。ヘイワードはセット全部を演奏することは出来ない体調だったが、バンドはそこに彼にいてほしいと願った。これが彼に会える最後になるのだとしても。

ヘイワードのドラム・テクニシャンとして2年間、リトル・フィートに同行していたゲイブ・フォードがヘイワードの代役を務めていた。がん告知を受ける前、再婚していたヘイワードの妻ショーナはウェブサイトを立ち上げ、友人やファンに向けてリッチーの近況を報告し続けた。そのカナダでの晩について、ショーナはこのように綴っている。「そしてコンサート。天気が少し寒くなり、風も出てきた……　みんなしてリッチーを暖めたわ。するとポールが一緒にジャマイカの国歌を歌おうと誘ったのよ！　信じられないくらいリッチーは生き生きと輝いていた。そして3曲を演奏したの。〈スパニッシュ・ムーン〉〈スキン・イット・バック〉そして〈ファット・マン〉。そこで起きたことを語れる言葉が私には見つけられない。ただ愛のマジックのおかげだったことだけは分かる。あの晩のすべてから」

「ウィリン」でマジックが起きたのだとペインは言う。バンドはその曲に「ドント・ボガート・ザット・ジョイント」の一節を混ぜて歌うようになっていた。それをヘイワードに歌うようにバレアが呼んだのだ。ヘイワードはオーディエンスの力を借りて歌った。さらにはゲイブ・フォードからドラムの席を取り戻すと3曲を叩き、ステージ脇にはけたのだ。アンコールの「オー・アトランタ」でもパーカッションに参加する姿が見られた。

ヘイワードにはコンサートが終わると自分はどうだったかと尋ねるクセがあったとペインは言う。だが、その時は聞いてこなかった。「まるで僕らの頭上に広がる大きな空のような微笑みを浮かべていた」とペインは亡きドラマーへのトリビュートで記した。「生きてきた中で一番のプレイが出来たと自分で分かってたんだ」

ヘイワードは唯一無二だったとバレアも言う。「それがリトル・フィートのクールな点さ。それぞれのプレイヤーたちは各自が独自のスタイルを持っている。なのになんとか混じり合い、個々の合計よりも大きなものを作ってしまう。おかしい話さ。彼が他人のセッションで、すごくまともなコレしかないっていうプレイをするのを、僕らは文句言ってたんだよ。〝なんでそれをこっちで出来ない？〟ってね。するとあいつは〝そりゃ、これがリトル・フィートだからさ。俺のやりたいことが出来るからだ〟と言うんだ」

ローウェル・ジョージはリッチー・ヘイワードのそんなところを必ずしも快く思ってばかりではなかったが、多くの者は違った。トリビュート・エッセイの中で音楽評論家のドン・スノウデンはヘイワードを「聴く者の体を動かすとびきりのモーター」と呼んだ。ケニー・グラッドニーとサム・クレイトンが加わったあとも――表向きにはヘイワードのリズムを牽制するためだと言われているが――スノウデンいわく「ヘイワードが屋台骨だった」のだ。「彼という支点を中心にみんなでトリッキーな変拍子や複雑な曲構成をどうするか話し合った。だがどんな時もゆとりがあって、オーガニックさは失わない。しかもヴォーカル・ハーモニーの高音パートを歌いながらやるんだよ、それらをすべて！」

モダン・ドラマー誌のロビン・フランズは「音楽面で言うなら、クラシック・ロック・ドラマーの中でも最もスタイリッシュで寡黙に影響を与えた一人。モンスターみたいなテクニックと、若さに似合わぬオールドソウルを持ったグルーヴの達人。ドラム界に第二のリッチー・ヘイワードが登場することはないだろう」と最高の賛辞を送った。

＊

リッチー・ヘイワードの死から数ヶ月後、バンドの士気を高めてくれる勲章がリトル・フィートに贈られた。レコード売り上げともチャート順位とも、グラミーともロックの殿堂とも無関係の栄誉。30年以上前に出た彼らのライヴ・アルバム『ウェイティング・フォー・コロンブス』にまつわる栄誉だ。

なんとその収録曲全曲が1音足りとも違わず、フィッシュのコンサートで再現されたのだ。90年代版グレイトフル・デッドとの呼び声高いヴァーモント出身のジャム・バンド、フィッシュ。彼らがハロウィン［10月31日の万聖節］前後に行なうコンサートは、ふざけた小道具《プロップ》と名盤の完全再現で観客を驚かせるのが習わしだった。

２０１０年のハロウィン前夜、アトランティック・シティのボードウォーク・ホールでの３回セットの2回目で、バンドは『コロンブス』からの全曲を演奏することにした。ただし、前夜のドラッグが抜けずに繰り返された、例の〝暗黒の水曜日〟の暴挙の数々は抜かして。

全曲がオリジナル・レコードから演奏された。タワー・オブ・パワー・ホーンズを再現する５人のホーン・セクションと、パーカッション奏者ジョヴァンニ・イダルゴを加え、「ジョイン・ザ・バンド」「ファット・マン・イン・ザ・バスタブ」から始まり、ラストの「頼もしい足」まで。しかもなんと「ウィリン」の最後にアカペラで「ドント・ボガート・ザット・ジョイント」を歌ったのだ。『プレイビル』［演劇やミュージカルの情報誌］をもじったコンサート・プログラム『フィッシュビル』の中で、ドラマーのジョン・フィッシュマンはヘイワードへの謝辞を寄せていた。「リッチー・ヘイワード以上に僕のドラミングに直接的影響を与えた人間はいない」と。

プログラムにエッセイを寄稿したローリング・ストーン誌編集者デヴィッド・フリックも、トレイ・アナスタシオ［ヴォーカル／ギター］のこんな言葉を引用していた。「僕らは他のどんなバンドよりもリトル・フィートから多くを学んだ」

『ウェイティング・フォー・コロンブス』の全曲再現のため、彼らは15曲を覚え、マスターせねばならなかったわけだが、「タイム・ラヴズ・ア・ヒーロー」「ディキシー・チキン」「ロケット・イン・マイ・ポケット」「スパニッシュ・ムーン」はすでにカヴァーしたことがあった。

かつてフィッシュのセットリストにフィートの曲を入れようと提案したのは、ベースのマイク・ゴードンだった。ゴードンはリトル・フィートのアルバム『ジョイン・ザ・バンド』の「我が祖国（This Land Is Your Land）」に参加していた。「トレイのオリジナルがどんどん変わったものになっていくのも好きだったんだが、同時に何かパワフルでブルージーな曲でバランスを取りたいと言ったんだ」。それがリトル・フィートだったというわけだ。

1985年以来、フィッシュのキーボード奏者を務めるペイジ・マッコーネルがフィートのファンになったのは何年も前。1975年のボストンでのコンサート（奇しくもハロウィンの日）のブートレグ・テープを手に入れたのがきっかけだった。「とにかく擦り切れるまで聴いたよ。大好きだったんだ。あんなに全員で音を出して、うまいと思えるバンドがいることが信じられなかったんだ」。彼にとってペインはヒーローだった。「本当に優れたプレイヤーだ。ロック・キーボードにも様々なタイプがいるが、自分が学ぼうとしたのは誰よりもまずビル・ペインだった。だからあのアルバムをやるって決めて、さらに深くのめり込めて幸せだったよ」

　フィッシュがそれ以前にカヴァーしたバンドに比べ、リトル・フィートのカヴァーはより大きなチャレンジだったとマッコーネルは僕に話してくれた。『メイン・ストリートのならず者』の時はほとんどブルース・ロックだったから、作曲という意味での要素はそんな複雑じゃなかったんだ。ところがフィートの曲は曲間でテンポが変わったりする。それがこのバンドのクールさ、ミュージシャンシップの高さの証明なんだ。ソングライティングもどれを取ってもすごい。偉大なるバンドの一つだよ」

「ディキシー・チキン」ではその手腕を大いに見せつけたマッコーネルだったが、フィッシュお得意のおふざけで「ウィリン」ではメンバー各自が楽器を持ち替えたため、マッコーネルはベースを弾き、キーボードはマイク・ゴードンが弾いている。リード・ヴォーカルを歌うはめになったジョン・フィッシュマンの音程は少しズレたままだった。本人も分かっていたのだろう。ラスト近く、「そして僕はまだ……」と歌ったところで「本来なら willin' と続くところを」「トラブルに見舞われている！」と本音にも近い悲鳴をあげている。

　本来、ハロウィンのいたずら《トリック》がそうであるように、フィッシュはどんな素敵なご褒美《トリート》が待ち受けているか、一切予告していなかった。到着した客は当日プログラムを手にして初めて内容を知るのだ。リトル・フィートにもまったく連絡はなかったと言う。「僕らも知らなかったんだよ」とペイン。「次の日、マネージャーから聞かされたんだ。なんてうれしい敬意の表し方だろうと思ったよ」

「するとね」とバレア。「若い世代が僕らを観に来るようになったんだ。若いヒッピーたちさ。彼らはまた来るよと言ってくれて、友だちに僕らのことを話してくれた」

少し形を変えたグラスルーツだが、こんなありがたい話はない。

バレアは今の彼らの客層は若者だけではないと言う。リトル・フィート・ファンの年齢層は年々広がり、今では「18歳から80歳まで」だと、さほど驚いた様子でもなく言う。ラスヴェガスでのコンサートでは、バレアいわく「最前列に歩行器を使っている女性がいたんだが、その〝お嬢さん〟と来たら、歩行器で立ち上がり、ブギーしまくりだった」

グラスルーツ・ムーヴメントは今も続いているが、ここ最近はバンドもオーディエンス同様、各自がそれぞれのことをやり、バンドとして歩む速度が遅くなってきた。どうしようもないことだ。6人のメンバーのうち5人が60代で、40歳のドラマー、ゲイブ・フォードただ一人が平均年齢を下げているのだから。

フォードはいい意味で実年齢よりも年上に見える。彼によってバンドには、ブルースに深く根ざした系図がもたらされた。フォードの父と二人のおじは北カリフォルニア出身で、全員があるブルース・バンドのメンバーだった。おじの一人でその後ギターの名手として名をあげたロベン・フォード（共演相手にはボブ・ディラン、ジョージ・ハリソン、ボニー・レイット、ジョニ・ミッチェルもいる）、もう一人のおじのマーク・フォードはハーモニカ奏者、そして父パトリックはドラマー。三人は父親チャールズの名前をバンド名にしたチャールズ・フォード・バンドを組んでいた。

　ゲイブもドラムを始めるが、地元バンドでギグをやっているだけでは暮らしていけない。フィルモア・オーディトリアムの裏方として働くようになり、リヴィング・カラー〔ヴァーノン・リード率いるブラック・ハードロック・バンド〕のドラム・テクニシャンになる。フィルモア時代、フォードはデッドの倉庫の雑用仕事をしていた。そこで当時デッドのもとで働いていたキャメロン・シアーズと知り合う。そのシアーズとパートナーのジョン・シェールがリトル・フィートのマネージメントも行なうことになり、リッチー・ヘイワードのドラム・テクの座に空きがあることをフォードに話す。こうして2006年、フォードはフィート・ファミリーの一員に加わった。

　それから数年もしないでヘイワードが病に冒され、フォードは2週間で60近い曲を覚え、ツアーに出なければならなくなった。フィートの音楽と、他にまねようのないヘイワードのスタイルを考えると、それは決して楽なことではなかったはずだ。たとえすべての曲をそらで知っていたとしてもだ。「彼のやったことを一寸違わずに再現しようとしていたら、僕には絶対出来なかっただろう」とフォードは言う。「複雑なドラム・パートがいくつもあったから、記憶の中で僕が覚えている限りの、彼がやっていたことをぶち込んだんだ」。そう言ってニッコリと笑うフォード。ヘイワードのことを思い浮かべていたのだろう。「彼お得意のフレーズをうまく叩けるたび、心の中で言ってたんだ。〝よっしゃ、今のは君に捧げるよ〟とね」

ヘイワードがバンドを離れることになった時、別のドラマーを雇う案も出たが、結局は何年も近くにいた〝若いやつ《キッド》〟で行こうと意見はまとまった。サム・クレイトンはその案に賛成だった。「ゲイブとの方がプレイしやすいのは、考え方が似ているからだ。リッチーはドラマーがこぞってあいつ目当てで観に来るようなやつだった。〝ミスター・ファンタスティック〟と崇められてた。ところがローウェルからは〝ビートの上にい続けろ〟と口を酸っぱくして言われてたんだ」。それに比べるとゲイブ・フォードのプレイは、クレイトンいわく、よりファンクでストレートアヘッドなのだ。

そのロサンゼルスの家庭的なスタジオ——ミュージシャン兼エンジニア、ジョニー・リー・シェルの自宅裏のガレージを改築して作られたせいもある——に、ドラムセットだけは他とは離れた専用のブースにセットアップされていた。ゲイブ・フォードはすっかり落ち着いた様子で、リトル・フィートの最新アルバム『ルースター・ラグ』のレコーディングに取りかかっていた。父親がブルース・レーベルを経営していたフォードは19の時からセッションの仕事をしてきた。だからそのブースで何をすべきかは誰よりも分かっている。「僕がすべきことは気持ちを備え、何事にもオープンでいられるようにすること。そう出来たと思うよ。出来上がったアルバムはリトル・フィートのアルバムのようだったよ。果たしてそうなるのか、自分でも分からなかったが、リトル・フィートのアルバムらしく聴こえるんで、大満足さ」

２０１２年にリリースされた『ルースター・ラグ』は例のジミー・バフェットのオールスター・プロジェクトを除けば、２００３年の『キッキン・イット・アット・ザ・バーン』以来のスタジオ録音アルバムだった。バフェットのは人が多く、混み合いすぎていた。『バーン』はレイドバックしていて、少しなれあいすぎた。『ルースター』はちょうどその中間。大物ゲスト・アーティストの助けを借りることはなかったが、新たな（そして大物）ソングライターが全面協力していた。

ロバート・ハンターと言えばグレイトフル・デッドの「ダーク・スター」「ケイシー・ジョーンズ」「アンクル・ジョンズ・バンド」「ボックス・オブ・レイン」「タッチ・オブ・グレイ」そして「リップル」の作詞家として、クレジットされている。マネージャー、キャメロン・シアーズのデッドとの強いコネのおかげで、リトル・フィートはハンターとつながったのだった。シアーズはペインとバレアに、ハンターが一緒に曲を書きたがっている旨を伝える。ところがハンターから送られた歌詞を読んだ二人の反応は驚くほどに違っていた。「好きじゃなかったんだ」と言うのはバレアだ。「〝少し僕の方で変えていいかな?〟と聞いたら〝だめだ〟と断られたよ」

一方、ペインは「ウェイティング・フォー・ザ・レイン」というタイトルの歌詞が気に入り、それに曲を付け始めた。そうこうしているうちに4曲が出来上がり、ニュー・アルバムに収録された（ただし「ウェイティング～」は次の機会に回されることになった）。さらに7曲が完成しているという。「僕らの相性はよかったんだと思うよ」

しかしハンターはなぜフィートとの共作に関心を示したのだろう? ペインは言う。「〝リトル・フィートのある曲を聴いてたらこういう歌詞になってしまった〟と彼は歌詞を送って来たんだ」。そう言われることを侮辱だと感じるミュージシャンもいるかもしれないが、ペインはそう思うこともなく、フィートに影響されたというハンターの歌詞に曲を付けた。「あえて分析したりせず、キーとなるフレーズを見つけ出すんだ。〈ルースター・ラグ〉では――〝トバルカイン〔旧約聖書に登場する人物〕は火の神〟〝この古めかしい世界からよりよい場所へ〟――と歌われていたので〝トバルカインってまさに宗教的じゃないか〟と思い、じゃあこのあたりでラグタイム風コードを入れるのもいいなと思い、そうしたということさ」。立場を変え、ペインが送った曲にハンターが歌詞を乗せることもあった。そうして出来た「ウェイ・ダウン・アンダー」にはハンター風のこんな言葉が続く。「ダウンアンダーに行ったことがあるかい／リキッドサンダーのずっと下／ブルーブラックの波打つ海原／壊れた心　心あらずさ」

ハンターとのパートナーシップはペインにとって歓迎すべきことだった。というのも『キッキン・イット・アット・ザ・バーン』以来、曲を書いていなかったからだ。そして彼も認める通り、バンドには新曲が不足していた。

ハンターの曲はフィートのレパートリーに新たな命を、特に歌詞の面で吹き込むことになった。そしてすでにコンポーザーとしての力は証明済みのタケットも4曲を提供。それらはすでにソロ・アルバム（『シルヴァー・ストリングス』と『イン・ア・タウン・ライク・ディス』）に収録されていたが、フィート風に新調された。バレアはテキサス出身シンガーソングライター、スティーヴン・ブルトン（前アルバムでも「コラソネス・イ・ソンブラス」を共作〔2009年没〕）と「ジャスト・ア・フィーヴァー」を共作。それは二人どちらにとっても自伝的な曲なのだという。「僕らは同じ病気を患っていたんだ」と言うバレアは1994年、C型肝炎だと診断された。「たまたま二人でそれぞれの〝問題〟をジョークにしていた時に書けたんだよ」。デリリウム・トレメンス［アルコール中毒によるせん妄性発作］。そんな言葉が飛び出す曲——しかもラヴソング——など、いまだかつてなかったはずだ。そしてこれから先も。

幻想が見える／悪魔が見える／震える使徒たち／
デリリウム・トレメンス

『ルースター・ラグ』はもともとブルース・アルバムという着想で作られていたため、メンバーや共作者たちとの10曲を挟む形で、1曲目にはミシシッピ・ジョン・ハートの「キャンディマン・ブルース」、ラストにはウィリー・ディクソンの「メロウ・ダウン・イージー」の熱いカヴァーが収められている。どちらもリード・ヴォーカルはサム・クレイトン。クレイトンはタケット作、ブルージーな「ワン・ブリーズ・アット・ア・タイム」でもタケット本人とヴォーカルを分け合っている。どちらかと言えば落ち着いた『キッキン・イット・アット・ザ・バーン』を経て、フィートのガンボ［ルイジアナのごった煮］精神が戻って来た。

ロスのスタジオ・シティに建つ、ガレージを改造しただけにしては随分と大げさな名前が付けられたウルトラトーン・スタジオ。そこでバンドがリハーサルとレコーディングに要した時間はわずか数ヶ月だった。スタジオの所有者兼エンジニアで、高名なソングライター兼ギタリストのジョニー・リー・シェルがミックスを行ない、ビル・ペインとポール・バレアが共同でプロデュースにあたった。

＊

スタジオはシェルのコントロール・ボードや関連ギアや機材でほぼすべてを占められていて、見るからに窮屈な中で作業は進められていた。装飾というほどでもないが、部屋を飾る小物はどれもウエスタン調ブルースのイメージだ。ビール・ストリートの標識、様々なポスター、ロイ・ロジャースや『ローン・レンジャー』のグッズ。その中に混じって壁に貼られた額入りの証明書。シェルがタジ・マハールやボニー・レイットとの仕事でグラミーの候補にあがったことを証明している。

そんな中、一目でバレアの姿を見つけることが出来なかった。シェルの隣、機材の山に隠れるようにバレアは陣取っていた。ペインがコルグのキーボードの向こうに立ち、隣にあるスタインウェイのベビーグランドを指差している。「リチャード・マニュエルのピアノだよ」とペイン。僕らがいるこの場所はロックの博物館だったのだ。ペインによれば、シェルはそのピアノの存在を1979年から知っていた。ローリング・ストーンズのお気に入りキーボード奏者の一人、イアン・マクレガンのレコーディングに参加し、マリブのシャングリラ・スタジオにいた時に見たのだ。それは60年代後半、ニューヨーク州ポキプシーのピアノ店にあるのを、マニュエルとガース・ハドソンが見つけ、買いとったピアノだ。それがなぜマリブにあったのかは謎である。マリブ以降の経路はペインが調べたところによれば、シャングリラ・スタジオが売却された際、コネチカット州に運ばれ、その後はカリフォルニア州ターザナの倉庫に保管されていた。それをシェルが手に入れたのだ。

多少の修理がされ、弦も張り替えられた。しかし、それは紛れもなくマニュエルが弾いたピアノだ。1986年にこの世を去ったマニュエルが「ザ・ウェイト」「アイ・シャル・ビー・リリースト」「オールド・ディキシー・ダウン」など――言ってみれば、ロック・オブ・エイジズ［永遠の岩（神）のように強固なという意味。ザ・バンド1972年のライヴ盤のタイトルでもある］を叩き出したピアノなのだ。ザ・バンドのメンバーによって見つけられてから40数年後、その同じピアノをビル・ペインが弾いている。初めて弾いた時の彼の反応。「参ったよ、ピアノに弾かれてる気分だ」。そして「とてもソウルフルなピアノだ」と。シェル自身、この小ぶりなスタインウエイにはロック、ジャズからバラッズまで、広く大きな音楽を抱えるだけの何かがあると言う。言い換えるなら、ビル・ペインとリトル・フィートにおあつらえ向きということだ。

〝ワンテイクのサム〟の異名を持つクレイトンがサンディエゴから来るのを待ちながら、残りのメンバーは「ルースター・ラグ」に取りかかる（ちなみにルースターというのはシェル夫婦の飼っていた犬の名前だ）。テイクの合間に交わされるのは、音楽同様とりとめなく気兼ねないユーモアに満ちたおしゃべりだ。タケットがリトル・ロックに住んでいた10代の頃、ギグを終えて帰る途中、州兵に詰め寄られた経験談――「白人が黒人と一緒に演奏することが法律違反だったようだよ」――を語れば、シェルは奥さんのおじさんがブロードウェイの伝説的作曲家ジューリー・スタインなのだと言う。

スタジオという狭い空間の中、フィートは一つのソファに詰め合うように座り、ワールド・シリーズの話、グラッドニーの両親とKKKとの因縁の話などをしている。話だけ聞いていると、まるでスポーツ・バーに集う男たちのようだ。ただしアルコールは抜きで。

成功と失敗とそのスリル、人生の浮き沈み、仲違いも仲直りもすべて十分過ぎるほど経験して来たロック・バンドでありながら、リトル・フィートはみな健康だ。そして安定した結婚生活を送っている。フレッドとパトリシア・タケットの結婚生活は1968年から続いている。ポールとパメラ・バレアが2013年に結婚25周年を迎えたのと時を同じくして、サムとジョニ・クレイトンは結婚30年を、ケニーとジョアンナ（ジョージー）・グラッドニーは35年を祝った。最年少のゲイブ・フォードは2004年に所帯を持ったアリシアとの間に息子のホアキンがいる。ビルはレコーディング・エンジニア兼シンガーのフラン・テイトと1977年に結婚したが、フランは1997年に他界。2011年にポリー・グレイ・ペインと再婚した。

2012年夏にリリースされた『ルースター・ラグ』（ディストリビューションはラウンダー・レコード）はたちまちブルースとアメリカーナの音楽サイトのチャートを駆け上がり、カレッジ・ラジオ、公共ラジオ、オルタナティヴ・ラジオで頻繁に流れた。ポップ・ミュージックがどんどんと細分化され、CDの売り上げをダウンロードが越え、そんなポップ・ミュージック界と一線を画した位置にリトル・フィートがいることを考えると、こういったランキングは成功のバロメーターだと見なされるべきだろう。さらには評論家やフィート・ファンからの反響。

ペインはその反響の大きさに驚かされたと言う。「どデカいホームランを打った気分だったよ。あそこまでだったのは『レット・イット・ロール』以来だ」。何よりペインを喜ばせたのは、こういった称賛の声がフィートを主にライヴ・バンドだと思ってきた人たちから上がったことだ。

ところが、それからまもなく、リトル・フィートの大黒柱に危機が訪れる。

2012年暮れ、バンドのウェブサイトを通じて、ポール・バレアが活動休止を公表した。C型肝炎治療に入るためだ。「過去20年間、僕はライフスタイルを変え、家族と友人の愛と支援のおかげでこの病気の弊害をなんとかコントロールしてこれた。その間もUCLA専門医療チームの定期診断を受けてきたが、この度、体内からウイルスを排除するために抗ウイルス療法に入るようアドバイスを受けた。治療の最もいい結果のためには、来年いっぱいツアーを控えねばならない」

バレアの言葉は続く。「音楽は僕のすべてであり、まだみんなと分け合いたい音楽は僕の中にたくさん残っている。7年間取りかかってきたソロ・プロジェクトもいつか出したいと思っている。惑星がうまく並び、たまにギグなど出来るようになればいいと願っているよ」

そうなるとしたら、フレッド・タケットとのアコースティック・ギグが最も有力だろう。二人は1999年にロサンゼルスのとある音楽コンベンションでジョン・リー・フッカーのオープニングを務めて以来、フィートのツアーの合間を縫って、活動を行なってきた。デュオとして2枚のアルバムもリリースしている。

この発表のあと、話したバレアの口ぶりは元気そうだった。「新薬が開発され、それに望みがありそうなんだ。そこで治験の臨床試験を受けたいと思っている。東海岸と西海岸に一人ずつ同じ治験を受けた友人がいて、1ヶ月もしないでウイルスの排除に成功した。なんの副作用も起きていないし、体力もグンと上がったらしい。インターフェロンでウイルスは殺せても肝臓に負担がかかることを、僕が投与される前に発見してくれてよかったよ。ウイルスに打ち勝ったと思ったら肝臓疾患で死ぬなんて、最悪じゃないか」。C型肝炎っていうのは、とバレア。「初期のHIV［ヒト免疫不全ウィルス］と似ていて、なんて言うのかな……〝清潔さにルーズ〟だった特定の世代の間でものすごく増えている。なんとか食い止めようといろんな新薬を試しているところなのさ」

それからほどなくして、出したいと言っていたソロ・プロジェクト『ライディング・ザ・ノヴァ・トレイン』が発表された。しかしリトル・フィートに関しては、オフィシャルに「休止期間に入った」とバレアは言う。再びバンドを始める日が来るまで、メンバーはそれぞれセッション仕事やプロジェクトに勤しむことになるだろうと。

しかしケニー・グラッドニーはスタンバイすることを選んだ。「だって自分の思い通りのプレイが出来る場所があるんだよ。それを見放したりするかい?」

ゲイブ・フォードもバレアの——そしてフィートの——復活を願っていると言う。似たようなバンドを見つけることなんてすぐには無理だと分かっているからだ。他のバンドは「毎晩同じ曲目を演奏するだけ。何一つ変わらないんだ。でもリトル・フィートでは毎晩が違ってる。僕らの演奏も毎回違ってくる。このバンドのそういう生の要素をみんな楽しんでくれてるんだと思う。でもジャズとかの世界じゃない限り、そういうバンドは少ないよ。フィートの連中は昔から独自のことをやって来た。あらゆるスタイルを演奏するし、どこにだって行けるんだ」と。

リトル・フィートが解散するという噂もあった。セイリン・シューズもいよいよここまでだ。だがビル・ペインはそんなことをする意味がないと言う。他のバンドはレコーディングとツアーの間に長い間隔が空いているではないか。彼らがそうして何が悪い？

リトル・フィートの名前はそのままに、音楽を愛する者の意識の中に残しておこうではないか。音を鳴らし続けようじゃないか。リトル・フィートのことを話題にさせ続けようじゃないか。なぜ彼らはもっとビッグにならなかったのかと。

「彼らには大ヒット曲があって然るべきだった」とジミー・バフェットも言う。「リトル・フィートには本当にいい曲があったよ。それなのになぜ売れなかったのか、ちょっとした謎だね」。原因は拙劣なマネージメントと判断を誤った過去のレコード会社だとバフェットは読んでいる。「それでもバンドは音楽を鳴らし、曲を書き続けたんだ」

「おそらく彼らは音楽的に洗練されすぎていたのよ」と推測するのはボニー・レイットだ。「だって〈スパニッシュ・ムーン〉がヒットすると思ってたくらいだもの、彼らは」。初期の彼らはヒット・シングルのことなど気にしていなかったと彼女は言う。「グレイトフル・デッドがそうだったように自分たちらしいことがしたかっただけ。プロモーションのハイプに乗っかるのではなく、ミュージシャンとして一目置かれるバンドになりたかったのよ」。それでも、と彼女は続ける。「もしローウェルが生きてて、バンドの仲が戻って、いろんなことが解決出来ていたなら、つまり私に訪れたのと同じ転機が訪れていたなら……彼らはビッグになっていたと思うわ」

メリーランド州ベセスダのラジオ局WHFSのDJ、サーフ・コールウェルは亡くなる前夜のローウェル・ジョージにインタビューをした。ローウェルが局に来るのは、以前にもリンダ・ロンシュタットら友人数名とやって来ていたので、それが二度目だった。最後の会話の内容はコールウェルの記憶からほとんど消えてしまったが、覚えているのは「ルイ・ルイ」のことを〝わめきちらしていた〟、つまり曲にぞっこんで、持っていたギターでも弾いてみせるほどだったことだ。「歴史を修正するような話だけど」とコールウェル。「もしローウェルが生きていたら、今のアメリカーナの動きの中に間違いなくいただろうね。彼はああいうのが大好きだった。彼の演奏スタイル、彼が書く曲、すべてが独創的だった。同じミュージシャンたちにはそのすごさが分かってた。もしまだ生きていたならどれだけの影響力を及ぼしていたか、想像に難くないよ」

ローウェルの最も古い友たちで、共作者だったマーティン・キビーはこう言う。「あいつが小物だったと思われてるんだとしたら、それはリトル・フィートが一度としてフリートウッド・マックにならなかったからだ。でも彼らのやったことを評価する批評家は多い。50年後、一般の人たちが〝この男、当時からズバリ的を射ていたんだな〟と気付くチャンスだってあるのさ」

そのための殿堂ではないか。ところが今のところ、支持者を驚かせ、悲しませ続けているように、ロックの殿堂から声はかかっていない。

バレアは言う。「僕らのファンは手紙やメールで懇願してくれている。彼らには理解出来ないんだよ、なぜ僕らが入っていないのか」。クリーヴランドのロックの殿堂博物館にはローウェルのオーバーオールとリトル・フィートの手書きの歌詞が展示されている。しかしバンドは、最初にレコーディングをしてから25年という殿堂入りの基準を1996年に満たしながら、ノミネートすらされたことがないのだ。「投票候補リストにあがったこともないんだ」。バレアは肩をすくめる。「そういうのは他人が決めることだからね。僕がこうするべきとか、するべきでないとか言う立場じゃないんだ」。そう言いつつも、逆が真であることを彼は知っている。

ダイアン・ペリスをはじめとする何人かのフィート・ファンは、ロックの殿堂博物館のレガシー・ブリック・プログラムからレンガを購入し、博物館前の遊歩道にはめ込んだ。レンガは8つ。その一つずつには彼らの願いとともに名前が刻まれている。ローウェル・ジョージ、ビル・ペイン、リッチー・ヘイワード、ポール・バレア、サム・クレイトン、ケニー・グラッドニー、そしてフレッド・タケット。8つめのレンガにはクレイグ・フラー、ショーン・マーフィー、ゲイブ・フォード、ロイ・エストラーダの名前も刻まれた。「なんとしてでも私たちの大好きなバンドが殿堂入りするように。決して諦めないわ」と彼女は言う。

最終的に、彼らは家族《ファミリー》だったということだ――その言葉が持つ様々な定義を踏まえた上で。それは頑固な発明の母《マザーズ・オブ・インヴェンション》率いるファミリーから始まった。ロックの希望でいっぱいの者が一つの家に住み、その家を音楽で溢れさせた。やがてファウンテン・アヴェニューの家はプライス姉妹やプライスレスな夢を見る者たちのたまり場となった。そしてそこから決してかき消されることない創造性と生産性がエネルギーになったかのような男に率いられ、リトル・フィートは生まれた。

「ローウェルは僕ら家族の一部だよ。ここに彼がいようといまいとかかわらず」とビル・ペインは言う。「僕らが彼の音楽を今も演奏するのは、ローウェルへの敬意からだ。もともとこのバンドもそこから生まれた。家族、言うならば、共同体意識。しかもそれは大きくなる一方だ。イナラとマイルス（タケット。マルチインスト奏者。言うまでもなく、フレッドの息子）が僕らのステージに加わってくれる時、それはまさに証明される」

「二人よりもさらに若い世代が、このバンドが生む音楽を愛してくれてるんだ。新しい家族がどんどん増えている感じだよ。ローウェルの代わりになる者など誰もいない。そんなかけがえない誰かに敬意を示すには、ステージに上がり、彼の音楽を、本来の精神で――すなわち自由で何からも解き放たれて――演奏するしかない。僕らがやってるのはそういうことなんだ」

家族はグラスルーツ・ムーヴメントのことでもある。何千、何万という人間を一つにするそのバンドがやっていることは、ごくシンプルなことなのだ。それは聴く者の気持ちをよくして

❖『ルースター・ラグ』

❖『キッキン・イット・アット・ザ・バーン』

❖『ジョイン・ザ・バンド』

くれる音楽。

そして家族はたった一人のある人間のことでもある。

「ローウェルは魂の伴侶よ」とエリザベス・ジョージは言う。「お互いにそうだった。今も毎日彼のことを考えるわ」

イナラのように、自分は父から音楽の才能を受け継いだとルーク・ジョージは言わない。もし受け継いだものがあるとすれば、それは「大抵の時、すごい集中力で取り組める能力」だと彼は言う。そう話してくれたルークがその時に取り組んでいたのは、9歳で亡くしてしまった父親のトリビュート・アルバムの制作だ。義母のリズ同様、ルークもしょっちゅうローウェルのことを想うと言う。「いろんなことがある中で一点の明かりがあるとしたら、それは僕にはいつだって父の声が聴こえるということだ。多くの人には分からないことかもしれないけど」

なぜなら、父はこう書いているのだ。息子であるルークにとっての義理の兄にあたるジェドと。

僕にはやらなきゃならないことだらけ　2000万くらいあるよ
そんな僕に出来るのは君を想うことだけ
2000万もの
2000万ものやらなきゃならないことをね

解説——無冠だからこそ

天辰保文

1970年代のカリフォルニアは、音楽的に実りの多い季節として知られるが、その中でも、ひと際存在感を放ったのがリトル・フィートだ。ただし、イーグルスやドゥービー・ブラザーズのように、ヒット・チャートを賑わしたり、レコード・セールスで話題を振りまいたわけではない。むしろ、商業的な成果とは縁のないバンドだった。彼らのアルバムが、日本で発売されるようになったのも、4作目の『アメイジング!』からだ。それでも、熱心なファンには事欠かなかった。しかも、それはファンの間だけに限らなかった。ボブ・ディランからローリング・ストーンズ、レッド・ツェッペリンまで、名のあるミュージシャンたちの中にも彼らに熱い視線を注ぐ人たちは少なくなかった。

ブルース、カントリー、リズム&ブルース、ロックンロールといった米国の伝統音楽を引き継ぎ、混ぜ合わせ、豊かに血肉化させた演奏は、どちらかと言えば、爽やかで、清々しい音楽が主流のカリフォルニアにあって異色だったかもしれない。歌の内容も、世の中からはぐれた人たちの切なさや哀しみを、ときには風刺をきかせ、ユーモアを交えながらつづった。歌の主人公と一緒に音楽も、カリフォルニアからメキシコへ、あるいはカリブ海へと国境を超え、異国情緒を漂わせることがあった。殊に、彼らが独創的だったのは、その強靭な演奏に加え、ニューオーリンズのように米国南部で育まれたリズムの吸収に意欲的だったことだ。

当時は、ドクター・ジョンやアラン・トゥーサンの活躍でニューオーリンズの音楽に関心が高まったり、欧米の文化がジャマイカのレゲエに出会ったりと、ポップ音楽の世界全体で、リズムに新しい可能性を重ねる試みは珍しくなかった。ただし、他の多くの人たちが実験に終わり、歌やメロディーを置き去りにしがちだったのに対して、彼らはそうではなかった。歌として、リズムを見事に機能させた。ジャクソン・ブラウンをはじめとするシンガー・ソングライターが、彼らに、殊にローウェル・ジョージに絶大な信頼を寄せていたのもそのせいだ。彼は、そして彼らは数多くのレコーディングに駆り出された。

なによりも、リトル・フィートというバンドには、何処に向っているのか、何を大切にしなければならないのか、いちばんの根っこには理想とする音楽への強い思いがあった。だから、人間関係が上手く行っていないときでも、一つの目的さえ共有していれば誰もが凄まじい集中力を発揮した。過去に惜しみない敬意を払いつつも、現存する音楽に物足りず、誰にも真似のできない音楽を作り出そうとする創意や熱意が激しくうごめいているような音楽だった。それが、素晴らしいダイナミズムをもたらしていた。

そう言えば、1972年、はっぴいえんどが、ロサンゼルスでレコーディング中の彼らを訪れたことはここでも記されているが、細野晴臣は、彼らのサウンドの熱気に驚き、「何か新しいものを生んでいるに違いないということが伝わってくるようでした」(『細野晴臣インタビュー「THE ENDLESS TALKING」細野晴臣、北中正和編）と振り返っている。はっぴいえんどは、アルバム『HAPPY END』でローウェル・ジョージとビル・ペインを迎え、鈴木茂は、彼らと『バンド・ワゴン』を完成させた。また、矢野顕子は、『ジャパニーズ・ガール』で、彼らと共演する。サザンオールスターズの「いとしのフィートト」でも愛情をたっぷり注いだ桑田佳祐は、ローウェルのトリビュート・アルバム『ロックンロール・ドクター』に参加、「ロング・ディスタンス・ラヴ」を熱唱した。また、彼らのアルバムのジャケットを描き続けたネオン・パークは、1978年から79年にかけて、大阪の情報誌『プレイガイドジャーナル』の表紙を担当した。

こうやって、日本とも縁浅からぬバンドだった。彼らが、初めて来日したのは1978年だ。そのとき、ぼくらは初めて彼らのライヴを体験したわけだが、噂に違わぬどころか、予想を上回る力強い演奏に圧倒されずにはいられなかった。怒涛のようなリズムがステージから溢れ、その中をローウェル・ジョージとポール・バレアのギターがうねりをあげていく。その熱量に興奮せざるを得ないような、ライヴだった。

ところが、翌1979年には、バンドを引っ張ってきたローウェルが急逝、それを機に解散は決定的になった。88年には再結成、以前ほど活発とは言えないかもしれないが、いまもライヴを中心に活動中だ。この間、リッチー・ヘイワード、ネオン・パークが亡くなり、2019年にはポール・バレアも彼岸に渡る。その1年ほど前だったか、ポールが、フレッド・タケットと二人で来日し、滋味豊かな演奏を楽しませてくれたのも思い出深い。現在、結成当時のメンバーで残っているのはビル・ペインだけだ。それでも、自分たちのレーベルを立ち上げ、気づいてみればアメリカーナと呼ばれる新しい流れと合流し、現代の景色に確たる彩を添えている。インターネットを生かし、新しい形でファンとの交流を図り、新旧の仲間や家族と一緒に、何処にもない地図を描き続けている。

　ロックの歴史に、彼ら以上に華やかに名を刻むバンドはいくつもあるが、彼らほどファンに愛され、慕われ、信頼されつづけているバンドをぼくは他に知らない。無冠であろうと、それこそが、彼らが特別なバンドであることの証しであり、誇るべき栄誉そのものだ。彼らのことを語り合うとき、いくらかの切なさが寄り添うけれど、それでも、彼らがいなければ、なんと味気なかっただろうか、そんなことを思いながら、小さな偉業《リトル・フィート》、その素敵な名前を持つバンドに改めて感謝しつつ、これを機に乾杯の一つでもあげたい気分さえしている。もちろん、いままでと変わらず、これからも、少しばかり奇妙で、少しばかり世の中からはみ出しているかもしれない彼らとの物語を紡ぎ続けるであろうみなさんと一緒に。

（音楽評論家）

訳者あとがき

本書は2013年に発売されたベン・フォン＝トーレス著、リトル・フィート初の評伝Willin': The Story of Little Featの全訳である。日本でもアメリカン・ルーツミュージックを愛するファンの熱い支持を集め、根強い人気のリトル・フィート。彼らに関する評伝が（ローウェルの評伝を除くと）本国でこれまで出ていなかったことに驚かれる方も多いだろう。本書はフィート前夜のファクトリーに始まり、各時代のフィートを追い、ポール・バレア病気療養のためバンドが休養に入るところで終わっている。そのバレアは2019年10月、闘病の末にこの世を去った。

本書の著者ベン・フォン＝トーレスは1967年創刊ローリング・ストーン誌の創刊当初（正確には8号）からの編集スタッフとして活躍。ブロードキャスターとしてエミー賞の受賞経験もある。著書にはアーティスト評伝の他、自らの半生を綴った*Becoming Almost Famous*などがある。おや、とタイトルを見て思う音楽ファンがいるかもしれない。

15歳にしてロック・ライターとなりバンドの旅に同行する若き主人公のほろ苦い青春ストーリーを描いた映画『Almost Famous（『あの頃ペニー・レインと』）』は2000年公開、キャメロン・クロウ監督の半自伝的映画だ。アカデミー賞、ゴールデン・グローブ賞を受賞したこの音楽愛溢れる作品には、ベン・フォン・トーレスがモデルの編集者（実名）が登場する。まさに、アメリカのロック・ジャーナリズムのど真ん中で音楽を体験し、広い音楽知識と人脈を培った時代の生き証人に、リトル・フィート・ファン待望のバンド初の評伝が任されたのも納得が行くというものだ。同時に筆者はローウェルの死後、フィートの復活と存続に欠かせなかった熱心なファン、グラスルーターズにも丸1章を費やしている。ファン目線のリトル・フィートというのはどこか『Almost Famous』的アプローチである。

それにしてもやはりローウェルの死にまつわる章は訳していて切なくつらかった。なんでバンドっていうのはこうなんだ。悲しさ以上に怒りを感じることもあった。それは本人たちが一番感じていたはずだろう。

著者はローウェルの「才能のないバンドっていうのは、ただ単にヘタなだけだ。でも音楽のこと、それ以外のどうでもいいことで常に揉めてるバンドには大抵才能がある。だから僕らも集まって言い争いが始まると、ああ、まだうまく行ってるなって分かるんだ」という発言を引用している。

スタジオで、ライヴで、彼らは音楽と音楽以外のことを大いに楽しみ、高め合い、憎み合い、それでもバンドであり続けようとした。なんと厄介な、愛すべきものなのか、バンドっていうのは。読み終えた時、そんなバンドの中のバンド、リトル・フィートがどうしようもなく愛おしく思えてくる。

もう一つ訳者として、そしていちファンとしてうれしかったこと。これはひとえにローウェルの趣味なのだが、本書には日本に関する発言やエピソードが何度か登場する。そんなローウェルが愛した日本で、グラスルーターズとはまた違う意味で彼らの音楽を理解し、今につなげてきた日本のフィート・ファンは世界一のファンだ。そう思いながら、今この本を手にとってくださっているみなさんの顔を想像する。

大変お世話になった編集者の足立恵美さん、校正者の大川真由美さん、装丁デザインの岩瀬聡さん、そして音楽評論家の天辰保文さんにこの場を借りて心から感謝を申しあげたい。

未曾有のパンデミックに生活が一転してしまう前から取りかかり、この「あとがき」を書いている今も世界は先がまだ見えない状況だ。不安も多いリモートな日々を大好きなリトル・フィートの翻訳と送れたことは、私にとって大きな心の励みだったことを記しておきたい。

2021年4月　丸山京子

索引

英字

ア

イ

ウ

エ

オ

カ

キ

ク

ケ

コ

サ

シ

ス

セ

ソ

タ

チ

テ

ト

ナ

ニ

ノ

ハ

ヒ

フ

へ

ホ

マ

ミ

メ

モ

ワ

著者——**ベン・フォン=トーレス**

ジャーナリスト、作家、ブロードキャスター。ローリング・ストーン誌、サンフランシスコ・クロニクル紙などを活動の場としている。創刊当初のローリング・ストーン誌の編集者としてキャリアを始め、多くのミュージシャンのインタビューを手掛けてきた。The Eagles、Grateful Dead Scrapbookなどの著書がある。サンフランシスコ在住。

訳者——**丸山京子**｜まるやま・きょうこ

来日ミュージシャンの通訳歴35年以上。そのかたわらで翻訳も。訳書に『恋するふたり——ニック・ロウの人生と音楽』『スティーリー・ダン大事典』(シンコーミュージック)、ポール・ゾロ『インスピレーション』(アミューズブックス)、『ヴァン・モリソン——魂の道のり』(大栄出版)、『マドンナ解剖学』(白水社)、『ビリー・アイリッシュ ファンブック』(ぴあ)などがある。

リトル・フィート物語《ものがたり》

2021年7月4日　第1版第1刷発行

著者　ベン・フォン=トーレス

訳者　丸山京子

発行者　株式会社亜紀書房

〒101-0051
東京都千代田区神田神保町1-32
電話(03)5280-0261
振替00100-9-144037
https://www.akishobo.com

装丁　岩瀬聡

DTP　山口良二

印刷・製本　株式会社トライ
https://www.try-sky.com

Printed in Japan
ISBN-978-4-7505-1697-4　C0073

エルヴィス・コステロ自伝

エルヴィス・コステロ【著】　夏目 大【訳】

執筆期間10年、
著者初の自伝（Unfaithful Music & Disappearing Ink）が
待望の翻訳！

ジャズ・ミュージシャンだった父、軍隊の楽隊のコルネット吹きだった祖父、
そしてイギリスの大衆文化の歴史……。
父の背中越しに黄金時代のショービジネスの世界を見ていたひとりの少年は、
やがて自らもスポットライトの下で歌いはじめる――。

◉

コステロの半生を描いた自伝にして、
英国文化の記憶を閉じ込めた、
“ポピュラー音楽のタイムカプセル”。

◉